云南调查年鉴 2016

Yunnan Survey Yearbook

国家统计局云南调查总队　编
Survey Office of the National Bureau of Statistics in Yunnan

中国统计出版社
China Statistics Press

图书在版编目（CIP）数据

云南调查年鉴. 2016：汉英对照 / 国家统计局云南调查总队编. -- 北京 ：中国统计出版社, 2016.6
ISBN 978-7-5037-7792-9

Ⅰ. ①云… Ⅱ. ①国… Ⅲ. ①统计资料－云南省－2016－年鉴－汉、英 Ⅳ. ①C832.74-54

中国版本图书馆 CIP 数据核字（2016）第 114788 号

云南调查年鉴-2016

作　　者/国家统计局云南调查总队
责任编辑/佘竞雄　李　冲
封面设计/李雪燕
出版发行/中国统计出版社
通信地址/北京市丰台区西三环南路甲 6 号　邮政编码/100073
电　　话/邮购（010）63376909　书店（010）68783171
网　　址/http://www.zgtjcbs.com
印　　刷/河北天普润印刷厂
经　　销/新华书店
开　　本/880mm×1230mm　1/16
字　　数/400 千字
印　　张/14
版　　别/2016 年 6 月第 1 版
版　　次/2016 年 6 月第 1 次印刷
定　　价/280.00 元

本书附同版本 CD-ROM 一张，光盘内容以书面文字为准。
如有印装差错，由本社发行部调换。

《云南调查年鉴-2016》
编委会和编辑人员

Yunnan Survey Yearbook 2016

Editorial Board and Editorial Staff

编者说明

一、《云南调查年鉴》是一本重点反映云南经济发展变化的工具书。通过大量调查数据，全面记载云南省城乡居民收入、生活消费、居民消费价格、工农产品生产价格、农业调查、专项调查等的各项统计调查数据。同时，为了方便使用和对比，本资料增加了全国及各省（区、市）的统计调查数据。

二、本年鉴内容分5个部分。住户调查、价格调查、农业调查、专项调查、全国及各省（区、市）资料；为了方便读者使用，我们还附有调查简要说明与主要指标解释。

三、资料中所使用的度量衡单位均采用国际统一标准的计量单位。

四、本年鉴中部分数据合计数或相对数由于单位取舍不同而产生的计算误差，均未作机械调整。

五、符号使用说明：

“＃”表示其中的主要项；

“…”表示数据不足本表最小计量单位数；

“空格” 表示没有、不详或不掌握该项数据。

由于编者水平有限，加之时间仓促，资料的时间跨度较大，本年鉴不当之处，敬请读者批评指正。

Editor's Notes

Ⅰ. "Yunnan Survey Yearbook" is a tool book focus on the economic development of Yunnan. Recording of the income of urban and rural residents, consumption, consumer prices, prices of industry and agriculture products, survey of agriculture production, special survey of Yunnan through a large number of survey data. At the same time, in order to facilitate comparison, this information has increased the national and provincial (autonomous regions and municipalities) statistical survey data.

Ⅱ. This yearbook contains 5 parts: Household Survey, Price Survey, Agricultural Survey, the National and Provincial (autonomous regions and municipalities) Data; We also have brief introduction and explanatory notes on main statistical indicators in each part for the Convenience of readers.

Ⅲ.The units of measurement used in the book are internationally standard measurement units.

Ⅳ. Statistical discrepancies on totals and relative figures due to rounding are not adjusted in the Yearbook.

Ⅴ. Notations used in the yearbook:

"#" indicates the major items of the total;

"..." indicates that the figure is not large enough to be measured with the smallest unit in the table;

"blank" indicates no, unknown or not master the data.

Due to the limited time and the level of the editor, this book is bound to have some mistakes, please provide your advice if necessary.

目　录

第一部分　住户调查

第二部分　价格调查

第三部分　农业调查

第四部分　专项调查

第五部分　附　　录

一 住户调查

Chapter 1

Household Survey

简要说明

一、本篇资料的主要内容

本篇资料反映云南省城乡居民收入、消费及其他生活状况等主要经济指标。

二、居民生活状况资料来源

住户收支与生活状况调查的数据是以住户为单位，在常住地参加调查。调查内容主要包括居民现金和实物收支情况、住户成员及劳动力从业情况、居民家庭食品和能源消费情况、住房和耐用消费品拥有情况、家庭经营和生产投资情况、社区基本情况以及其他民生状况等。

三、调查组织

住户调查由两部分组成。一是分省住户调查，以省为总体进行抽样，主要目的是准确反映全国及分省居民收支水平、结构、增长速度，收入分配格局以及政策对居民生活状况的影响。二是分市县住户调查，以市、县为总体进行抽样，主要目的是准确反映分市县居民收支水平和增长速度，满足政府对市县管理的需要。 国家统计局统一领导住户调查，负责制定调查方案，组织调查实施，监督调查过程，审核、处理、汇总调查数据，发布全国和分省城乡居民收入、消费和生活状况数据。 国家统计局各调查总队按照国家调整方案规定，负责组织分省住户调查工作，牵头并会同各省级统计局组织分市县住户调查。分市县住户调查具体实施方案必须按照《国家统计局关于加强和改进分市县住户调查工作的通知》和国家调查方案的要求，由各调查总队会同省级统计局制定后上报国家统计局审批。各级统计调查部门应按照方案规定，认真组织实施调查，确保调查数据质量。

四、城乡一体化住户调查概况

为满足政府统筹城乡发展、改善收入分配格局、让全体居民共享发展成果等战略需要，国家统计局对城乡住户调查进行了一体化改革，统一了城镇和农村居民收入和支出调查的分类标准、指标名称与口径，并按照统一的抽样方法和程序，在我省抽选了 20300 户城乡居民家庭，从 2012 年四季度起正式开展城乡一体化的住户收支与生活状况调查。在国家统一抽选的 20300 户城乡居民家庭中，有 5000 户为分省住户调查样本户，调查结果代表我省城乡居民的收入平均水平。

至 2013 年底，按照国家新制度规定，云南调查总队收集了调查户 12 个月的记账数据，并于 2014 年 1 月底根据全国统一的计算要求，初步汇总计算出 2013 年城乡可比的全省居民可支配收入，经国家评估认定后，得到最终的全省居民人均可支配收入。

启用城乡可比的居民可支配收入，一方面可以更加准确地反映全体居民收入分配全貌，为国家制定统筹城乡发展和调整收入分配格局政策提供全面可靠的信息；另一方面，也可以用统一标准监测城乡居民收入增长和差距变化，更加准确地反映不同群体居民对经济发展成果的分享情况；同时，也填补了我国缺少全体居民收入数据的空白。

五、变动情况

城乡住户调查一体化改革后，新口径的城乡居民收入与老口径的城乡居民收入主要有四点不同：一是指标名称不同，新口径的农村居民收入是农村人均可支配收入，老口径是农民人均纯收入，城镇居民不变；二是抽样方法不同，新口径是城乡统一抽样，老口径是城乡各自抽样，同时，具体的抽样过程也有较大差异；三是调查范围不同，新口径是区域内的所有常住居民户，不包括外籍住户，老口径由于城乡分别抽样，调查范围互有重合和遗漏的区域；四是指标口径不同，主要的区别是新口径的城乡居民可支配收入包括实物收入和自有住房折算净租金，老口径城镇居民可支配收入不包括实物收入部分，老口径农民纯收入不包括自有住房折算净租金，另外，收入分项指标的口径也有一些变动。

Brief Introduction

I. Main Content

Data in this chapter reflect major economic indicators in Yunnan, including income, consumption and other living conditions of urban and rural residents.

II. Data Source of living conditions of residents

The survey about income and expenditure and living conditions of households is based on household as a unit, and is performed in permanent residence. The survey mainly includes cash and in-kind income and expenditure conditions of residents, employment situations of household members and labor, household consumption conditions of food and energy, housing and durable consumer goods in possession conditions, family business and production investments conditions, basic conditions of community and other people's livelihood status.

III. Organization of Survey

Household survey consists of two parts. One is household survey by provinces, taking samples by province as overall, the main purpose is to accurately reflect the national and provincial income and expenditure level of residents, structure, growth rate, income distribution and the impact of policies on the living conditions. The other is household survey by cities and counties, taking samples by cities and counties as overall, the main purpose is to is to accurately reflect the income and expenditure level of residents and growth rate by cities and counties, to meet government's needs of management to cities and counties. National Bureau of Statistics has unified leadership of household survey, household is in charge of household survey, responsible for developing survey program, organizing survey implementation, supervising investigation process, checking, processing, summarying survey data, publishing data about national and provincial urban and rural incomes, consumption and living conditions. In accordance with national regulations of adjustment programs, NBS Survey Offices are responsible for organizing the work of provincial household survey, leading household survey of cities and counties with the provincial Bureau of Statistics. Specific implementation program of household surveys by cities and counties must be in accordance with the requirements of *Inform on National Bureau of Statistics strengthening and improving the household survey work of cities and counties* and national survey programs, which must be made by NBS Survey Offices and provincial Bureau of Statistics and approved by authority. Survey departments at all levels should organize and implement the surveies carefully to ensure the quality of survey data according to provisions of the program.

IV. Overview of Integrated Survey of Urban and Rural Households

To meet strategic needs of government planning urban and rural development as a whole, improving income distribution, making all the residents share the fruits of development, the NBS makes a integrated reform about urban and rural household survey, and has unified classification criteria, index name and caliber of income and expenditure surveys of urban and rural residents, and extracting 20300 urban and rural households in the province in accordance with uniform sampling methods and procedures, and has began formally launched the integrated survey on income and expenditure and living conditions of urban and rural household in the fourth quarter of 2012. During 20300 urban and rural households extracted, 5000 households are provincial samples of household survey, survey results represent the average income level of urban and rural residents in the province.

By the end of 2013, in terms of new regulations, the NBS Survey Office in Yunnan had collected accounting data of households of 12 months, and calculated a preliminary summary of comparable disposable income of urban and rural residents in the province during 2013 according to the national unified computing requirements at the end of January 2014, and per capita disposable income of all residents in the province finally are concluded out after the national assessment.

Enabling comparable disposable income of urban and rural residents, on one hand, can reflect the whole picture of the income distribution more accurately, provide comprehensive and reliable information for country making policy about balancing the development of urban and rural area and adjust income distribution; on the other hand, can also monitor the urban-rural income growth and the change of urban-rural income gap using a unified standard, reflect the situation about different groups of residents share fruits of economic development more accurately; at the same time, also fill the blank lacking income data of whole households.

V. Changes

After reform of integration of urban and rural household survey, there are four main differences about income of urban and rural residents between “new caliber” and “old caliber” as followed: the first one is difference about indicator name, income of rural residents according to new caliber is named per capita disposable income of rural residents, which is named per capita net income of urban residents according to old caliber, the indicator name of urban residents is unchanged; the second one is difference about sampling methods, the new sampling survey according to new caliber is a unified survey between urban and rural, while the sampling survey with old-caliber is made separatly and the specific sampling process is also quite different; the third one is difference about scope of survey, all permanent residents are included and foreign residents are excluded in the survey with new caliber, while overlap and omissions are exist in the survey with old caliber; the forth one is difference about indicator caliber, the main difference is urban and rural residents' disposable income in new standard includes in-kind income and converted net rent of owner-occupied housing, while in-kind income parts are not included in urban residents' disposable income in old standard and converted net rent of owner-occupied housing parts not included in rural residents' net income, in addition, there are also some changes about caliber of income sub-indictors.

1-1 居民收支与生活状况调查户基本情况(2015年)
BASIC DATA ON INCOME AND EXPENDITURES AND LIVES OF HOUSEHOLDS (2015)

项　目	Item	单位	Units	绝对数 Absolute Figures
调查样本住户数	**Number of Households Surveyed**	户	**household**	**4998**
城镇住户	Urban Households	户	household	2079
农村住户	Rural Households	户	household	2919
户主文化程度	**Education of Householder**			
未上过学	No Schooling	%	%	5.44
小学	Primary Schools	%	%	34.60
初中	Junior Secondary Schools	%	%	37.61
高中	Senior Secondary Schools	%	%	11.38
大学专科	College Students	%	%	5.70
大学本科	Undergraduates	%	%	5.04
研究生	Postgraduates	%	%	0.21
住户经营情况	**Business Condition of Households**			
生产经营户	Production Households	%	%	66.16
#农业生产经营户	Agricultural Production Households	%	%	59.59
#非农生产经营户	Non-agricultural Production Households	%	%	11.58
#兼营户	Concurrently Households	%	%	5.01
非生产经营户	Non-production Households	%	%	33.84
按家庭规模分的住户类型	**Household Type by Household Size**			
一人户	Household of One Person	%	%	4.38
二人户	Household of One Person Two Persons	%	%	15.52
三人户	Household of One Person Three Persons	%	%	26.88
四人户	Household of One Person Four Persons	%	%	25.08
五人户	Household of One Person Five Persons	%	%	16.92
六人及以上户	Household of One Person Six Persons and Over	%	%	11.22
按城乡分的住户类型	**Household Type by Urban and Rural**			
主城区	Main Urban Area	%	%	22.83
城乡结合区	Rural-urban Fringe Area	%	%	1.45
镇中心区	Main Town Area	%	%	14.34
镇乡结合区	Rural-town Fringe Area	%	%	3.72
特殊区域	Special Area	%	%	1.49
乡中心区	Main Rural Area	%	%	6.61
村庄	Village	%	%	49.56

1-2 1978-2015年城镇居民家庭基本情况
BASIC DATA ON URBAN HOUSEHOLDS (1978-2015)

年 份 Year	调查户数 (户) Number of Households Surveyed (household)	平均每户家庭人口 (人) Average Population Per Household (person)	平均每户就业人口 (人) Average Number of Empolyee Per Household (person)	平均每户就业面 (%) Proportion of Employment per Household (%)	平均每一就业者负担人数 (人) Number of Dependents per Employee (person)
1978	330	4.45	2.15	48.30	2.07
1982	330	4.24	2.27	53.50	1.87
1983	330	4.21	2.29	54.40	1.83
1984	330	4.13	2.27	55.00	1.82
1985	650	3.85	2.03	52.70	1.89
1986	650	3.80	2.03	53.40	1.88
1987	650	3.77	2.01	53.30	1.88
1988	950	3.69	1.92	52.00	1.93
1989	950	3.67	1.92	52.30	1.91
1990	950	3.57	1.93	54.10	1.85
1991	950	3.48	1.91	54.90	1.82
1992	950	3.37	1.91	56.70	1.76
1993	950	3.30	1.87	56.70	1.76
1994	950	3.20	1.83	57.10	1.75
1995	950	3.17	1.84	57.80	1.73
1996	950	3.13	1.86	59.40	1.68
1997	950	3.12	1.88	60.30	1.66
1998	950	3.05	1.83	60.00	1.67
1999	950	3.05	1.80	59.00	1.69
2000	1250	3.12	1.77	56.70	1.76
2001	1250	3.04	1.60	52.60	1.90
2002	1250	3.00	1.56	52.00	1.92
2003	1300	2.99	1.55	51.84	1.93
2004	1600	2.96	1.41	47.64	2.10
2005	1600	2.96	1.33	44.93	2.23
2006	1550	2.95	1.37	46.44	2.16
2007	1750	2.88	1.39	48.26	2.07
2008	1750	2.87	1.40	48.78	2.05
2009	1750	2.84	1.40	49.29	2.03
2010	1750	2.86	1.42	49.65	2.01
2011	1750	2.88	1.47	51.04	1.96
2012	1750	2.86	1.53	53.50	1.87
2013	2002	3.00	1.61	53.83	1.86
2014	2063	3.00	1.71	56.94	1.76
2015	2079	3.03	1.68	55.58	1.80

注：2013年起，国家统计局开展实施城乡一体化住户调查改革，表中2013年起数据来源于改革后的调查样本，与2013年前的分城镇和农村住户调查的调查范围、调查方法、指标口径有所不同。

Note: The National Bureau of Statistics launched the reform on integrated survey of urban and rural household in 2013, the data shown in the table is from survey samples after the reform, and the coverage, method and caliber used in the survey are different from those used for the separate urban and rural household surveys prior to 2013.

1-3 1978-2015年农村居民家庭基本情况
BASIC DATA ON RURAL HOUSEHOLDS (1978-2015)

年 份 Year	调查户数 (户) Number of Households Surveyed (household)	常住人口 (人) Number of Usual Residents in the Households Surveyed (person)	常住人口 (人/户) Average Number of Permanent Residents (person / household)	整半劳动力 (人/户) Average Number of Full/Semi Labour Force (person / household)	劳动力负担人口 (人/劳动力) Average Number of Dependents (person/labor force)
1978	544	3421	6.29	3.03	2.08
1982	610	3629	5.95	2.99	1.99
1983	610	3683	6.04	3.37	1.79
1984	610	3618	5.93	3.38	1.75
1985	2400	13981	5.83	3.30	1.77
1986	2400	13809	5.75	3.20	1.80
1987	2400	13646	5.69	3.20	1.78
1988	2400	13398	5.58	3.20	1.74
1989	2400	13200	5.50	3.20	1.72
1990	2400	13001	5.42	3.20	1.69
1991	2400	12480	5.20	3.02	1.72
1992	2400	12433	5.18	3.10	1.67
1993	2400	12239	5.10	3.10	1.65
1994	2400	12021	5.01	3.10	1.62
1995	2400	11862	4.94	3.10	1.59
1996	2400	11758	4.90	3.20	1.44
1997	2400	11569	4.82	3.10	1.55
1998	2400	11221	4.68	3.10	1.51
1999	2400	11012	4.59	2.96	1.55
2000	2400	10940	4.56	2.90	1.59
2001	2400	10786	4.49	2.80	1.61
2002	2400	10761	4.48	2.87	1.56
2003	2400	10684	4.45	2.90	1.55
2004	2400	10591	4.41	2.90	1.52
2005	2400	10396	4.33	2.80	1.54
2006	2400	10449	4.35	2.80	1.57
2007	2400	10371	4.32	2.80	1.54
2008	2400	10361	4.32	2.86	1.51
2009	2400	10316	4.30	2.87	1.50
2010	2400	10271	4.28	2.87	1.49
2011	2400	10019	4.17	2.80	1.49
2012	2400	10075	4.20	2.77	1.52
2013	2941	11346	3.82	2.48	1.54
2014	2852	10956	3.79	2.41	1.57
2015	2919	17981	3.77	2.46	1.54

注：2013年起,国家统计局开展实施城乡一体化住户调查改革,表中2013年起数据来源于改革后的调查样本,与2013年前的分城镇和农村住户调查的调查范围、调查方法、指标口径有所不同。

Note:The NBS started an integrated household income and expenditure survey in 2013, including both urban and rural households.The data shown in the table from 2013 is on the basis of the survey. The coverage, methodology and definitions used in the survey are different from those used for the separate urban and rural household surveys prior to 2013.

1-4 2014-2015年居民人均总收入
PER CAPITA TOTAL INCOME OF HOUSEHOLDS (2014-2015)

单位：元 (yuan)

指 标	Indicator	2014	2015
总收入（未扣除生产费用）	**Total Income (No Deduction Production Expenses)**	**16653.05**	**18397.91**
工资性收入	**Wages Income**	**6308.96**	**7067.75**
工资	Wages	5349.45	6098.70
从单位得到的实物收入和服务	In-kind Income and Services from Units	7.58	10.80
其他工资性收入	Other Wages Income	951.94	958.24
经营性收入	**Business Income**	**6135.62**	**6621.79**
第一产业经营收入	Business Income from Primary Industry	4398.78	4469.31
1.农业	1.Agriculture	2969.14	2974.14
2.林业	2.Forestry	214.22	160.24
3.牧业	3.Animal Husbandry	1195.49	1318.79
4.渔业	4.Fishery	19.92	16.13
第二产业经营收入	Business Income from Secondary Industry	178.05	174.10
第三产业经营收入	Business Income from Tertiary Industry	1558.79	1978.38
财产性收入	**Property Income**	**1502.09**	**1686.05**
转移性收入	**Transferred Income**	**2706.37**	**3022.33**
养老金或离退休金	Annuities and Pensions	1763.08	2000.37
社会救济和补助	Social Relief and Assistance	87.70	132.35
政策性生活补贴	Policy-living Subsidy	40.00	64.79
家庭外出从业人员寄回带回收入	Return Income from Family Members Working Outside	384.02	343.17
赡养收入	Alimony Income	111.90	131.71
报销医疗费	Reimbursement of Medical Expenses	131.26	172.92
从政府和组织得到的实物产品和服务折价	In-kind Goods and Services Discount from Governments and Organizations	18.26	17.57
现金政策性惠农补贴	Cash from Policy Agricultural Subsidy	95.38	82.42
其他转移性收入	Other Transfer Income	74.77	77.02
非收入所得	**Non-Earning Income**	**1208.89**	**955.96**
出售资产所得	Income from sales of assets	724.38	275.31
非经常性转移所得	Non-recurring Transfers Income	477.54	673.38
其他非收入所得	Other Non-Earning Income	6.98	7.28
借贷性所得	**Lending and Loaning Income**	**2050.88**	**1882.80**
提取储蓄存款	Extracted Saving Deposits	1214.57	906.16
借入款	Borrowed Funds	470.78	534.92
收回借出款	Recalled Lending Funds	124.01	80.32
收回储蓄性保险本金	Recalled Savings of Insurance Principal	0.02	0.01
住房贷款	Housing Loan	85.89	120.56
汽车贷款	Automobile Loan	26.58	47.22
教育贷款	Education Loan	2.76	5.52
其他贷款	Other Loans	105.19	167.07
其他借贷所得	Other Lending and Loaning Income	21.08	21.02

1-5 2014-2015年城镇常住居民人均总收入
PER CAPITA TOTAL INCOME OF URBAN PERMANENT HOUSEHOLDS (2014-2015)

单位：元 (yuan)

指　　标	Indicator	2014	2015
总收入(未扣除生产费用)	**Total Income (No Deduction Production Expenses)**	**26210.67**	**29283.29**
工资性收入	**Wages Income**	**13530.87**	**14658.99**
工资	Wages	11905.09	13161.46
从单位得到的实物收入和服务	In-kind Income and Services from Units	17.16	23.20
其他工资性收入	Other Wages Income	1608.63	1474.34
经营性收入	**Business Income**	**3843.48**	**4866.11**
第一产业经营收入	Business Income from Primary Industry	1339.00	1371.84
1.农业	1.Agriculture	1037.70	1083.87
2.林业	2.Forestry	65.66	17.82
3.牧业	3.Animal Husbandry	228.09	268.97
4.渔业	4.Fishery	7.55	1.17
第二产业经营收入	Business Income from Secondary Industry	188.69	261.10
第三产业经营收入	Business Income from Tertiary Industry	2315.79	3233.16
财产性收入	**Property Income**	**3743.62**	**4109.03**
转移性收入	**Transferred Income**	**5092.69**	**5649.16**
养老金或离退休金	Annuities and Pensions	4348.46	4827.75
社会救济和补助	Social Relief and Assistance	85.85	90.94
政策性生活补贴	Policy-living Subsidy	26.01	28.01
家庭外出从业人员寄回带回收入	Return Income from Family Members Working Outside	127.67	122.55
赡养收入	Alimony Income	223.12	206.68
报销医疗费	Reimbursement of Medical Expenses	145.74	203.29
从政府和组织得到的实物产品和服务折价	In-kind Goods and Services Discount from Governments and Organizations	28.55	26.41
现金政策性惠农补贴	Cash from Policy Agricultural Subsidy	19.16	18.00
其他转移性收入	Other Transferred Income	88.13	125.53
非收入所得	**Non-Earning Income**	**1688.47**	**1011.76**
出售资产所得	Income from sales of assets	1178.25	144.43
非经常性转移所得	Non-recurring Transferreds Income	500.06	856.75
其他非收入所得	Other Non-Earning Income	10.17	10.59
借贷性所得	**Lending and Loaning Income**	**2600.36**	**1921.57**
提取储蓄存款	Extracted Saving Deposits	1934.09	1243.71
借入款	Borrowed Funds	309.52	201.59
收回借出款	Recalled Lending Funds	155.80	59.28
收回储蓄性保险本金	Recalled Savings of Insurance Principal		
住房贷款	Housing Loan	92.68	246.62
汽车贷款	Automobile Loan	51.57	101.79
教育贷款	Education Loan	2.23	1.09
其他贷款	Other Loans	40.14	51.34
其他借贷所得	Other Lending and Loaning Income	14.32	16.15

1-6 2014-2015年农村常住居民人均总收入
PER CAPITA TOTAL INCOME OF RURAL PERMANENT HOUSEHOLDS (2014-2015)

单位：元 (yuan)

指　　标	Indicator	2014	2015
总收入(未扣除生产费用)	**Total Income (No Deduction Production Expenses)**	**10918.48**	**11583.48**
工资性收入	**Wages Income**	**1975.82**	**2315.50**
工资	Wages	1416.06	1677.31
从单位得到的实物收入和服务	In-kind Income and Services from Units	1.83	3.04
其他工资性收入	Other Wages Income	557.93	635.16
经营性收入	**Business Income**	**7510.90**	**7720.87**
第一产业经营收入	Business Income from Primary Industry	6234.64	6408.38
1.农业	1.Agriculture	4128.01	4157.48
2.林业	2.Forestry	303.35	249.40
3.牧业	3.Animal Husbandry	1775.94	1976.00
4.渔业	4.Fishery	27.35	25.50
第二产业经营收入	Business Income from Secondary Industry	171.67	119.63
第三产业经营收入	Business Income from Tertiary Industry	1104.59	1192.87
财产性收入	**Property Income**	**157.17**	**169.22**
转移性收入	**Transferred Income**	**1274.58**	**1377.88**
养老金或离退休金	Annuities and Pensions	211.84	230.39
社会救济和补助	Social Relief and Assistance	88.81	158.27
政策性生活补贴	Policy-living Subsidy	48.39	87.82
家庭外出从业人员寄回带回收入	Return Income from Family Members Working Outside	537.83	481.29
赡养收入	Alimony Income	45.17	84.77
报销医疗费	Reimbursement of Medical Expenses	122.58	153.91
从政府和组织得到的实物产品和服务折价	In-kind Goods and Services Discount from Governments and Organizations	12.09	12.04
现金政策性惠农补贴	Cash from Policy Agricultural Subsidy	141.11	122.75
其他转移性收入	Other Transferred Income	66.75	46.64
非收入所得	**Non-Earning Income**	**921.14**	**921.02**
出售资产所得	Income from Sales of Assets	452.05	357.24
非经常性转移所得	Non-recurring Transferreds Income	464.02	558.58
其他非收入所得	Other Non-Earning Income	5.07	5.20
借贷性所得	**Lending and Loaning Income**	**1721.18**	**1858.53**
提取储蓄存款	Extracted Saving Deposits	782.85	694.85
借入款	Borrowed Funds	567.53	743.59
收回借出款	Recalled Lending Funds	104.94	93.49
收回储蓄性保险本金	Recalled Savings of Insurance Principal	0.03	0.01
住房贷款	Housing Loan	81.81	41.65
汽车贷款	Automobile Loan	11.59	13.06
教育贷款	Education Loan	3.08	8.29
其他贷款	Other Loans	144.22	239.52
其他借贷所得	Other Lending and Loaning Income	25.14	24.07

1-7 2014-2015年居民人均可支配收入
PER CAPITA DISPOSABLE INCOME OF HOUSEHOLDS (2014-2015)

单位：元 (yuan)

指 标	Indicator	2014	2015
可支配收入	**Disposable Income**	**13772.21**	**15222.57**
工资性收入	**Wages Income**	**6308.96**	**7067.75**
工资	Wages	5349.45	6098.70
实物福利	In-kind Welfare	7.58	10.80
其他	Other Wages Income	951.94	958.24
经营净收入	**Net Business Income**	**3743.43**	**4051.42**
第一产业经营净收入	Net Business Income from Primary Industry	2486.57	2729.07
1.农业	1.Agriculture	1871.94	2037.75
2.林业	2.Forestry	189.46	131.14
3.牧业	3.Animal Husbandry	415.19	555.98
4.渔业	4.Fishery	9.98	4.20
第二产业经营净收入	Net Business Income from Secondary Industry	128.29	101.12
第三产业经营净收入	Net Business Income from Tertiary Industry	1128.57	1221.24
财产净收入	**Net Property Income**	**1449.98**	**1644.83**
转移净收入	**Net Transferred Income**	**2269.83**	**2458.57**
转移性收入	Transferred Income	2706.37	3022.33
其中:养老金或离退休金	where:Annuities and Pensions	1763.08	2000.37
转移性支出	Transferred Expenditure	436.54	563.75
其中:社会保障支出	where:Social Security Expenditure	329.62	461.72

1-8 2014-2015年城镇常住居民人均可支配收入
PER CAPITA DISPOSABLE INCOME OF URBAN PERMANENT HOUSEHOLDS (2014-2015)

单位：元 (yuan)

指 标	Indicator	2014	2015
可支配收入	**Disposable Income**	**24299.01**	**26373.23**
工资性收入	**Wages Income**	**13530.87**	**14658.99**
工资	Wages	11905.09	13161.46
实物福利	In-kind Welfare	17.16	23.20
其他	Other Wages Income	1608.63	1474.34
经营净收入	**Net Business Income**	**2911.87**	**3173.83**
第一产业经营净收入	Net Business Income from Primary Industry	845.17	861.08
1.农业	1.Agriculture	703.46	724.40
2.林业	2.Forestry	60.07	12.67
3.牧业	3.Animal Husbandry	77.11	123.69
4.渔业	4.Fishery	4.53	0.33
第二产业经营净收入	Net Business Income from Secondary Industry	125.49	188.51
第三产业经营净收入	Net Business Income from Tertiary Industry	1941.22	2124.24
财产净收入	**Net Property Income**	**3642.21**	**4036.10**
转移净收入	**Net Transferred Income**	**4214.05**	**4504.31**
转移性收入	Transferred Income	5092.68	5649.16
其中:养老金或离退休金	where:Annuities and Pensions	4348.46	4827.75
转移性支出	Transferred Expenditure	878.62	1144.85
其中:社会保障支出	where:Social Security Expenditure	634.87	913.72

1-9 2014-2015年城镇常住居民人均可支配收入构成
COMPOSITION OF PER CAPITA DISPOSABLE INCOME OF URBAN PERMANENT HOUSEHOLDS (2014-2015)

单位：%　　(%)

指　标	Indicator	2014	2015
可支配收入	**Disposable Income**	**100.00**	**100.00**
工资性收入	**Wages Income**	**55.68**	**55.58**
工资	Wages	48.99	49.90
实物福利	In-kind Welfare	0.07	0.09
其他	Other Wages Income	6.62	5.59
经营净收入	**Net Business Income**	**11.98**	**12.03**
第一产业经营净收入	Net Business Income from Primary Industry	3.48	3.26
1.农业	1.Agriculture	2.89	2.75
2.林业	2.Forestry	0.25	0.05
3.牧业	3.Animal Husbandry	0.32	0.47
4.渔业	4.Fishery	0.02	0.00
第二产业经营净收入	Net Business Income from Secondary Industry	0.52	0.71
第三产业经营净收入	Net Business Income from Tertiary Industry	7.99	8.05
财产净收入	**Net Property Income**	**14.99**	**15.30**
转移净收入	**Net Transferred Income**	**17.34**	**17.08**
转移性收入	Transferred Income	20.96	21.42
其中:养老金或离退休金	where:Annuities and Pensions	17.90	18.31
转移性支出	Transferred Expenditure	3.62	4.34
其中:社会保障支出	where:Social Security Expenditure	2.61	3.46

1-10 2014-2015年农村常住居民人均可支配收入
PER CAPITA DISPOSABLE INCOME OF RURAL PERMANENT HOUSEHOLDS (2014-2015)

单位：元　　(yuan)

指　标	Indicator	2014	2015
可支配收入	**Disposable Income**	**7456.13**	**8242.08**
工资性收入	**Wages Income**	**1975.82**	**2315.50**
工资	Wages	1416.06	1677.31
实物福利	In-kind Welfare	1.83	3.04
其他	Other Wages Income	557.93	635.16
经营净收入	**Net Business Income**	**4242.36**	**4600.81**
第一产业经营净收入	Net Business Income from Primary Industry	3471.42	3898.46
1.农业	1.Agriculture	2573.03	2859.93
2.林业	2.Forestry	267.10	205.31
3.牧业	3.Animal Husbandry	618.04	826.60
4.渔业	4.Fishery	13.24	6.63
第二产业经营净收入	Net Business Income from Secondary Industry	129.97	46.41
第三产业经营净收入	Net Business Income from Tertiary Industry	640.98	655.95
财产净收入	**Net Property Income**	**134.65**	**147.86**
转移净收入	**Net Transferred Income**	**1103.29**	**1177.91**
转移性收入	Transferred Income	1274.58	1377.88
其中:养老金或离退休金	where:Annuities and Pensions	211.84	230.39
转移性支出	Transferred Expenditure	171.29	199.98
其中:社会保障支出	where:Social Security Expenditure	146.48	178.76

1-11　2014-2015年农村常住居民人均可支配收入构成
COMPOSITION OF PER CAPITA DISPOSABLE INCOME OF RURAL PERMANENT HOUSEHOLDS (2014-2015)

单位：%　(%)

指　标	Indicator	2014	2015
可支配收入	**Disposable Income**	**100.00**	**100.00**
工资性收入	**Wages Income**	**26.50**	**28.09**
工资	Wages	18.99	20.35
实物福利	In-kind Welfare	0.02	0.04
其他	Other Wages Income	7.48	7.71
经营净收入	**Net Business Income**	**56.90**	**55.82**
第一产业经营净收入	Net Business Income from Primary Industry	46.56	47.30
1.农业	1.Agriculture	34.51	34.70
2.林业	2.Forestry	3.58	2.49
3.牧业	3.Animal Husbandry	8.29	10.03
4.渔业	4.Fishery	0.18	0.08
第二产业经营净收入	Net Business Income from Secondary Industry	1.74	0.56
第三产业经营净收入	Net Business Income from Tertiary Industry	8.60	7.96
财产净收入	**Net Property Income**	**1.81**	**1.79**
转移净收入	**Net Transferred Income**	**14.80**	**14.29**
转移性收入	Transferred Income	17.09	16.72
其中:养老金或离退休金	where:Annuities and Pensions	2.84	2.80
转移性支出	Transferred Expenditure	2.30	2.43
其中:社会保障支出	where:Social Security Expenditure	1.96	2.17

1-12　居民人均现金可支配收入(2015年)
PER CAPITA CASH DISPOSABLE INCOME OF HOUSEHOLDS (2015)

指　标	Indicator	绝对数 (元/人) Absolute Figures (yuan/person)	构成 (%) Composition (%)
现金可支配收入	**Cash Disposable Income**	**14021.30**	**100.00**
现金工资性收入	**Cash Wages Income**	**7056.95**	**50.33**
工资	Wages	6098.70	43.50
其他工资性收入	Other Wages Income	958.24	6.83
现金经营净收入	**Cash Net Business Income**	**3609.75**	**25.74**
第一产业现金经营净收入	Cash Net Business Income from Primary Industry	2143.91	15.29
1.农业	1.Agriculture	1432.21	10.21
2.林业	2.Forestry	118.21	0.84
3.牧业	3.Animal Husbandry	589.76	4.21
4.渔业	4.Fishery	3.73	0.03
第二产业现金经营净收入	Cash Net Business Income from Secondary Industry	110.29	0.79
第三产业现金经营净收入	Cash Net Business Income from Tertiary Industry	1355.54	9.67
现金财产净收入	**Cash Net Property Income**	**1086.52**	**7.75**
现金转移净收入	**Cash Net Transferred Income**	**2268.09**	**16.18**
现金转移性收入	Cash Transferred Income	2831.84	20.20
其中:养老金或离退休金	where:Annuities and Pensions	2000.37	14.27
现金转移性支出	Cash Transferred Expenditure	563.74	4.02
其中:社会保障支出	where:Social Security Expenditure	9.83	0.07

1-13 城镇常住居民人均现金可支配收入(2015年)
PER CAPITA CASH DISPOSABLE INCOME OF URBAN PERMANENT HOUSEHOLDS (2015)

指　　标	Indicator	绝对数(元/人) Absolute Figures (yuan/person)	构成(%) Composition (%)
现金可支配收入	**Cash Disposable Income**	**24826.11**	**100.00**
现金工资性收入	**Cash Wages Income**	**14635.79**	**58.95**
工资	Wages	13161.46	53.01
其他工资性收入	Other Wages Income	1474.34	5.94
现金经营净收入	**Cash Net Business Income**	**3329.85**	**13.41**
第一产业现金经营净收入	Cash Net Business Income from Primary Industry	812.21	3.27
1.农业	1.Agriculture	682.36	2.75
2.林业	2.Forestry	11.14	0.04
3.牧业	3.Animal Husbandry	118.61	0.48
4.渔业	4.Fishery	0.11	0.00
第二产业现金经营净收入	Cash Net Business Income from Secondary Industry	205.31	0.83
第三产业现金经营净收入	Cash Net Business Income from Tertiary Industry	2312.33	9.31
现金财产净收入	**Cash Net Property Income**	**2585.95**	**10.42**
现金转移净收入	**Cash Net Transferred Income**	**4274.53**	**17.22**
现金转移性收入	Cash Transferred Income	5419.46	21.83
其中:养老金或离退休金	where:Annuities and Pensions	4827.75	19.45
现金转移性支出	Cash Transferred Expenditure	1144.94	4.61
其中:社会保障支出	where:Social Security Expenditure	22.15	0.09

1-14 农村常住居民人均现金可支配收入(2015年)
PER CAPITA CASH DISPOSABLE INCOME OF RURAL PERMANENT HOUSEHOLDS (2015)

指　　标	Indicator	绝对数(元/人) Absolute Figures (yuan/person)	构成(%) Composition (%)
现金可支配收入	**Cash Disposable Income**	**7257.31**	**100.00**
现金工资性收入	**Cash Wages Income**	**2312.46**	**31.86**
工资	Wages	1677.31	23.11
其他工资性收入	Other Wages Income	635.16	8.75
现金经营净收入	**Cash Net Business Income**	**3784.96**	**52.15**
第一产业现金经营净收入	Cash Net Business Income from Primary Industry	2977.57	41.03
1.农业	1.Agriculture	1901.62	26.20
2.林业	2.Forestry	185.24	2.55
3.牧业	3.Animal Husbandry	884.71	12.19
4.渔业	4.Fishery	5.99	0.08
第二产业现金经营净收入	Cash Net Business Income from Secondary Industry	50.81	0.70
第三产业现金经营净收入	Cash Net Business Income from Tertiary Industry	756.58	10.43
现金财产净收入	**Cash Net Property Income**	**147.86**	**2.04**
现金转移净收入	**Cash Net Transferred Income**	**1012.03**	**13.94**
现金转移性收入	Cash Transferred Income	1211.94	16.70
其中:养老金或离退休金	where:Annuities and Pensions	230.39	3.17
现金转移性支出	Cash Transferred Expenditure	199.91	2.75
其中:社会保障支出	where:Social Security Expenditure	2.12	0.03

1-15 1981-2015年城镇居民家庭人均收入来源
SOURCE OF PER CAPITA INCOME OF URBAN HOUSEHOLDS (1981-2015)

单位：元 (yuan)

年份 Year	可支配收入 Disposable Income	总收入 Total Income	工资性收入 Wages Income	经营净收入 Net Business Income	财产性收入 Property Income	转移性收入 Transferred Income
1981	327.70	334.39				
1982	492.51	500.86				
1983	532.54	531.96				
1984	608.23	616.80				
1985	752.29	761.95	626.76	3.60		
1986	871.75	883.68	694.32	6.96		
1987	989.37	1001.29	775.56	11.50		
1988	1156.49	1168.80	841.31	14.11	6.88	144.19
1989	1305.15	1318.13	942.19	13.15	6.82	161.65
1990	1514.81	1528.28	1111.10	12.51	10.00	168.35
1991	1703.16	1716.65	1248.60	9.81	12.81	170.55
1992	2061.74	2104.18	1519.12	5.54	25.07	304.50
1993	2639.07	2692.09	1881.09	7.14	39.64	422.63
1994	3433.97	3486.37	2502.60	29.52	48.96	555.84
1995	4064.93	4113.24	2973.84	61.80	73.56	632.76
1996	4977.95	4999.04	3306.43	96.63	108.79	881.28
1997	5558.29	5616.21	4379.65	100.61	138.86	805.21
1998	6042.78	6100.26	4658.10	141.83	126.91	921.21
1999	6178.68	6234.59	4748.59	159.36	112.77	978.30
2000	6324.64	6369.58	4629.24	236.91	178.46	1012.51
2001	6797.71	6849.73	4505.68	298.28	203.65	1487.78
2002	7240.62	7690.48	5446.87	279.04	70.85	1893.72
2003	7643.57	8202.58	5854.39	286.92	86.43	1974.84
2004	8870.88	9546.29	6140.67	518.17	334.41	2553.04
2005	9265.90	9994.65	6170.93	595.45	428.07	2800.20
2006	10069.89	10848.10	6881.39	536.72	467.25	2962.74
2007	11496.11	12296.42	8019.69	686.18	476.78	3113.77
2008	13250.22	14118.03	8596.88	1165.96	849.45	3505.74
2009	14423.93	15680.27	9641.68	1092.29	1043.93	3902.38
2010	16064.54	17478.91	10845.21	1122.89	1162.12	4348.70
2011	18575.62	20255.13	12416.17	1785.61	1273.99	4779.36
2012	21074.50	23000.43	14408.29	2425.03	999.98	5167.14
2013	23235.53	24698.33	15140.70	2540.32	1459.33	5557.98
2014	25140.84	26748.30	16340.15	2675.50	1595.38	6137.26
2015	27277.81	29877.85	18269.17	3010.69	1824.89	6773.09

注：2001年及以前各年"工资性收入"为国有和集体职工收入；2002年前后"可支配收入"计算口径不同；2001年及以前各年"总收入"不等于其中四项之和。

Note: 'Wages income ' consists of income of the state-owned and collective workers in 2001 and previous years; the caliber on calculating 'Disposable income' is different from 2002; 'Total income' does not equal the sum of four(wages income, net business income, property income and transferred income) in 2001 and previous years.

1-16 1978-2012年农村居民家庭人均总收入
PER CAPITA TOTAL INCOME OF RURAL HOUSEHOLDS (1978-2012)

单位：元 (yuan)

<table>
<tr><th rowspan="2">年 份
Year</th><th rowspan="2">总收入
Total Income</th><th>工资性收入
Wages Income</th><th>家庭经营收入
Business Income of Households</th><th>财产性收入
Property Income</th><th>转移性收入
Transferred Income</th></tr>
<tr><th></th><th></th><th></th><th></th></tr>
<tr><td>1978</td><td>146.62</td><td>78.97</td><td>57.50</td><td colspan="2">10.15</td></tr>
<tr><td>1980</td><td>170.70</td><td>77.10</td><td>76.10</td><td colspan="2">17.50</td></tr>
<tr><td>1981</td><td>202.88</td><td>79.97</td><td>101.06</td><td colspan="2">21.85</td></tr>
<tr><td>1982</td><td>265.98</td><td>107.80</td><td>135.72</td><td colspan="2">22.46</td></tr>
<tr><td>1983</td><td>353.11</td><td>17.72</td><td>304.32</td><td colspan="2">31.07</td></tr>
<tr><td>1984</td><td>416.84</td><td>17.26</td><td>363.24</td><td colspan="2">36.34</td></tr>
<tr><td>1985</td><td>446.52</td><td>36.21</td><td>378.36</td><td colspan="2">31.95</td></tr>
<tr><td>1986</td><td>466.15</td><td>18.25</td><td>424.45</td><td colspan="2">23.45</td></tr>
<tr><td>1987</td><td>516.48</td><td>19.92</td><td>473.00</td><td colspan="2">23.56</td></tr>
<tr><td>1988</td><td>614.08</td><td>13.21</td><td>564.73</td><td colspan="2">36.14</td></tr>
<tr><td>1989</td><td>688.11</td><td>14.53</td><td>629.81</td><td colspan="2">43.77</td></tr>
<tr><td>1990</td><td>774.99</td><td>76.97</td><td>662.63</td><td colspan="2">35.39</td></tr>
<tr><td>1991</td><td>836.45</td><td>83.20</td><td>714.24</td><td colspan="2">39.01</td></tr>
<tr><td>1992</td><td>930.75</td><td>14.92</td><td>853.56</td><td colspan="2">62.27</td></tr>
<tr><td>1993</td><td>1065.15</td><td>83.48</td><td>899.39</td><td colspan="2">82.28</td></tr>
<tr><td>1994</td><td>1287.65</td><td>96.03</td><td>1105.89</td><td>53.26</td><td>32.47</td></tr>
<tr><td>1995</td><td>1709.47</td><td>120.84</td><td>1483.52</td><td>57.01</td><td>48.10</td></tr>
<tr><td>1996</td><td>2023.28</td><td>139.22</td><td>1743.63</td><td>64.93</td><td>75.50</td></tr>
<tr><td>1997</td><td>2197.21</td><td>177.97</td><td>1901.11</td><td>22.51</td><td>95.62</td></tr>
<tr><td>1998</td><td>2157.52</td><td>194.79</td><td>1814.99</td><td>36.34</td><td>111.40</td></tr>
<tr><td>1999</td><td>2209.64</td><td>215.26</td><td>1880.06</td><td>26.03</td><td>88.29</td></tr>
<tr><td>2000</td><td>2246.94</td><td>263.58</td><td>1844.73</td><td>47.94</td><td>90.69</td></tr>
<tr><td>2001</td><td>2330.95</td><td>283.36</td><td>1894.27</td><td>59.35</td><td>93.97</td></tr>
<tr><td>2002</td><td>2491.42</td><td>286.17</td><td>2036.22</td><td>60.43</td><td>108.60</td></tr>
<tr><td>2003</td><td>2554.40</td><td>318.20</td><td>2067.80</td><td>67.20</td><td>101.20</td></tr>
<tr><td>2004</td><td>2843.00</td><td>325.86</td><td>2348.57</td><td>71.80</td><td>96.77</td></tr>
<tr><td>2005</td><td>3179.15</td><td>348.31</td><td>2652.55</td><td>75.50</td><td>102.79</td></tr>
<tr><td>2006</td><td>3593.60</td><td>441.80</td><td>2952.40</td><td>82.20</td><td>117.20</td></tr>
<tr><td>2007</td><td>4215.06</td><td>521.63</td><td>3459.15</td><td>86.41</td><td>147.86</td></tr>
<tr><td>2008</td><td>4889.13</td><td>617.47</td><td>3908.04</td><td>109.83</td><td>253.79</td></tr>
<tr><td>2009</td><td>5105.30</td><td>684.95</td><td>3975.15</td><td>127.52</td><td>317.68</td></tr>
<tr><td>2010</td><td>5837.55</td><td>930.00</td><td>4339.11</td><td>176.84</td><td>391.61</td></tr>
<tr><td>2011</td><td>7396.55</td><td>1138.55</td><td>5567.32</td><td>218.99</td><td>471.70</td></tr>
<tr><td>2012</td><td>8188.14</td><td>1435.87</td><td>6034.40</td><td>234.19</td><td>483.67</td></tr>
</table>

1-17 1978-2015年农村居民家庭人均纯收入
PER CAPITA NET INCOME OF RURAL HOUSEHOLDS (1978-2015)

单位：元 (yuan)

<table>
<tr><th>年 份
Year</th><th>纯收入
Net Income</th><th>工资性收入
Wages Income</th><th>家庭经营纯收入
Net Business Income of Households</th><th>财产性收入
Property Income</th><th>转移性收入
Transferred Income</th></tr>
<tr><td>1978</td><td>130.60</td><td>78.97</td><td>41.48</td><td colspan="2">10.15</td></tr>
<tr><td>1980</td><td>150.12</td><td>77.11</td><td>55.56</td><td colspan="2">17.45</td></tr>
<tr><td>1981</td><td>178.08</td><td>79.97</td><td>76.26</td><td colspan="2">21.85</td></tr>
<tr><td>1982</td><td>231.83</td><td>107.80</td><td>101.57</td><td colspan="2">22.46</td></tr>
<tr><td>1983</td><td>266.66</td><td>17.72</td><td>219.44</td><td colspan="2">29.50</td></tr>
<tr><td>1984</td><td>310.43</td><td>16.64</td><td>261.21</td><td colspan="2">32.58</td></tr>
<tr><td>1985</td><td>338.34</td><td>36.21</td><td>270.18</td><td colspan="2">31.95</td></tr>
<tr><td>1986</td><td>338.14</td><td>8.64</td><td>300.86</td><td colspan="2">28.64</td></tr>
<tr><td>1987</td><td>364.57</td><td>9.48</td><td>325.31</td><td colspan="2">29.78</td></tr>
<tr><td>1988</td><td>427.72</td><td>9.54</td><td>383.24</td><td colspan="2">34.94</td></tr>
<tr><td>1989</td><td>477.89</td><td>11.97</td><td>424.53</td><td colspan="2">41.39</td></tr>
<tr><td>1990</td><td>540.86</td><td>76.97</td><td>433.96</td><td colspan="2">29.93</td></tr>
<tr><td>1991</td><td>572.58</td><td>11.17</td><td>513.84</td><td colspan="2">47.57</td></tr>
<tr><td>1992</td><td>617.98</td><td>14.92</td><td>546.88</td><td colspan="2">56.18</td></tr>
<tr><td>1993</td><td>674.80</td><td>83.48</td><td>515.56</td><td colspan="2">75.76</td></tr>
<tr><td>1994</td><td>802.95</td><td>96.03</td><td>628.22</td><td>32.47</td><td>46.23</td></tr>
<tr><td>1995</td><td>1010.97</td><td>120.84</td><td>792.04</td><td>57.00</td><td>41.09</td></tr>
<tr><td>1996</td><td>1229.28</td><td>139.22</td><td>957.51</td><td>64.93</td><td>67.62</td></tr>
<tr><td>1997</td><td>1375.50</td><td>177.97</td><td>1091.27</td><td>22.51</td><td>83.75</td></tr>
<tr><td>1998</td><td>1387.25</td><td>194.79</td><td>1054.67</td><td>36.34</td><td>101.45</td></tr>
<tr><td>1999</td><td>1437.63</td><td>215.26</td><td>1119.16</td><td>26.03</td><td>77.17</td></tr>
<tr><td>2000</td><td>1478.60</td><td>263.58</td><td>1115.68</td><td>47.94</td><td>51.40</td></tr>
<tr><td>2001</td><td>1533.74</td><td>283.36</td><td>1137.63</td><td>59.35</td><td>53.40</td></tr>
<tr><td>2002</td><td>1608.64</td><td>286.17</td><td>1193.26</td><td>60.43</td><td>68.78</td></tr>
<tr><td>2003</td><td>1697.10</td><td>318.20</td><td>1242.70</td><td>67.20</td><td>69.00</td></tr>
<tr><td>2004</td><td>1864.20</td><td>325.90</td><td>1386.60</td><td>71.80</td><td>79.90</td></tr>
<tr><td>2005</td><td>2041.80</td><td>348.30</td><td>1530.10</td><td>75.50</td><td>87.90</td></tr>
<tr><td>2006</td><td>2250.50</td><td>441.80</td><td>1631.60</td><td>82.20</td><td>94.90</td></tr>
<tr><td>2007</td><td>2634.09</td><td>521.63</td><td>1910.18</td><td>86.41</td><td>115.87</td></tr>
<tr><td>2008</td><td>3102.60</td><td>617.47</td><td>2156.80</td><td>109.83</td><td>218.50</td></tr>
<tr><td>2009</td><td>3369.34</td><td>684.95</td><td>2279.02</td><td>127.52</td><td>277.85</td></tr>
<tr><td>2010</td><td>3952.03</td><td>930.00</td><td>2510.12</td><td>176.84</td><td>335.07</td></tr>
<tr><td>2011</td><td>4721.99</td><td>1138.55</td><td>2966.18</td><td>218.99</td><td>398.27</td></tr>
<tr><td>2012</td><td>5416.54</td><td>1435.87</td><td>3328.10</td><td>234.19</td><td>418.38</td></tr>
<tr><td>2013</td><td>6141.31</td><td>1729.19</td><td>3650.37</td><td>229.78</td><td>531.97</td></tr>
<tr><td>2014</td><td>6810.71</td><td>2045.53</td><td>3902.06</td><td>254.58</td><td>608.54</td></tr>
<tr><td>2015</td><td>7525.83</td><td>2387.59</td><td>4212.59</td><td>278.39</td><td>647.27</td></tr>
</table>

1-18 1980-2012年农村居民家庭人均现金收入
PER CAPITA CASH INCOME OF RURAL HOUSEHOLDS (1980-2012)

单位：元 (yuan)

年 份 Year	现金收入 Cash Income	工资性收入 Wages Income	家庭经营收入 Business Income of Households	财产性收入 Property Income	转移性收入 Transferred Income
1980	78.23	20.82	43.38	14.03	
1982	139.76	28.01	92.69	19.06	
1984	253.52	15.48	205.78	32.26	
1985	254.14	9.91	203.49	40.74	
1986	266.99	8.62	213.18	45.19	
1987	324.02	9.42	265.85	48.75	
1988	414.91	9.54	341.88	63.49	
1989	464.76	11.90	387.04	65.82	
1990	479.72	10.05	397.82	71.85	
1991	537.73	11.15	452.60	73.98	
1992	629.04	14.89	529.11	85.04	
1993	717.49	80.83	530.37	106.29	
1994	913.59	95.58	714.75	34.99	
1995	1209.74	120.27	984.20	40.04	
1996	1359.70	137.77	1081.22	46.21	
1997	1437.00	177.47	1102.53	37.78	119.22
1998	1403.42	194.47	1006.56	62.12	140.27
1999	1404.52	215.01	1023.94	42.47	123.10
2000	1430.02	263.18	1038.20	41.66	86.98
2001	1473.06	282.28	1043.41	59.29	88.07
2002	1593.60	284.32	1145.18	60.39	103.72
2003	1709.81	317.55	1240.34	64.92	87.00
2004	1859.66	325.15	1379.77	65.11	89.62
2005	2175.11	348.27	1660.19	70.13	96.52
2006	2664.77	441.77	2039.13	68.29	115.57
2007	3190.62	521.57	2446.35	80.43	142.28
2008	3692.29	613.82	2721.69	107.41	249.37
2009	3876.05	684.02	2754.18	128.39	309.46
2010	4565.22	928.87	3077.48	171.13	387.73
2011	5951.34	1136.94	4124.76	221.10	468.54
2012	6693.12	1430.81	4539.33	241.11	481.87

1-19 2014-2015年居民人均总支出
PER CAPITA TOTAL EXPENDITURE OF HOUSEHOLDS (2014-2015)

单位：元 (yuan)

指　标	Indicator	2014	2015
总支出	**Total Expenditure**	**15989.55**	**17446.75**
消费支出	**Consumption Expenditure**	**9869.54**	**11005.41**
食品烟酒	Foods, Alcohol and Tobacco	3211.50	3587.69
食品	Foods	2363.93	2601.77
谷物	grain	417.04	430.48
薯类	Tubers	44.22	54.43
豆类	Beans	30.84	36.53
食用油	Edible Oil	99.17	107.11
蔬菜和食用菌	Vegetables and Edible Fungi	397.47	429.61
肉类	Meat	645.19	718.83
禽类	Poultry	166.36	185.45
水产品	Aquatic Products	67.97	75.34
蛋类	Eggs	55.91	60.44
奶类	Milk	71.82	79.99
干鲜瓜果类	Dried and Fresh Melons and Fruits	186.19	217.49
糖果糕点类	Confectionery	89.53	102.80
饮料	Beverages	65.27	78.74
其他食品	Other Foods	92.22	103.27
烟酒	Alcohol and Tobacco	370.49	419.62
饮食服务	Food Services	411.80	487.55
衣着	Clothing	425.30	466.91
居住	Housing	2018.52	2146.35
生活用品及服务	Supplies and Services	568.41	644.25
交通通信	Transport and Communications	1513.63	1632.62
教育文化娱乐	Cultural, Educational and Recreation	1096.72	1281.55
医疗保健	Healthcare and Medical Services	739.40	875.73
其他用品和服务	Other Goods and Services	154.39	211.48
生产经营费用支出	**Operation Expenditure**	**2035.49**	**2241.87**
第一产业经营费用支出	Operation Expenditure from Primary Industry	1693.15	1555.22
第二产业经营费用支出	Operation Expenditure from Secondary Industry	42.60	63.81
第三产业经营费用支出	Operation Expenditure from Tertiary Industry	299.74	622.84
财产性支出	**Property Expenditure**	**29.86**	**41.22**
生活贷款利息支出	Interest Expenditure from Living Loan	28.17	37.25
其他财产性支出	Other Property Expenditure	1.68	3.97
转移性支出	**Transferred Expenditure**	**436.78**	**563.74**
个人所得税	Individual Income Tax	11.71	16.47
社会保障支出	Social Security Expenditure	329.62	461.72
外来从业人员寄给家人的支出	Sending Expenditure of Foreign Employees	4.08	2.09
赡养支出	Alimony Expenditure	37.92	36.16
其他转移性支出	Other Transferred Expenditure	53.45	47.30
部分商业保险支出	**Part Expenditure of Commercial Insurance**	**26.33**	**32.18**
购置资产及非经常性转移支出	**Purchasing assets and Non-recurring Transferred Expenditure**	**2080.72**	**2247.98**
借贷性支出	**Lending and Loaning Expenditure**	**1510.83**	**1314.36**

1-20 2014-2015年城镇常住居民人均总支出
PER CAPITA TOTAL EXPENDITURE OF URBAN PERMANENT HOUSEHOLDS (2014-2015)

单位：元 (yuan)

指 标	Indicator	2014	2015
总支出	**Total Expenditure**	**22768.72**	**25238.07**
消费支出	**Consumption Expenditure**	**16268.33**	**17674.99**
食品烟酒	Foods, Alcohol and Tobacco	4987.42	5346.39
食品	Foods	3482.84	3653.19
谷物	Grain	468.56	447.30
薯类	Tubers	40.00	45.04
豆类	Beans	43.97	50.08
食用油	Edible Oil	144.04	147.66
蔬菜和食用菌	Vegetables and Edible Fungi	647.72	678.86
肉类	Meat	900.48	949.91
禽类	Poultry	229.72	240.35
水产品	Aquatic Products	128.39	134.57
蛋类	Eggs	74.40	80.81
奶类	Milk	154.11	158.65
干鲜瓜果类	Dried and Fresh Melons and Fruits	353.62	393.43
糖果糕点类	Confectionery	160.58	180.30
饮料	Beverages	102.23	115.52
其他食品	Other Foods	137.24	146.21
烟酒	Alcohol and Tobacco	465.54	486.71
饮食服务	Food Services	936.80	1090.97
衣着	Clothing	1066.61	1138.24
居住	Housing	3469.64	3612.37
生活用品及服务	Supplies and Services	916.51	1061.44
交通通信	Transport and Communications	2608.34	2663.96
教育文化娱乐	Cultural, Educational and Recreation	1816.48	2079.03
医疗保健	Healthcare and Medical Services	1115.16	1351.91
其他用品和服务	Other Goods and Services	288.17	421.64
生产经营费用支出	**Operation Expenditure**	**706.40**	**1445.21**
第一产业经营费用支出	Operation Expenditure from Primary Industry	444.11	468.58
第二产业经营费用支出	Operation Expenditure from Secondary Industry	52.62	55.79
第三产业经营费用支出	Operation Expenditure from Tertiary Industry	209.67	920.84
财产性支出	**Property Expenditure**	**42.35**	**72.93**
生活贷款利息支出	Interest Expenditure from Living Loan	41.57	64.44
其他财产性支出	Other Property Expenditure	0.78	8.50
转移性支出	**Transferred Expenditure**	**879.27**	**1144.94**
个人所得税	Individual Income Tax	29.65	42.00
社会保障支出	Social Security Expenditure	634.87	913.72
外来从业人员寄给家人的支出	Sending Expenditure of Foreign Employees	10.63	4.50
赡养支出	Alimony Expenditure	90.99	85.56
其他转移性支出	Other Transferred Expenditure	113.14	99.16
部分商业保险支出	**Part Expenditure of Commercial Insurance**	**45.75**	**66.33**
购置资产及非经常性转移支出	**Purchasing assets and Non-recurring Transferred Expenditure**	**2023.48**	**2494.39**
借贷性支出	**Lending and Loaning Expenditure**	**2803.13**	**2339.27**

1-21 2014-2015年农村常住居民人均总支出
PER CAPITA TOTAL EXPENDITURE OF RURAL PERMANENT HOUSEHOLDS (2014-2015)

单位：元 (yuan)

指 标	Indicator	2014	2015
总支出	**Total Expenditure**	**11922.05**	**12569.27**
消费支出	**Consumption Expenditure**	**6030.26**	**6830.14**
食品烟酒	Foods, Alcohol and Tobacco	2145.94	2486.71
食品	Foods	1692.59	1943.56
谷物	Grain	386.12	419.95
薯类	Tubers	46.76	60.30
豆类	Beans	22.96	28.05
食用油	Edible Oil	72.25	81.72
蔬菜和食用菌	Vegetables and Edible Fungi	247.32	273.58
肉类	Meat	492.01	574.17
禽类	Poultry	128.35	151.09
水产品	Aquatic Products	31.72	38.27
蛋类	Eggs	44.81	47.69
奶类	Milk	22.45	30.75
干鲜瓜果类	Dried and Fresh Melons and Fruits	85.73	107.35
糖果糕点类	Confectionery	46.90	54.29
饮料	Beverages	43.09	55.72
其他食品	Other Foods	65.20	76.39
烟酒	Alcohol and Tobacco	313.47	377.63
饮食服务	Food Services	96.80	109.80
衣着	Clothing	267.19	304.90
居住	Housing	1147.84	1228.60
生活用品及服务	Supplies and Services	359.55	383.09
交通通信	Transport and Communications	856.80	986.99
教育文化娱乐	Cultural, Educational and Recreation	664.85	782.31
医疗保健	Healthcare and Medical Services	513.95	577.63
其他用品和服务	Other Goods and Services	74.12	79.92
生产经营费用支出	**Operation Expenditure**	**2832.94**	**2740.59**
第一产业经营费用支出	Operation Expenditure from Primary Industry	2442.57	2235.48
第二产业经营费用支出	Operation Expenditure from Secondary Industry	36.59	68.83
第三产业经营费用支出	Operation Expenditure from Tertiary Industry	353.78	436.28
财产性支出	**Property Expenditure**	**22.36**	**21.36**
生活贷款利息支出	Interest Expenditure from Living Loan	20.13	20.23
其他财产性支出	Other Property Expenditure	2.22	1.13
转移性支出	**Transferred Expenditure**	**171.29**	**199.91**
个人所得税	Individual Income Tax	0.94	0.49
社会保障支出	Social Security Expenditure	146.48	178.76
外来从业人员寄给家人的支出	Sending Expenditure of Foreign Employees	0.15	0.59
赡养支出	Alimony Expenditure	6.07	5.23
其他转移性支出	Other Transferred Expenditure	17.64	14.84
部分商业保险支出	**Part Expenditure of Commercial Insurance**	**14.68**	**10.80**
购置资产及非经常性转移支出	**Purchasing assets and Non-recurring Transferred Expenditure**	**2115.07**	**2093.72**
借贷性支出	**Lending and Loaning Expenditure**	**735.45**	**672.75**

1-22 2014-2015年居民人均生活消费支出
PER CAPITA CONSUMPTION EXPENDITURE OF HOUSEHOLDS (2014-2015)

单位：元 (yuan)

指　　标	Indicator	2014	2015
生活消费支出	**Consumption Expenditure**	**9345.14**	**10468.76**
食品烟酒	Foods, Alcohol and Tobacco	2737.99	3066.51
食品	Foods	1890.94	2081.37
谷物	Grain	319.47	334.42
薯类	Tubers	20.59	25.51
豆类	Beans	25.46	31.80
食用油	Edible Oil	86.12	92.03
蔬菜和食用菌	Vegetables and Edible Fungi	303.27	325.89
肉类	Meat	488.04	542.07
禽类	Poultry	105.62	113.16
水产品	Aquatic Products	67.30	73.90
蛋类	Eggs	36.92	42.28
奶类	Milk	71.69	79.94
干鲜瓜果类	Dried and Fresh Melons and Fruits	185.31	215.61
糖果糕点类	Confectionery	89.53	102.80
饮料	Beverages	64.80	77.98
其他食品	Other Foods	91.63	101.96
烟酒	Alcohol and Tobacco	370.45	419.62
饮食服务	Food Services	411.80	487.55
衣着	Clothing	566.97	625.72
居住	Housing	1969.25	2131.45
生活用品及服务	Supplies and Services	567.48	643.91
交通通信	Transport and Communications	1513.63	1632.62
教育文化娱乐	Cultural, Educational and Recreation	1096.72	1281.55
医疗保健	Healthcare and Medical Services	738.81	875.51
其他用品和服务	Other Goods and Services	154.30	211.47

1-23 2014-2015年居民人均生活消费支出构成
COMPOSITION OF PER CAPITA CONSUMPTION EXPENDITURE OF HOUSEHOLDS (2014-2015)

单位：%　　(%)

指　　标	Indicator	2014	2015
生活消费支出	**Consumption Expenditure**	**100.00**	**100.00**
食品烟酒	Foods, Alcohol and Tobacco	29.30	29.29
食品	Foods	20.23	19.88
谷物	Grain	3.42	3.19
薯类	Tubers	0.22	0.24
豆类	Beans	0.27	0.30
食用油	Edible Oil	0.92	0.88
蔬菜和食用菌	Vegetables and Edible Fungi	3.25	3.11
肉类	Meat	5.22	5.18
禽类	Poultry	1.13	1.08
水产品	Aquatic Products	0.72	0.71
蛋类	Eggs	0.40	0.40
奶类	Milk	0.77	0.76
干鲜瓜果类	Dried and Fresh Melons and Fruits	1.98	2.06
糖果糕点类	Confectionery	0.96	0.98
饮料	Beverages	0.69	0.74
其他食品	Other Foods	0.98	0.97
烟酒	Alcohol and Tobacco	3.96	4.01
饮食服务	Food Services	4.41	4.66
衣着	Clothing	6.07	5.98
居住	Housing	21.07	20.36
生活用品及服务	Supplies and Services	6.07	6.15
交通通信	Transport and Communications	0.25	15.60
教育文化娱乐	Cultural, Educational and Recreation	11.74	12.24
医疗保健	Healthcare and Medical Services	7.91	8.36
其他用品和服务	Other Goods and Services	1.65	2.02

1-24 2014-2015年城镇常住居民人均生活消费支出
PER CAPITA CONSUMPTION EXPENDITURE OF URBAN PERMANENT HOUSEHOLDS (2014-2015)

单位：元 (yuan)

指 标	Indicator	2014	2015
生活消费支出	**Consumption Expenditure**	**16173.22**	**17577.84**
食品烟酒	Foods, Alcohol and Tobacco	4901.19	5251.61
食品	Foods	3396.65	3558.43
谷物	Grain	444.80	425.54
薯类	Tubers	38.28	42.88
豆类	Beans	43.63	49.87
食用油	Edible Oil	141.76	146.08
蔬菜和食用菌	Vegetables and Edible Fungi	628.62	657.15
肉类	Meat	879.98	925.61
禽类	Poultry	215.86	221.89
水产品	Aquatic Products	128.20	134.17
蛋类	Eggs	70.33	76.98
奶类	Milk	154.08	158.63
干鲜瓜果类	Dried and Fresh Melons and Fruits	353.29	393.18
糖果糕点类	Confectionery	160.58	180.30
饮料	Beverages	102.20	115.49
其他食品	Other Foods	137.24	146.15
烟酒	Alcohol and Tobacco	465.54	486.71
饮食服务	Food Services	936.80	1090.97
衣着	Clothing	1066.61	1138.21
居住	Housing	3462.57	3610.43
生活用品及服务	Supplies and Services	916.51	1061.39
交通通信	Transport and Communications	2608.34	2663.96
教育文化娱乐	Cultural, Educational and Recreation	1816.48	2079.03
医疗保健	Healthcare and Medical Services	1113.58	1351.57
其他用品和服务	Other Goods and Services	287.94	421.63

1-25 2014-2015年城镇常住居民人均生活消费支出构成
COMPOSITION OF PER CAPITA CONSUMPTION EXPENDITURE OF URBAN PERMANENT HOUSEHOLDS (2014-2015)

单位：% (%)

指　　标	Indicator	2014	2015
生活消费支出	**Consumption Expenditure**	**100.00**	**100.00**
食品烟酒	Foods, Alcohol and Tobacco	30.30	29.88
食品	Foods	21.00	20.24
谷物	Grain	2.75	2.42
薯类	Tubers	0.24	0.24
豆类	Beans	0.27	0.28
食用油	Edible Oil	0.88	0.83
蔬菜和食用菌	Vegetables and Edible Fungi	3.89	3.74
肉类	Meat	5.44	5.27
禽类	Poultry	1.33	1.26
水产品	Aquatic Products	0.79	0.76
蛋类	Eggs	0.43	0.44
奶类	Milk	0.95	0.90
干鲜瓜果类	Dried and Fresh Melons and Fruits	2.18	2.24
糖果糕点类	Confectionery	0.99	1.03
饮料	Beverages	0.63	0.66
其他食品	Other Foods	0.85	0.83
烟酒	Alcohol and Tobacco	2.88	2.77
饮食服务	Food Services	5.79	6.21
衣着	Clothing	6.59	6.48
居住	Housing	21.41	20.54
生活用品及服务	Supplies and Services	5.67	6.04
交通通信	Transport and Communications	16.13	15.16
教育文化娱乐	Cultural, Educational and Recreation	11.23	11.83
医疗保健	Healthcare and Medical Services	6.89	7.69
其他用品和服务	Other Goods and Services	1.78	2.40

1-26 2014-2015年农村常住居民人均生活消费支出
PER CAPITA CONSUMPTION EXPENDITURE OF RURAL PERMANENT HOUSEHOLDS (2014-2015)

单位：元 (yuan)

指 标	Indicator	2014	2015
生活消费支出	**Consumption Expenditure**	**5248.30**	**6018.36**
食品烟酒	Foods, Alcohol and Tobacco	1440.06	1698.61
食品	Foods	987.52	1156.71
谷物	Grain	244.27	277.38
薯类	Tubers	9.97	14.64
豆类	Beans	14.55	20.49
食用油	Edible Oil	52.74	58.19
蔬菜和食用菌	Vegetables and Edible Fungi	108.06	118.51
肉类	Meat	252.87	301.98
禽类	Poultry	39.48	45.09
水产品	Aquatic Products	30.76	36.17
蛋类	Eggs	16.87	20.56
奶类	Milk	22.25	30.67
干鲜瓜果类	Dried and Fresh Melons and Fruits	84.52	104.45
糖果糕点类	Confectionery	46.90	54.29
饮料	Beverages	42.36	54.49
其他食品	Other Foods	64.27	74.30
烟酒	Alcohol and Tobacco	313.39	377.61
饮食服务	Food Services	96.80	109.80
衣着	Clothing	267.19	304.90
居住	Housing	1073.26	1205.59
生活用品及服务	Supplies and Services	358.06	382.57
交通通信	Transport and Communications	856.80	986.99
教育文化娱乐	Cultural, Educational and Recreation	664.85	782.31
医疗保健	Healthcare and Medical Services	513.95	577.49
其他用品和服务	Other Goods and Services	74.12	79.91

1-27 2014-2015年农村常住居民人均生活消费支出构成
COMPOSITION OF PER CAPITA CONSUMPTION EXPENDITURE OF RURAL PERMANENT HOUSEHOLDS (2014-2015)

单位：% (%)

指　　标	Indicator	2014	2015
生活消费支出	**Consumption Expenditure**	**100.00**	**100.00**
食品烟酒	Foods, Alcohol and Tobacco	27.44	28.22
食品	Foods	18.82	19.22
谷物	Grain	4.65	4.61
薯类	Tubers	0.19	0.24
豆类	Beans	0.28	0.34
食用油	Edible Oil	1.00	0.97
蔬菜和食用菌	Vegetables and Edible Fungi	2.06	1.97
肉类	Meat	4.82	5.02
禽类	Poultry	0.75	0.75
水产品	Aquatic Products	0.59	0.60
蛋类	Eggs	0.32	0.34
奶类	Milk	0.42	0.51
干鲜瓜果类	Dried and Fresh Melons and Fruits	1.61	1.74
糖果糕点类	Confectionery	0.89	0.90
饮料	Beverages	0.81	0.91
其他食品	Other Foods	1.22	1.23
烟酒	Alcohol and Tobacco	5.97	6.27
饮食服务	Food Services	1.84	1.82
衣着	Clothing	5.09	5.07
居住	Housing	20.45	20.03
生活用品及服务	Supplies and Services	6.82	6.36
交通通信	Transport and Communications	16.33	16.40
教育文化娱乐	Cultural, Educational and Recreation	12.67	13.00
医疗保健	Healthcare and Medical Services	9.79	9.60
其他用品和服务	Other Goods and Services	1.41	1.33

1-28　2014-2015年居民人均现金消费支出
PER CAPITA CASH CONSUMPTION EXPENDITURE OF HOUSEHOLDS (2014-2015)

单位：元　(yuan)

指　标	Indicator	2014	2015
现金消费支出	**Cash Consumption Expenditure**	**7911.25**	**8860.13**
食品烟酒	Foods, Alcohol and Tobacco	2728.74	3054.29
食品	Foods	1885.02	2073.22
谷物	Grain	317.15	331.70
薯类	Tubers	20.59	25.51
豆类	Beans	25.46	31.80
食用油	Edible Oil	85.55	90.85
蔬菜和食用菌	Vegetables and Edible Fungi	303.26	325.87
肉类	Meat	487.40	541.29
禽类	Poultry	105.62	113.16
水产品	Aquatic Products	67.30	73.81
蛋类	Eggs	36.92	42.28
奶类	Milk	71.69	79.94
干鲜瓜果类	Dried and Fresh Melons and Fruits	185.15	215.37
糖果糕点类	Confectionery	89.27	102.10
饮料	Beverages	64.80	77.98
其他食品	Other Foods	89.66	99.54
烟酒	Alcohol and Tobacco	370.45	419.62
饮食服务	Food Services	408.48	483.48
衣着	Clothing	566.86	625.51
居住	Housing	686.75	722.81
生活用品及服务	Supplies and Services	561.57	637.19
交通通信	Transport and Communications	1513.00	1631.42
教育文化娱乐	Cultural, Educational and Recreation	1096.66	1281.52
医疗保健	Healthcare and Medical Services	606.02	698.52
其他用品和服务	Other Goods and Services	151.64	208.87

1-29 2014-2015年城镇常住居民人均现金消费支出
PER CAPITA CASH CONSUMPTION EXPENDITURE OF URBAN PERMANENT HOUSEHOLDS (2014-2015)

单位：元 (yuan)

指 标	Indicator	2014	2015
现金消费支出	**Cash Consumption Expenditure**	**13635.85**	**14848.54**
食品烟酒	Foods, Alcohol and Tobacco	4884.70	5231.59
食品	Foods	3388.54	3546.16
谷物	Grain	440.39	420.19
薯类	Tubers	38.28	42.88
豆类	Beans	43.63	49.87
食用油	Edible Oil	140.76	144.38
蔬菜和食用菌	Vegetables and Edible Fungi	628.60	657.11
肉类	Meat	879.74	924.20
禽类	Poultry	215.86	221.89
水产品	Aquatic Products	128.20	133.96
蛋类	Eggs	70.33	76.98
奶类	Milk	154.08	158.63
干鲜瓜果类	Dried and Fresh Melons and Fruits	352.96	393.07
糖果糕点类	Confectionery	160.07	178.88
饮料	Beverages	102.20	115.49
其他食品	Other Foods	135.63	144.12
烟酒	Alcohol and Tobacco	465.54	486.71
饮食服务	Food Services	928.41	1083.22
衣着	Clothing	1066.30	1137.89
居住	Housing	1114.56	1133.53
生活用品及服务	Supplies and Services	909.70	1050.59
交通通信	Transport and Communications	2606.75	2661.12
教育文化娱乐	Cultural, Educational and Recreation	1816.34	2078.96
医疗保健	Healthcare and Medical Services	953.56	1137.73
其他用品和服务	Other Goods and Services	283.95	417.13

1-30 2014-2015年城镇常住居民人均现金消费支出构成
COMPOSITION OF PER CAPITA CASH CONSUMPTION EXPENDITURE OF URBAN PERMANENT HOUSEHOLDS (2014-2015)

单位：% (%)

指 标	Indicator	2014	2015
现金消费支出	**Cash Consumption Expenditure**	**100.00**	**100.00**
食品烟酒	Foods, Alcohol and Tobacco	35.82	35.23
食品	Foods	24.85	23.88
谷物	Grain	3.23	2.83
薯类	Tubers	0.28	0.29
豆类	Beans	0.32	0.34
食用油	Edible Oil	1.03	0.97
蔬菜和食用菌	Vegetables and Edible Fungi	4.61	4.43
肉类	Meat	6.45	6.22
禽类	Poultry	1.58	1.49
水产品	Aquatic Products	0.94	0.90
蛋类	Eggs	0.52	0.52
奶类	Milk	1.13	1.07
干鲜瓜果类	Dried and Fresh Melons and Fruits	2.59	2.65
糖果糕点类	Confectionery	1.17	1.20
饮料	Beverages	0.75	0.78
其他食品	Other Foods	0.99	0.97
烟酒	Alcohol and Tobacco	3.41	3.28
饮食服务	Food Services	6.81	7.30
衣着	Clothing	7.82	7.66
居住	Housing	8.17	7.63
生活用品及服务	Supplies and Services	6.67	7.08
交通通信	Transport and Communications	19.12	17.92
教育文化娱乐	Cultural, Educational and Recreation	13.32	14.00
医疗保健	Healthcare and Medical Services	6.99	7.66
其他用品和服务	Other Goods and Services	2.08	2.81

1-31 2014-2015年农村常住居民人均现金消费支出
PER CAPITA CASH CONSUMPTION EXPENDITURE OF RURAL PERMANENT HOUSEHOLDS (2014-2015)

单位：元 (yuan)

指 标	Indicator	2014	2015
现金消费支出	**Cash Consumption Expenditure**	**4476.49**	**5111.29**
食品烟酒	Foods, Alcohol and Tobacco	1435.17	1691.27
食品	Foods	982.90	1151.13
谷物	Grain	243.21	276.31
薯类	Tubers	9.97	14.64
豆类	Beans	14.55	20.49
食用油	Edible Oil	52.42	57.33
蔬菜和食用菌	Vegetables and Edible Fungi	108.06	118.51
肉类	Meat	252.00	301.58
禽类	Poultry	39.48	45.09
水产品	Aquatic Products	30.76	36.16
蛋类	Eggs	16.87	20.56
奶类	Milk	22.25	30.67
干鲜瓜果类	Dried and Fresh Melons and Fruits	84.46	104.12
糖果糕点类	Confectionery	46.79	54.04
饮料	Beverages	42.36	54.49
其他食品	Other Foods	62.08	71.63
烟酒	Alcohol and Tobacco	313.39	377.61
饮食服务	Food Services	96.52	108.04
衣着	Clothing	267.19	304.75
居住	Housing	430.06	465.69
生活用品及服务	Supplies and Services	352.70	378.40
交通通信	Transport and Communications	856.76	986.80
教育文化娱乐	Cultural, Educational and Recreation	664.85	782.31
医疗保健	Healthcare and Medical Services	397.50	423.56
其他用品和服务	Other Goods and Services	72.26	78.50

1-32 2014-2015年农村常住居民人均现金消费支出构成

COMPOSITION OF PER CAPITA CASH CONSUMPTION EXPENDITURE OF RURAL PERMANENT HOUSEHOLDS (2014-2015)

单位：% (%)

指 标	Indicator	2014	2015
现金消费支出	**Cash Consumption Expenditure**	**100.00**	**100.00**
食品烟酒	Foods, Alcohol and Tobacco	32.06	33.09
食品	Foods	21.96	22.52
谷物	Grain	5.43	5.41
薯类	Tubers	0.22	0.29
豆类	Beans	0.33	0.40
食用油	Edible Oil	1.17	1.12
蔬菜和食用菌	Vegetables and Edible Fungi	2.41	2.32
肉类	Meat	5.63	5.90
禽类	Poultry	0.88	0.88
水产品	Aquatic Products	0.69	0.71
蛋类	Eggs	0.38	0.40
奶类	Milk	0.50	0.60
干鲜瓜果类	Dried and Fresh Melons and Fruits	1.89	2.04
糖果糕点类	Confectionery	1.05	1.06
饮料	Beverages	0.95	1.07
其他食品	Other Foods	1.39	1.40
烟酒	Alcohol and Tobacco	7.00	7.39
饮食服务	Food Services	2.16	2.11
衣着	Clothing	5.97	5.96
居住	Housing	9.61	9.11
生活用品及服务	Supplies and Services	7.88	7.40
交通通信	Transport and Communications	19.14	19.31
教育文化娱乐	Cultural, Educational and Recreation	14.85	15.31
医疗保健	Healthcare and Medical Services	8.88	8.29
其他用品和服务	Other Goods and Services	1.61	1.54

1-33 2014-2015年居民人均生产经营现金费用支出
PER CAPITA OPERATION CASH EXPENDITURE OF HOUSEHOLDS (2014-2015)

单位：元 (yuan)

指 标	Indicator	2014	2015
生产经营现金费用支出	**Operation Cash Expenditure**	**1768.03**	**1962.09**
第一产业经营现金费用支出	Operation Cash Expenditure from Primary Industry	1425.69	1275.44
农业	Agriculture	940.17	789.52
林业	Forestry	22.88	25.91
牧业	Animal Husbandry	453.92	449.06
渔业	Fishery	8.73	10.96
农林牧渔服务业	Agriculture, Forestry, Animal Husbandry and Fishery Services	14.44	11.85
第二产业经营现金费用支出	Operation Cash Expenditure from Secondary Industry	42.60	63.81
采矿业	Mining	0.30	0.38
制造业	Manufacturing	26.38	49.13
电力、热力、燃气及水生产和供应业	Production and Supply of Electricity, Heat, Gas and Water	0.01	0.10
建筑业	Construction	15.91	14.19
第三产业经营现金费用支出	Operation Cash Expenditure from Tertiary Industry	299.74	622.84
批发和零售业	Wholesale and Retail Trades	88.87	246.10
交通运输、仓储和邮政业	Transport, Storage and Post	131.65	131.19
住宿和餐饮业	Hotels and Catering Services	39.76	186.03
房地产业	Real Estate	0.43	0.65
租赁和商务服务业	Leasing and Business Services	2.07	4.16
居民服务、修理和其他服务业	Service to Households, Repair and Other Services	11.55	37.71
其他	Others	10.97	5.14

1-34 2014-2015年城镇常住居民人均生产经营现金费用支出
PER CAPITA OPERATION CASH EXPENDITURE OF URBAN PERMANENT HOUSEHOLDS (2014-2015)

单位：元 (yuan)

指 标	Indicator	2014	2015
生产经营现金费用支出	**Operation Cash Expenditure**	**671.24**	**1409.48**
第一产业经营现金费用支出	Operation Cash Expenditure from Primary Industry	408.95	432.85
农业	Agriculture	296.20	325.06
林业	Forestry	4.90	4.74
牧业	Animal Husbandry	105.50	102.39
渔业	Fishery	2.35	0.66
农林牧渔服务业	Agriculture, Forestry, Animal Husbandry and Fishery Services	4.87	3.20
第二产业经营现金费用支出	Operation Cash Expenditure from Secondary Industry	52.62	55.79
采矿业	Mining	0.03	0.40
制造业	Manufacturing	44.24	49.22
电力、热力、燃气及水生产和供应业	Production and Supply of Electricity, Heat, Gas and Water	0.01	0.24
建筑业	Construction	8.34	5.93
第三产业经营现金费用支出	Operation Cash Expenditure from Tertiary Industry	209.67	920.84
批发和零售业	Wholesale and Retail Trades	75.30	341.22
交通运输、仓储和邮政业	Transport, Storage and Post	32.03	82.37
住宿和餐饮业	Hotels and Catering Services	62.72	425.47
房地产业	Real Estate	0.20	1.50
租赁和商务服务业	Leasing and Business Services	3.95	9.48
居民服务、修理和其他服务业	Service to Households, Repair and Other Services	11.29	48.44
其他	Others	19.30	9.16

1-35 2014-2015年农村常住居民人均生产经营现金费用支出
PER CAPITA OPERATION CASH EXPENDITURE OF RURAL PERMANENT HOUSEHOLDS (2014-2015)

单位：元 (yuan)

指　标	Indicator	2014	2015
生产经营现金费用支出	**Operation Cash Expenditure**	**2426.11**	**2308.03**
第一产业经营现金费用支出	Operation Cash Expenditure from Primary Industry	2035.74	1802.92
农业	Agriculture	1326.56	1080.28
林业	Forestry	33.66	39.16
牧业	Animal Husbandry	662.97	666.08
渔业	Fishery	12.55	17.40
农林牧渔服务业	Agriculture, Forestry, Animal Husbandry and Fishery Services	20.18	17.26
第二产业经营现金费用支出	Operation Cash Expenditure from Secondary Industry	36.59	68.83
采矿业	Mining	0.46	0.37
制造业	Manufacturing	15.66	49.08
电力、热力、燃气及水生产和供应业	Production and Supply of Electricity, Heat, Gas and Water	0.01	0.01
建筑业	Construction	20.45	19.37
第三产业经营现金费用支出	Operation Cash Expenditure from Tertiary Industry	353.78	436.28
批发和零售业	Wholesale and Retail Trades	97.01	186.56
交通运输、仓储和邮政业	Transport, Storage and Post	191.43	161.75
住宿和餐饮业	Hotels and Catering Services	25.99	36.13
房地产业	Real Estate	0.57	0.12
租赁和商务服务业	Leasing and Business Services	0.93	0.83
居民服务、修理和其他服务业	Service to Households, Repair and Other Services	11.71	30.99
其他	Others	5.96	2.63

1-36 2014-2015年居民人均购买生活消费品及服务支出
PER CAPITA EXPENDITURE ON CONSUMER GOODS AND SERVICES OF HOUSEHOLDS (2014-2015)

单位：元 (yuan)

指　　标	Indicator	2014	2015
购买生活消费品及服务	**Expenditure on Consumer Goods and Services**	**8113.81**	**8961.94**
食品烟酒	Foods, Alcohol and Tobacco	2755.51	3047.18
食品	Foods	1898.19	2066.50
谷物	Grain	305.99	324.99
薯类	Tubers	20.92	25.51
豆类	Beans	25.94	31.80
食用油	Edible Oil	87.27	90.85
蔬菜和食用菌	Vegetables and Edible Fungi	306.81	325.87
肉类	Meat	495.69	541.29
禽类	Poultry	106.92	113.16
水产品	Aquatic Products	68.31	73.81
蛋类	Eggs	37.47	42.28
奶类	Milk	72.42	79.94
干鲜瓜果类	Dried and Fresh Melons and Fruits	187.93	215.37
糖果糕点类	Confectionery	90.81	102.10
饮料	Beverages	66.19	77.98
烟酒	Alcohol and Tobacco	379.48	419.22
饮食服务	Food Services	411.66	483.48
衣着	Clothing	572.82	624.39
居住	Housing	699.04	722.30
生活用品及服务	Supplies and Services	570.86	636.64
交通通信	Transport and Communications	1502.02	1571.47
教育文化娱乐	Cultural, Educational and Recreation	1117.92	1281.30
医疗保健	Healthcare and Medical Services	742.07	869.92
其他用品和服务	Other Goods and Services	153.56	208.75

1-37 1978-2015年城镇居民家庭人均消费性支出

单位：元

年 份 Year	生活消费支出 Household Consumption Expenditure	食品支出 Foods Expenditure	衣着支出 Clothing Expenditure	居住支出 Housing Expenditure
1978	303.12			
1982	455.92			
1983	480.13			
1984	527.27			
1985	703.56	360.39	91.19	24.52
1986	813.92	423.93	100.26	29.84
1987	883.52	481.85	105.28	23.92
1988	1143.29	533.70	137.64	49.28
1989	1140.71	621.33	119.83	44.82
1990	1272.09	679.18	154.78	44.28
1991	1428.28	763.42	193.83	29.47
1992	1704.15	861.60	233.76	81.51
1993	2186.29	1066.99	289.71	109.51
1994	2843.69	1441.93	386.94	154.89
1995	3448.27	1808.71	438.57	171.42
1996	4007.48	1971.54	511.27	294.03
1997	4537.08	2109.53	567.07	394.34
1998	5032.67	2222.58	588.05	421.21
1999	4941.26	2194.25	537.01	407.70
2000	5185.31	2091.70	521.92	480.04
2001	5252.60	2105.66	535.41	508.82
2002	5828.06	2423.43	539.58	437.69
2003	6023.56	2506.62	594.50	445.46
2004	6837.01	2895.60	651.72	592.93
2005	6996.90	2997.06	643.94	543.10
2006	7379.81	3102.46	745.08	585.35
2007	7921.83	3562.33	859.65	673.07
2008	9076.61	4272.29	1026.50	739.20
2009	10201.81	4460.58	1102.14	943.67
2010	11074.08	4593.49	1158.82	835.45
2011	12248.03	4802.26	1587.18	827.84
2012	13883.93	5468.17	1759.89	973.76
2013	15156.15	5741.01	1356.91	1384.91
2014	16595.98	6142.44	1351.24	1476.13
2015	18023.23	6452.02	1412.72	1505.69

PER CAPITA CONSUMPTION EXPENDITURE OF URBAN HOUSEHOLDS (1978-2015)

(yuan)

家庭设备、用品及服务支出 Household Appliances and Services Expenditure	医疗保健支出 Healthcare and Medical Expenditure	交通通讯支出 Transport and Communications Expenditure	文教娱乐用品及服务支出 Cultural, Educational and Recreation Expenditure	其他商品和服务支出 Other Goods and Services Expenditure
66.13	10.50		74.51	49.50
68.48	13.24		79.17	67.37
85.18	16.13		57.49	76.44
134.08	21.41		98.88	101.96
91.29	28.22		64.29	116.80
101.07	37.89		77.67	126.27
133.00	47.86	18.15	77.12	140.04
138.00	63.12	47.64	165.72	112.80
193.54	86.87	73.97	224.96	140.74
197.52	122.84	128.98	270.32	140.27
225.48	141.24	174.78	323.46	164.61
284.49	180.51	208.30	364.15	193.19
312.46	209.63	237.68	502.63	203.74
423.85	215.35	266.48	588.45	306.70
369.07	249.54	290.84	561.91	330.94
384.15	291.76	421.76	649.33	344.65
306.73	369.63	467.60	595.92	362.83
311.48	466.17	623.87	855.00	170.84
269.57	545.76	763.59	735.88	162.18
302.04	623.22	882.19	725.08	164.23
291.17	663.01	930.58	775.62	152.42
335.14	600.08	1076.93	754.69	180.08
280.62	631.70	1034.71	705.51	174.24
331.94	606.86	1216.46	732.95	150.41
393.22	708.78	1587.19	798.69	207.53
509.41	637.89	2039.67	1014.40	284.95
570.46	822.41	1905.86	1350.65	381.38
634.09	939.13	2264.23	1434.30	410.35
987.24	1085.46	2197.73	2045.29	357.61
1038.23	1528.27	2416.10	2252.67	390.60
1178.05	1528.93	2710.69	2675.22	559.93

1-38 1980-2015年农村居民家庭人均生活消费支出

单位：元

年份 Year	生活消费支出 Household Consumption Expenditure	食品支出 Foods Expenditure	衣着支出 Clothing Expenditure	居住支出 Housing Expenditure
1980	124.56	87.07	12.49	16.06
1985	267.01	177.98	22.88	38.93
1990	485.47	310.40	35.77	76.16
1991	501.36	318.30	37.64	72.78
1992	536.06	328.22	42.66	81.50
1993	625.19	382.59	43.25	82.53
1994	764.91	458.43	51.12	115.66
1995	981.10	602.92	60.77	133.94
1996	1209.16	743.33	74.64	175.14
1997	1318.07	818.51	72.84	196.11
1998	1312.31	801.99	60.23	191.78
1999	1269.33	815.67	56.59	128.13
2000	1270.83	749.22	55.35	177.14
2001	1336.25	725.12	54.52	209.24
2002	1381.54	772.61	57.54	223.30
2003	1405.70	744.58	57.27	257.65
2004	1571.00	848.26	61.87	239.29
2005	1789.00	975.72	80.33	225.79
2006	2195.64	1071.13	93.62	435.87
2007	2637.18	1226.69	112.52	586.07
2008	2990.61	1483.16	119.63	626.12
2009	2924.85	1410.00	137.19	496.66
2010	3398.33	1604.50	160.72	638.09
2011	3999.87	1883.95	209.05	702.41
2012	4561.33	2080.61	241.07	804.39
2013	4743.61	2097.64	211.38	906.34
2014	5450.41	2214.51	245.33	1047.31
2015	6175.31	2564.28	279.66	1119.60

PER CAPITA CONSUMPTION EXPENDITURE OF RURAL HOUSEHOLDS (1980−2015)

(yuan)

家庭设备、用品及服务支出 Household Appliances and Services Expenditure	医疗保健支出 Healthcare and Medical Expenditure	交通通讯支出 Transport and Communications Expenditure	文教娱乐用品及服务支出 Cultural, Educational and Recreation Expenditure	其他商品和服务支出 Other Goods and Services Expenditure
1.51	1.59	0.36	4.02	1.46
9.83	5.58	3.09	6.16	2.56
21.77	13.74	5.32	19.44	2.87
23.85	17.28	6.98	20.86	3.67
26.24	18.03	8.66	27.20	3.55
40.66	20.14	10.33	37.29	8.40
42.46	26.21	13.50	44.36	13.17
54.29	32.04	21.49	58.07	17.58
56.12	40.28	23.91	75.17	20.57
58.62	43.30	22.91	81.28	24.50
57.42	53.07	26.66	95.66	25.50
53.43	58.40	27.96	102.86	26.29
47.53	64.31	31.96	106.14	39.18
49.76	111.96	41.48	101.10	43.07
51.41	69.02	45.57	114.00	48.08
51.42	79.93	59.54	131.49	23.82
61.78	87.66	105.52	143.20	23.42
67.03	122.33	99.81	182.62	35.37
83.81	138.16	157.25	177.89	37.91
107.15	167.92	216.67	181.73	38.43
118.97	181.97	248.25	168.55	43.97
147.80	197.55	313.26	177.66	44.73
167.66	239.94	337.85	206.45	43.11
208.24	309.25	393.04	241.13	52.80
247.00	362.63	470.19	289.22	66.22
258.79	352.92	589.90	241.10	85.49
322.79	442.34	778.01	300.24	99.48
343.46	509.11	914.89	337.16	107.14

1-39 2014-2015年居民人均食品消费量
PER CAPITA CONSUMPTION OF MAJOR FOODS OF HOUSEHOLDS (2014-2015)

单位：千克 (kg)

指　　标	Indicator	2014	2015
粮食	Grain	133.31	134.49
谷物	Cereals	125.10	124.81
小麦	Wheat	8.12	9.09
稻谷	Rice	101.71	102.66
玉米	Corn	9.72	6.31
其他谷物	Other Cereals	5.56	6.75
薯类	Tubers	2.20	2.84
豆类	Beans	6.01	6.84
蔬菜及菜制品	Vegetables and Processed Products	100.25	98.54
鲜菜	Fresh Vegetables	98.21	96.29
干菜及菜制品	Dried Vegetables and Processed Products	1.08	1.24
鲜菌	Fresh Fungus	0.88	0.96
干菌及菌制品	Dry Fungus and Processed Products	0.10	0.11
肉禽及其制品	Meat, Poultry and Processed Products	36.76	36.92
猪肉	Pork	26.70	25.93
牛肉	Beef	1.53	1.60
羊肉	Mutton	0.31	0.44
家禽	Poultry	6.92	7.37
其他肉禽及制品	Other Meat, Poultry and Processed Products	1.81	2.16
蛋类及蛋制品	Eggs and Processed Products	4.60	5.03
奶和奶制品	Milk and Processed Products	5.55	5.46
水产品	Aquatic Products	3.47	3.71
油脂类	Oil and Fats	8.09	7.53
食糖	Sugar	1.25	1.25
干鲜瓜果类	Dried and Fresh Melons and Fruits	23.67	26.80
茶叶	Tea	0.36	0.48
烟叶	Tobacco	33.44	35.12
酒	Liquor	7.92	7.84

1-40 2014-2015年城镇常住居民人均食品消费量
PER CAPITA CONSUMPTION OF MAJOR FOODS OF URBAN PERMANENT HOUSEHOLDS (2014-2015)

单位：千克 (kg)

指 标	Indicator	2014	2015
粮食	Grain	110.17	110.71
谷物	Cereals	100.65	99.79
小麦	Wheat	11.10	11.56
稻谷	Rice	75.01	73.43
玉米	Corn	4.18	3.32
其他谷物	Other Cereals	10.35	11.49
薯类	Tubers	2.07	2.50
豆类	Beans	7.45	8.42
蔬菜及菜制品	Vegetables and Processed Products	114.13	112.72
鲜菜	Fresh Vegetables	110.06	108.44
干菜及菜制品	Dried Vegetables and Processed Products	1.87	1.98
鲜菌	Fresh Fungus	2.00	2.07
干菌及菌制品	Dry Fungus and Processed Products	0.20	0.24
肉禽及其制品	Meat, Poultry and Processed Products	38.03	38.25
猪肉	Pork	23.61	23.18
牛肉	Beef	2.91	2.98
羊肉	Mutton	0.39	0.39
家禽	Poultry	8.16	8.21
其他肉禽及制品	Other Meat, Poultry and Processed Products	2.96	3.48
蛋类及蛋制品	Eggs and Processed Products	5.57	6.11
奶和奶制品	Milk and Processed Products	11.53	10.92
水产品	Aquatic Products	5.86	5.88
油脂类	Oil and Fats	9.91	10.07
食糖	Sugar	1.41	1.47
干鲜瓜果类	Dried and Fresh Melons and Fruits	39.66	42.77
茶叶	Tea	0.38	0.45
烟叶	Tobacco	33.22	32.52
酒	Liquor	5.37	4.85

1-41 2014-2015年农村常住居民人均食品消费量
PER CAPITA CONSUMPTION OF MAJOR FOODS OF RURAL PERMANENT HOUSEHOLDS (2014-2015)

单位：千克 (kg)

指　标	Indicator	2014	2015
粮食	Grain	147.20	149.38
谷物	Cereals	139.78	140.47
小麦	Wheat	6.33	7.55
稻谷	Rice	117.73	120.96
玉米	Corn	13.04	8.19
其他谷物	Other Cereals	2.69	3.78
薯类	Tubers	2.28	3.06
豆类	Beans	5.14	5.85
蔬菜及菜制品	Vegetables and Processed Products	91.92	89.66
鲜菜	Fresh Vegetables	91.10	88.69
干菜及菜制品	Dried Vegetables and Processed Products	0.61	0.77
鲜菌	Fresh Fungus	0.20	0.26
干菌及菌制品	Dry Fungus and Processed Products	0.03	0.03
肉禽及其制品	Meat, Poultry and Processed Products	36.00	36.09
猪肉	Pork	28.56	27.65
牛肉	Beef	0.70	0.73
羊肉	Mutton	0.26	0.48
家禽	Poultry	6.18	6.84
其他肉禽及制品	Other Meat, Poultry and Processed Products	0.46	0.60
蛋类及蛋制品	Eggs and Processed Products	4.02	4.36
奶和奶制品	Milk and Processed Products	1.96	2.04
水产品	Aquatic Products	2.04	2.34
油脂类	Oil and Fats	7.00	5.94
食糖	Sugar	1.15	1.12
干鲜瓜果类	Dried and Fresh Melons and Fruits	14.08	16.81
茶叶	Tea	0.36	0.50
烟叶	Tobacco	33.56	36.75
酒	Liquor	9.44	9.72

1-42 2014-2015年居民每百户家庭耐用消费品拥有量
OWNERSHIP OF MAJOR DURABLE CONSUMER GOODS PER 100 HOUSEHOLDS (2014-2015)

单位：辆、台、个 (unit)

指 标	Indicator	2014	2015
家用汽车	Automobile	21.10	24.17
摩托车	Motorcycle	56.06	56.51
助力车	Hand Car	18.81	20.56
洗衣机	Washing Machine	76.44	80.02
电冰箱(柜)	Refrigerator	63.62	69.47
微波炉	Microwave Oven	30.04	31.03
彩色电视机	Color TV Set	104.76	104.94
其中：接入有线电视	Where: Accessed to the Cable TV	59.50	56.13
空调	Air Conditioner	1.86	1.74
热水器	Water Heater	69.27	72.42
其中：太阳能热水器	Where: Solar Water Heater	59.91	63.02
消毒碗柜	Disinfection Cupboard	4.19	3.34
洗碗机	Dishwasher	0.62	0.82
排油烟机	Oil Fume Extractor	31.49	31.75
固定电话	Fixed-line Telephone	26.60	20.47
移动电话	Mobile Telephone	229.06	235.11
其中：接入互联网	Where: Accessed to the Internet	48.04	63.79
计算机	Computers	28.71	30.75
其中：接入互联网	Where: Accessed to the Internet	21.94	25.08
摄像机	Video Camera	3.14	3.35
照相机	Camera	14.94	15.32
中高档乐器	High-grade Instrument	2.02	2.22
健身器材	Health Equipment	1.75	2.19
组合音响	Hi-Fi Stereo Component Player	14.11	11.83

1-43 2014-2015年城镇常住居民每百户家庭耐用消费品拥有量
OWNERSHIP OF MAJOR DURABLE CONSUMER GOODS PER 100 URBAN HOUSEHOLDS (2014-2015)

单位：辆、台、个 (unit)

指标	Indicator	2014	2015
家用汽车	Automobile	33.54	40.03
摩托车	Motorcycle	34.68	31.45
助力车	Hand Car	28.65	31.73
洗衣机	Washing Machine	93.46	95.29
电冰箱(柜)	Refrigerator	89.02	91.52
微波炉	Microwave Oven	55.24	57.06
彩色电视机	Color TV Set	110.20	109.04
其中：接入有线电视	Where: Accessed to the Cable TV	90.57	88.71
空调	Air Conditioner	4.02	3.62
热水器	Water Heater	90.81	92.14
其中：太阳能热水器	Where: Solar Water Heater	74.34	75.52
消毒碗柜	Disinfection Cupboard	8.57	6.81
洗碗机	Dishwasher	0.96	1.52
排油烟机	Oil Fume Extractor	66.96	68.20
固定电话	Fixed-line Telephone	38.92	32.99
移动电话	Mobile Telephone	234.25	234.05
其中：接入互联网	Where: Accessed to the Internet	75.49	93.60
计算机	Computers	58.49	62.22
其中：接入互联网	Where: Accessed to the Internet	46.34	52.60
摄像机	Video Camera	6.65	7.57
照相机	Camera	32.12	33.11
中高档乐器	High-grade Instrument	4.13	4.84
健身器材	Health Equipment	3.92	4.85
组合音响	Hi-Fi Stereo Component Player	16.66	14.42

1-44 2014-2015年农村常住居民每百户家庭耐用消费品拥有量
OWNERSHIP OF MAJOR DURABLE CONSUMER GOODS PER 100 RURAL HOUSEHOLDS (2014-2015)

单位：辆、台、个 (unit)

指 标	Indicator	2014	2015
家用汽车	Automobile	11.67	11.80
摩托车	Motorcycle	72.28	76.07
助力车	Hand Car	11.33	11.84
洗衣机	Washing Machine	63.54	68.10
电冰箱(柜)	Refrigerator	44.34	52.27
微波炉	Microwave Oven	10.92	10.71
彩色电视机	Color TV Set	100.63	101.73
其中：接入有线电视	Where: Accessed to the Cable TV	35.94	30.71
空调	Air Conditioner	0.23	0.28
热水器	Water Heater	52.92	57.03
其中：太阳能热水器	Where: Solar Water Heater	48.96	53.26
消毒碗柜	Disinfection Cupboard	0.86	0.64
洗碗机	Dishwasher	0.36	0.27
排油烟机	Oil Fume Extractor	4.58	3.31
固定电话	Fixed-line Telephone	17.25	10.69
移动电话	Mobile Telephone	225.12	235.94
其中：接入互联网	Where: Accessed to the Internet	27.21	40.52
计算机	Computers	6.12	6.19
其中：接入互联网	Where: Accessed to the Internet	3.43	3.60
摄像机	Video Camera	0.47	0.06
照相机	Camera	1.92	1.44
中高档乐器	High-grade Instrument	0.41	0.17
健身器材	Health Equipment	0.10	0.12
组合音响	Hi-Fi Stereo Component Player	12.18	9.80

1-45 2014-2015年居民家庭人均全年主要商品购买情况
PER CAPITA ANNUAL PURCHASES OF MAJOR COMMODITIES OF HOUSEHOLDS (2014-2015)

指 标	Indicator	2014	2015
粮食 (千克)	Grain(kg)	65.4	67.7
鲜菜 (千克)	Fresh Vegetables(kg)	53.2	52.5
食用油 (千克)	Edible Oil(kg)	6.1	6.5
猪肉 (千克)	Pork(kg)	14.2	14.6
牛羊肉 (千克)	Beef and Mutton(kg)	1.7	1.9
家禽 (千克)	Poultry(kg)	3.9	4.0
鲜蛋 (千克)	Fresh Eggs(kg)	2.6	2.9
水产品 (千克)	Aquatic Products(kg)	3.4	3.6
白酒 (千克)	Distilled Spirit(kg)	3.9	3.9

1-46 2014-2015年城镇常住居民家庭人均全年主要商品购买情况
PER CAPITA ANNUAL PURCHASES OF MAJOR COMMODITIES OF URBAN PERMANENT HOUSEHOLDS (2014-2015)

指 标	Indicator	2014	2015
粮食 (千克)	Grain(kg)	77.1	78.8
鲜菜 (千克)	Fresh Vegetables(kg)	101.3	99.3
食用油 (千克)	Edible Oil(kg)	9.5	10.0
猪肉 (千克)	Pork(kg)	22.0	21.6
牛羊肉 (千克)	Beef and Mutton(kg)	3.3	3.4
家禽 (千克)	Poultry(kg)	7.5	7.4
鲜蛋 (千克)	Fresh Eggs(kg)	5.0	5.4
水产品 (千克)	Aquatic Products(kg)	5.8	5.8
白酒 (千克)	Distilled Spirit(kg)	3.3	2.9

1-47 2014-2015年农村常住居民家庭人均全年主要商品购买情况
PER CAPITA ANNUAL PURCHASES OF MAJOR COMMODITIES OF RURAL PERMANENT HOUSEHOLDS (2014-2015)

指 标	Indicator	2014	2015
粮食 (千克)	Grain(kg)	58.3	60.7
鲜菜 (千克)	Fresh Vegetables(kg)	24.3	23.3
食用油 (千克)	Edible Oil(kg)	4.1	4.3
猪肉 (千克)	Pork(kg)	9.3	10.2
牛羊肉 (千克)	Beef and Mutton(kg)	0.7	0.6
家禽 (千克)	Poultry(kg)	1.7	1.9
鲜蛋 (千克)	Fresh Eggs(kg)	1.2	1.4
水产品 (千克)	Aquatic Products(kg)	1.9	2.2
白酒 (千克)	Distilled Spirit(kg)	4.2	4.4

1-48 2015年各州市县城乡常住居民人均可支配收入
DISPOSABLE INCOME OF URBAN AND RURAL PERMANENT HOUSEHOLDS BY CITIES (STATES), COUNTIES AND DISTRICTS IN 2015

单位：元/人 (yuan/person)

地 区	Region	城镇 Urban	农村 Rural
全 省	**Total**	**26373**	**8242**
昆明市	**Kunming**	**33955**	**11444**
五华区	Wuhua	34731	14824
盘龙区	Panlong	34716	14951
官渡区	Guandu	34695	15677
西山区	Xishan	34713	15372
东川市	Dongchuan	25662	6405
呈贡区	Chenggong	34352	15164
晋宁县	Jinning	31341	12081
富民县	Fumin	30952	11244
宜良县	Yiliang	31629	11453
石林县	Shilin	32080	11343
嵩明县	Songming	31450	11124
禄劝县	Luquan	25885	6595
寻甸县	Xundian	27099	6803
安宁市	Anning	34135	13882
曲靖市	**Qujing**	**27100**	**9451**
麒麟区	Qilin	29574	12523
马龙县	Malone	26141	8639
陆良县	Luliang	24265	11140
师宗县	Shizong	24751	9059
罗平县	Luoping	25437	11090
富源县	Fuyuan	27237	9457
会泽县	Huize	24562	7828
沾益县	Zhanyi	27052	10612
宣威市	Xuanwei	27709	9193

1-48 续表 1 Continued

单位：元/人 (yuan/person)

地 区	Region	城镇 Urban	农村 Rural
玉溪市	**Yuxi**	**29631**	**10977**
红塔区	Hongta	30592	13009
江川县	Jiangchuan	28509	10214
澄江县	Chengjiang	29944	11606
通海县	Tonghai	29443	12635
华宁县	Huaning	28881	10651
易门县	Yimen	29170	10437
峨山县	Eshan	29594	9984
新平县	Xinping	29471	10281
元江县	Yuanjiang	28756	9754
保山市	**Baoshan**	**25647**	**8572**
隆阳区	Longyang	28415	9289
施甸县	Shidian	21794	7807
腾冲市	Tengchong	24629	8484
龙陵县	Longling	22056	7947
昌宁县	Changning	23564	8323
昭通市	**Zhaotong**	**21773**	**7212**
昭阳区	Zhaoyang	24863	7969
鲁甸县	Ludian	20743	7303
巧家县	Qiaojia	20361	7188
盐津县	Yanjin	21248	7351
大关县	Daguan	19761	6912
永善县	Yongshan	20162	7121
绥江县	Suijiang	20622	7181
镇雄县	Zhenxiong	20052	7183

1-48 续表 2 Continued

单位：元/人 (yuan/person)

地 区	Region	城镇 Urban	农村 Rural
彝良县	Yiliang	19748	6777
威信县	Prestige	20191	7063
水富县	Shuifu	26159	8373
丽江市	**Lijiang**	**25803**	**7924**
古城区	Gucheng	29381	13316
玉龙县	Yulong	21642	8359
永胜县	Yongsheng	21557	8133
华坪县	Huaping	26337	9208
宁蒗县	Ninglang	17922	5498
普洱市	**Pu'er**	**22830**	**7914**
思茅区	Simao	24114	8573
宁洱县	Ninger	23852	8125
墨江县	Mojiang	21997	7780
景东县	Jingdong	22347	8120
景谷县	Jinggu	23946	8348
镇沅县	Zhenyuan	22294	8177
江城县	Jiangcheng	22161	7530
孟连县	Menglian	19637	7482
澜沧县	Lancang	20729	7335
西盟县	Ximeng	19367	7341
临沧市	**Lincang**	**21225**	**8063**
临翔区	Linxiang	21683	8132
凤庆县	Fengqing	21414	8265
云 县	Yun County	21624	8552

1-48 续表 3 Continued

单位：元/人 (yuan/person)

地 区	Region	城镇 Urban	农村 Rural
永德县	Yongde	21444	8237
镇康县	Zhenkang	20909	8023
双江县	Shuangjiang	20979	8051
耿马县	Gengma	21505	8373
沧源县	Cangyuan	20627	7899
楚雄州	**Chuxiong**	**26763**	**8327**
楚雄市	Chuxiong	28285	8956
双柏县	Shuangbai	26423	7580
牟定县	Mouding	26302	7680
南华县	Nanhua	26657	7961
姚安县	Yaoan	26228	8175
大姚县	Dayao	26813	7960
永仁县	Yongren	26373	7575
元谋县	Yuanmou	27667	9625
武定县	Wuding	26841	7592
禄丰县	Lufeng	27914	9158
红河州	**Honghe**	**26002**	**8599**
个旧市	Gejiu	26916	11707
开远市	Kaiyuan	26415	11451
蒙自市	Mengzi	26922	10417
屏边县	Pingbian	23856	6424
建水县	Jianshui	25520	10374
石屏县	Shiping	24570	9392
弥勒市	Mile	27101	10091
泸西县	Luxi	24763	9196

1-48 续表 4 Continued

单位：元/人 (yuan/person)

地　区	Region	城镇 Urban	农村 Rural
元阳县	Yuanyang	23885	6426
红河县	Honghe	23921	6438
金平县	Jinping	23908	6444
绿春县	Lvchun	23625	6385
河口县	Hekou	25707	9473
文山州	**Wenshan**	**23753**	**7699**
文山市	Wenshan	26078	8484
砚山县	Yanshan	25102	8126
西畴县	Xichou	21341	7210
麻栗坡县	Malipo	21388	7608
马关县	Maguan	23527	7644
丘北县	Qiubei	21950	7874
广南县	Guangnan	21448	7295
富宁县	Funing	23460	8008
西双版纳州	**Xishuangbanna**	**23304**	**10080**
景洪市	Jinghong	25104	11409
勐海县	Menghai	22926	9095
勐腊县	Mengla	19587	8209
大理州	**Dali Prefecture**	**27081**	**8766**
大理市	Dali	28693	12150
漾濞县	Yangbi	24482	8295
祥云县	Xiangyun	27281	8906
宾川县	Binchuan	26802	11615

1-48 续表 5 Continued

单位：元/人 (yuan/person)

地 区	Region	城镇 Urban	农村 Rural
弥渡县	Midu	25539	7668
南涧县	Nanjian	25700	7098
巍山县	Weishan	25500	7634
永平县	Yongping	25547	7739
云龙县	Yunlong	24342	7563
洱源县	Eryuan	25582	8157
剑川县	Jianchuan	23964	6835
鹤庆县	Heqing	26761	7943
德宏州	**Dehong**	**23010**	**7917**
瑞丽市	Ruili	26355	8706
芒 市	Mang	22084	8497
梁河县	Lianghe	20193	6652
盈江县	Yingjiang	22063	8151
陇川县	Longchuan	20903	7284
怒江州	**Nujiang**	**19010**	**4791**
泸水县	Lushui	19195	4877
福贡县	Fugong	18140	4494
贡山县	Gongshan	18135	4519
兰坪县	Lanping	19162	4874
迪庆州	**Diqing**	**27097**	**6487**
香格里拉县	Shangri-La	27544	6557
德钦县	Deqin	28710	6516
维西县	Weixi	24115	6418

主要统计指标解释

住户　指居住在一个住宅内，共同分享生活开支或收入的一群人。居住在同一房间内、不共同分享生活开支的人群，每个人都视为一个住户。住家保姆、住家家庭帮工视为单独的住户。 根据居住的状态，可将住户分为家庭居住户和集体居住户。

常住成员　指住户成员中，经常在家居住、或者调查期内居住时间超过一半的人员，以及本住户供养的学生。 季度调查的常住成员包括: ①过去三个月已经居住或未来三个月打算居住时间超过1.5个月的住户成员。 ②过去三个月内每月至少在调查住宅居住一天以上，且没有在其他自有或独自租借的普通住宅中住过的人。或者说，在外与人合住或住在工棚、集体宿舍、工作地或其他临时性住所、又定期回家居住的人，也是本住户常住成员。 ③由本住户供养的在校学生（包括大中专学生和研究生）。 常住成员是住户收支的调查对象。

居民人均可支配收入　指通过住户收支与生活状况调查取得的， 调查户在调查期内获得的、可用于最终消费支出和储蓄的总和，即调查户可以用来自由支配的收入，除以家庭常住人口得到的人均收入。可支配收入既包括现金，也包括实物收入。按照收入的来源，可支配收入包含四项，分别为:工资性收入、经营净收入、财产净收入、转移净收入。按常住地分，得到城镇和农村居民可支配收入。

计算公式为:　可支配收入 ＝ 工资性收入 ＋ 经营净收入 ＋ 财产净收入 ＋ 转移净收入

其中:经营净收入 ＝ 经营收入 － 经营费用 － 生产性固定资产折旧 － 生产税

财产净收入 ＝ 财产性收入 － 财产性支出

转移净收入 ＝ 转移性收入 － 转移性支出

居民人均消费支出　指住户在调查期间内用于满足家庭日常生活消费需要的全部支出，包括用于消费品的支出和用于服务性消费的支出，除以家庭常住人口得到的人均支出。根据用途不同，消费支出可划分为食品烟酒、衣着、居住、生活用品及服务、交通通信、教育文化娱乐、医疗保健、其他用品及服务八大类。根据来源不同，消费支出可划分为现金消费支出、实物消费支出（含自产自用、来自单位、来自政府和其他社会组织）。按常住地分， 得到城镇和农村居民消费支出。

Explanatory Notes on Main Statistical Indicators

Household Household means a group of people who live in a dwelling and share living expenses or income. Everyone who live in a same room, but do not share living expenses is considered as a household. Live-in nanny and home domestic workers are considered as separate households. Depending on the state of residence, it can be divided into family households and collective households.

Permanent Member Permanent member refers to a household member, who often lives at home, stay for more than half during the period of survey, and students households support. Permanent members of the quarterly survey are including: ① household members who have lived more than 1.5 months in the past three months, or intend to live for more than 1.5 months in the next three months. ② people who have lived in the investigated house at least one day every month in the past three months, and had not lived in a other owned or rented ordinary residence alone. In other words, people who live outside with others, or live in the shed, dormitories, temporary shelter for work or others, and also regularly return home to live, are also permanent members of the household. ③ Students at school (including college students, undergraduates and graduates) who are supported by households. Permanent members are respondent of income and expenditure of households

Per Capita Disposable Income of the Household Per capita disposable income of the household refers to the actual income of the households, which obtained by suvery households during the survey period, and can be used for final consumption expenditure and savings according to the survey on household income and expenditure and living Conditions, that is the income which is can be dominated by suvery household freely, dividing per capita income obtained by the resident households. Disposable income includes both cash and in kind income. Divided by source of income, disposable income contains four items, consistingof wage income, net business income, net property income, net transferred income. Divided by permanent place of residence, disposable income includes disposable income of urban household and disposable income of rural household.

The formula is:

Disposable Income = Wage Income + Net Business Income + Net Property Income + Net Transferred Income

Where:

Net Business Income = Business Income - Business Expenditure - Depreciation of Fixed Assets for Production - Taxes on Production

Net Property Income = Property Income - Property Expenditure

Net Transferred Income = Transferred Income - Transferred Expenditure

Per Capita Consumption Expenditure of Household refers to all expenditure which households used to meet needs of all the daily household consumption during the period of survey, including expenditure on consumer goods and services consumption, dividing per capita expenditure obtained by permanent households. Divided by function, consumption expenditure contains eight categories, consisting of food alcohol and tobacco, clothing, housing, supplies and services, transportation and communications, education, culture and entertainment, health care, other supplies and services. Divided by permanent place of residence, consumption expenditure includes consumption expenditure of urban household and consumption expenditure of rural household.

二

价格调查

Chapter 2

Price Survey

简要说明

一、本篇资料的主要内容

本篇价格指数资料，反映生产、流通、消费与投资等环节的价格变动趋势和变动幅度。主要包括居民消费价格指数、商品零售价格指数、农业生产资料价格指数、农产品生产价格指数、工业生产者出厂价格指数、工业生产者购进价格指数、固定资产投资价格指数等。

二、本篇的资料来源

价格指数编制由国家统计局组织实施，国家统计局各调查总队及抽中市、县调查队依据国家统计局统一制定的价格统计调查制度从基层采集原始数据汇总后上报。

三、居民消费、商品零售价格调查

编制居民消费、商品零售价格指数的资料采用抽样调查和重点调查相结合的方法取得，即在全国选择不同经济区域和分布合理的地区，以及有代表性的商品作为样本，对其市场价格进行定期调查。编制过程按下列几个步骤进行:

1. 选择调查地区和调查点。调查地区按照经济区域和地区分布合理等原则，选出具有代表性的大、中、小城市和县作为国家的调查地区，在此基础上选定经营规模大、商品种类多的商场(包括集市和服务网点)作为调查点。

2. 选择代表规格品。代表规格品是选择消费量大、价格变动有代表性的商品；代表规格品的确定是根据商品零售资料和全国城镇、农村住户调查户的消费支出记账资料，按照有关规定筛选的。筛选原则: (1)与社会生产和人民生活关系密切; (2)消费(销售)数量(金额)大; (3)市场供应稳定; (4)价格变动趋势有代表性; (5)所选的代表规格品之间差异大。

目前，居民消费价格调查按用途划分为 8 大类，262 个基本分类，各城市每月调查 600 种以上的规格品价格；商品零售价格按用途划分为 16 个大类，229 个基本分类，各地每月调查 500 种以上的规格品价格。

3. 居民消费价格调查方式。主要方法是定人、定点、定时应用手持电子采价器直接调查。

4. 权数的确定。商品零售价格指数的权数主要根据社会商品零售额资料确定;居民消费价格指数的权数主要根据城乡居民家庭消费支出构成确定。

四、工业生产者出厂价格调查

工业生产者出厂价格是工业品第一次出售时的出厂价格。该项调查采用重点调查与典型调查相结合的调查方法。重点调查对象为年主营业务收入 2000 万元及以上的工业法人企业;典型调查对象为年主营业务收入 2000 万元以下的工业法人企业。

1. 选择代表企业的原则: (1)按工业行业选择调查企业，各中类行业原则上都要有调查企业; (2)大型企业应尽量都选上(或占相当大比重); (3)选择生产正常、稳定的企业作为调查对象。

2. 选择代表产品的原则: (1)按工业行业选择代表产品; (2)选择对国计民生影响大的产品; (3)选择生产较为稳定的产品; (4)选择有发展前景的产品; (5)选择具有地方特色的产品。

目前《工业生产者出厂价格调查目录》包括 11000 多种产品，并将其划分为 1702 个基本分类;《工业生产者购进价格调查目录》包括 6000 多种产品，并划分为 900 多个基本分类。

3. 价格调查方式。采用企业报表形式，每月近 6 万家工业企业上报数据资料。

4. 权数的确定。工业生产者出厂价格统计中，工业小类及小类以上的权数资料来源于工业统计中分行业工业销售产值数据资料；基本分类的权数资料来源于独立的工业企业产品权数调查。权数一般五年更换一次。

五、固定资产投资价格调查

固定资产投资价格调查采用重点调查与典型调查相结合的方法。固定资产投资价格调查所涉及的价格是构成固定资产投资额实体的实际购进价格或结算价格。调查的内容包括构成当年建筑工程实体的钢材、木材、水泥、地方材料(如砖、瓦、灰、沙、石等)、化工材料(如油漆等)等主要建筑材料价格；作为活劳动投入的劳动力价格（单位工资）和建筑机械使用费用；设备工器具购置和其他费用投资价格。

固定资产投资价格调查样本的选择遵循以下原则：

1. 选择建筑安装工程调查点的原则：(1)样本单位应具有一定覆盖面；(2)投资经济活动代表性强；(3)兼顾不同登记注册类型；(4)选择重点工程；(5)兼顾国民经济各门类及不同工程类别。

2. 选择其他费用调查点的原则：在选择其他费用调查点时，所遵循的原则与建筑安装工程调查点的原则基本相同，特别是要注意选择那些投资额大的工程。但由于其他费用不易取得，所以在实际操作过程中，应同时在建设单位、施工单位开展重点调查，并辅以典型调查(从管理部门取得资料)。

3. 价格调查方式。采用企业报表和调查员走访相结合的方式。

4. 权数的确定。固定资产投资价格指数的计算权数是建筑安装工程、设备工器具购置和其他费用三者前三年的平均比重。

六、农产品生产者价格调查

农产品生产者价格是农产品生产者直接出售其产品时实际获得的单位产品价格。农产品生产价格者调查采用抽样调查和重点调查相结合的方法。内容包括被调查单位生产并出售的主要农产品。农产品代表产品的选择涵盖农、林、牧、渔四大类、各中类以及90%以上的小类，一般是生产量和销售量大的对国计民生影响大、稳定性强的产品，具有发展前景的新产品和具有地方特色的产品。代表品一般稳定五年。调查周期为季度，汇总方法采取加权算术平均法。

Brief Introduction

I. Main Content

Price indexes in this chapter reflect the trend and rate of changes in prices of production, circulation, consumption and investment, mainly consisting of consumer price index (CPI), retail price index (RPI), price index for means of agricultural production, producer price index for agricultural products, ex-factory price index for industrial products, purchasing price index for industrial products, and price index for investment in fixed assets, etc.

II. Source of Data

Compilation of statistics on price indices is organized and implemented by National Bureau of Statistics, Survey Offices of NBS and of elected cities and countries collect data from the grassroots units in accordance with the scheme of price survey system stipulated by the NBS, tabulate them and report them to the higher agencies.

III. Survey on Consumer Price Index and Retail Price Index

Data for compilation of the consumer price index and retail price index are collected through a combination of sample surveys and surveys of key units. That is, different economic regions and the regions with reasonable distribution in the country are selected as sample areas, and representative commodities are selected as the sample commodities, and regular surveys are conducted to collect data on their market prices. The process is described as the following steps.

1. The Selection of Survey Areas and Survey Sites. Selecting representative large, medium and small cities and counties as survey areas in accordance with principles of rational economic areas distribution, then selecting epartment stores (including markets and service outlets) of large-scale operation and large types of goods as survey site.

2. The selection of representative commodities. Representative commodities are commodities which have big quantity of consumption and price changes are representative; by relevant provisions, representative commodities are selected based on retail data and accounting data of consumption and expenditure of urban and rural households in the country. Principles for selection: (a) close relations with social production and people's lives; (b) large quantity(amount) of consumption(sales); (c) the stable market supply; (d) strongly representative trend of price changes; (e) big difference between selected representative commodities.

At present, data are collected on over 600 specifications each month under 262 basic headings in 8 categories in the consumer price surveys. For the retail price surveys, data are collected on more than 500 specifications each month under 229 basic headings in 16 categories.

3. Method of data collection of consumer price. Price data are collected using handheld electronic devices for collecting price through direct surveys by designated personnel at designated sites on periodic basis.

4. Determination of the weights. The weights of the retail price indices are determined mainly according to the total retail sales of commodities; the weights of the consumer price indices are determined according to the composition of the consumption expenditures of urban and rural households.

IV. Survey on Producer Price Indices for Industrial Products

The producer price index for industrial products refers to the ex-factory price of manufactured goods when they are sold for the first time. The survey program is a combination of the key units' survey and typical units' survey methods. Key units refer to those industrial enterprises with annual revenue from primary activities at and above 20 million yuan. Typical units refer to the industrial enterprises with annual revenue from the primary activities below 20 million yuan.

1. Principles for selecting the representative enterprises: (a) Enterprises to be covered in the survey are selected by industrial sectors. In principle, every branch should have enterprises selected; (b) All (or a majority of) large-sized enterprises should be selected; (c) Enterprises selected should be those with normal and stable production.

2. Principles for selecting representative goods: (a) Representative goods are be selected by industrial sectors; (b) The selected goods should have significant impact on the national economy and people's livelihood: (c) The production of the goods selected should be relatively more stable; (d) The prospects of the goods selected should be promising; (e) The products selected shall represent the localities.

The *Survey Catalog of Producer Price for Industrial Products* includes over 11000 goods, and they are divided into 1702 basic classification; Survey *Catalog of Purchaing Price for Industrial Producers* includes over 6000 goods, and they are divided into 900 basic classification.

3. Method of price survey. The method of reporting forms by Enterprises is adopted. There are about 60000 industrial enterprises which should report the price data every month.

4. Determination of the weights. In statistics of producer price indices for industrial products,the weight of industrial small classification and above comes from the output value of industrial sales by sector in industrial statistics;the weight of basic headings of categories comes from weight survey of independent industrial enterprise products.The weights are replaced every five years.

V. Survey on Price Index for Investment in Fixed Assets

A combined method of key survey and typical survey is used for the collection of data on prices of investment in fixed assets. The prices collected in the surveys of investment in fixed assets are the actual purchasing prices or settlement prices of entities of investment in fixed assets. The survey content includes the prices of main construction materials that constitute the architectural engineering entities in the year, such as steel, timber, cement, local construction materials(such as brick, tile, calcareous ashes, sand, stone, etc), chemical materials(such as oil paint, etc) in construction projects; prices of labor input (wages) and costs of use of construction machines; purchasing price of equipment, tools and devices as well as other expenditures.

The following principles should be followed in selecting the sample for the price survey of investment in fixed assets:

1. Principles for selecting survey sites of construction and installation projects: (a) The sample unit shall have certain coverage; (b) The economic activity of investment should have strong representativeness; (c) Different types of registration should be considered; (d) Key projects shall be selected; (e) Attention should be given to various sectors of the national economy and types of projects.

2. Principles for selecting survey sites of other expenditures: in the selection of survey sites of other expenditures, the same principles shall be followed as in the selection of survey sites of building and installation projects. Especially projects with larger amount of investment shall be selected. Since it is not easy to obtain data on other expenditures, during the actual data operations, survey on key builders and construction units is to be conducted concurrently with survey on typical units (with information from administration units).

3. Method of price survey. A combination of enterprises reporting system and enumerator visits method.

4. Determination of weights. The weights for calculating the price indices for investment in fixed assets are determined according to the average proportion of investment amount of construction and installation projects, purchase of equipment, tools and instruments and other expenditures completed in the previous three years.

VI. Survey on Price Index for Agricultural Products

Price Index for Farm Products refers to the actual price per unit through directly selling their products by producers of farm products.The survey program of

Price Index for Farm Products is a combined use of sampling survey and typical units' survey.It covers main farm products produced and sold by the units surveyed.Representative farm products include those in Agriculture,Forestry,Animal Husbandry and Fishery,90% of small classification in medium-sized classification.The products are generally with large production and sales,having great impact on the national economy and people's living conditions,with strong stability,with promising to new products and with local characters.Representative products are for 5 years.The survey is conducted quarterly, and the summary method is the weighted arithmetic mean.

2-1 1978-2015年各种价格总指数
PRICE INDICES (1978-2015)

(上年价格=100) (preceding year=100)

年 份 Year	居民消费价格指数 Consumer Price Index	城市居民消费价格指数 Urban Household	农村居民消费价格指数 Rural Household	商品零售价格指数 Retail Price Index	城市商品零售价格指数 Urban	农村商品零售价格指数 Rural	农业生产资料价格指数 Price Index for Means of Agricultural Production	工业生产者出厂价格指数 Ex-factory Price Index for Industrial Products	工业生产者购进价格指数 Purchasing Price Index for Industrial Producers	固定资产投资价格指数 Price Index for Investment in Fixed Assets
1978	100.2	100.0	100.3	100.1	100.0	100.2	100.0			
1980	104.7	108.1	103.7	105.7	108.6	103.3	99.0			
1981	101.2	100.8	101.3	101.2	100.8	101.4	102.0			
1982	101.8	101.7	101.8	101.9	101.8	101.9	102.4			
1983	101.0	100.6	101.1	101.0	100.5	101.5	102.8			
1984	101.9	102.6	101.4	102.7	102.4	103.0	106.0			
1985	108.2	111.9	105.7	108.0	112.7	104.9	103.8			
1986	106.1	104.8	106.4	105.0	104.6	105.3	102.4			
1987	107.0	107.4	106.6	106.6	107.3	106.1	105.5			
1988	119.8	121.1	118.8	119.6	122.5	118.0	113.9			
1989	118.6	117.9	119.0	119.3	118.5	119.6	120.4			
1990	102.8	101.6	103.4	102.1	100.2	102.9	103.5			
1991	103.1	103.8	102.7	103.7	103.1	103.9	109.4	106.3	108.2	112.1
1992	108.9	110.4	108.8	107.7	109.0	107.4	105.2	103.8	111.9	117.6
1993	121.3	118.8	123.3	118.9	116.3	120.2	121.4	125.0	138.1	135.4
1994	119.2	117.3	119.9	115.8	113.8	117.4	114.6	116.7	110.3	107.8
1995	121.3	120.3	121.8	118.1	116.3	120.1	125.5	110.2	113.2	104.0
1996	108.7	108.2	108.8	106.6	105.0	108.4	113.3	101.3	111.3	104.3
1997	104.3	104.6	103.9	102.3	101.6	103.2	102.4	100.7	103.1	105.4
1998	101.7	102.4	101.1	99.2	98.8	99.6	96.5	96.9	100.7	101.8
1999	99.7	98.8	100.7	98.3	97.4	99.3	98.7	98.2	98.8	100.7
2000	97.9	97.6	98.4	97.6	97.0	98.4	98.9	101.2	101.5	101.6
2001	99.1	98.1	100.6	98.4	98.0	98.7	96.6	99.9	99.4	101.0
2002	99.8	99.3	100.5	98.1	97.5	98.9	100.4	98.2	97.6	100.0
2003	101.2	101.3	101.0	99.9	100.5	99.3	101.9	101.4	102.7	102.2
2004	106.0	106.1	105.9	104.7	104.5	105.0	106.3	108.8	109.6	108.0
2005	101.4	101.7	101.0	100.1	100.4	99.8	105.9	104.5	106.5	104.6
2006	101.9	101.9	101.8	100.8	100.0	101.7	102.8	104.6	107.6	101.8
2007	105.9	105.9	105.9	104.4	103.8	105.1	107.0	105.7	108.2	104.2
2008	105.7	105.4	106.0	106.1	105.3	107.0	116.6	105.8	111.6	107.4
2009	100.4	100.5	100.2	100.1	99.9	100.4	99.3	91.5	95.0	98.1
2010	103.7	103.8	103.6	103.6	103.5	103.7	101.4	108.8	109.0	102.7
2011	104.9	104.8	104.9	105.1	104.9	105.3	108.3	104.7	108.0	104.6
2012	102.7	103.0	102.3	102.4	102.3	102.5	104.6	97.9	99.3	101.4
2013	103.1	103.4	102.7	102.6	102.3	103.0	100.1	97.5	98.8	101.1
2014	102.4	102.6	101.9	101.6	101.6	101.7	98.4	97.8	99.0	101.0
2015	101.9	102.2	101.3	100.8	100.9	100.6	101.1	94.9	96.9	99.1

2-2 1979-2015年各种价格定基指数
FIXED-BASE PRICE INDICES (1979-2015)

(1978年价格=100) (price in 1978=100)

年 份 Year	居民消费价格指数 Consumer Price Index	城市居民消费价格指数 Urban Household	农村居民消费价格指数 Rural Household	商品零售价格指数 Retail Price Index	城市商品零售价格指数 Urban	农村商品零售价格指数 Rural	农业生产资料价格指数 Price Index for Means of Agricultural Production
1979	101.1	100.8	101.2	100.7	100.8	100.5	98.3
1982	109.1	111.7	108.2	109.8	112.4	107.4	101.7
1983	110.1	112.4	109.4	110.9	113.0	109.0	104.6
1984	112.2	115.3	110.9	113.9	115.7	112.3	110.7
1985	121.4	129.0	117.3	123.0	130.4	117.8	115.1
1986	128.8	135.2	124.8	129.2	136.4	124.0	117.8
1987	137.9	145.2	133.0	137.7	146.4	131.6	124.3
1988	165.2	175.9	158.0	164.7	179.3	155.3	141.6
1989	195.9	207.3	188.0	196.5	212.5	185.7	170.5
1990	201.4	210.6	194.4	200.6	212.9	191.1	176.5
1991	207.6	218.7	199.7	208.0	219.5	198.6	193.0
1992	226.1	241.4	217.3	224.1	239.2	213.3	203.1
1993	274.2	286.8	267.9	266.4	278.2	256.4	246.5
1994	326.9	336.4	321.2	308.5	316.6	301.0	282.5
1995	396.5	404.7	391.2	364.3	368.3	361.5	354.6
1996	431.0	438.3	425.6	388.2	386.7	391.8	401.7
1997	449.6	458.0	442.2	397.3	392.9	404.4	411.4
1998	457.2	469.0	447.1	394.1	388.1	402.7	397.0
1999	455.8	463.4	450.2	387.4	378.1	399.9	391.8
2000	446.3	452.2	443.0	378.1	366.7	393.5	387.5
2001	444.5	443.7	445.7	372.1	359.4	388.4	374.3
2002	443.6	440.5	447.9	365.0	350.4	384.1	375.8
2003	448.9	446.3	452.4	364.6	352.1	381.4	383.0
2004	475.9	473.5	479.1	381.8	368.0	400.5	407.1
2005	482.5	481.5	483.9	382.2	369.5	399.7	431.1
2006	491.7	490.7	492.6	385.2	369.5	406.5	443.2
2007	520.7	519.6	521.6	402.2	383.5	427.2	474.2
2008	550.4	547.7	552.9	426.7	403.8	457.1	552.9
2009	552.6	550.4	554.0	427.1	403.4	458.9	549.0
2010	573.0	571.3	573.9	442.5	417.5	475.9	556.7
2011	601.1	598.7	602.0	465.1	438.0	501.1	602.9
2012	616.4	616.7	615.8	476.3	448.1	513.6	630.6
2013	635.5	637.7	632.4	488.7	458.4	529.0	631.2
2014	650.8	654.3	644.4	496.5	465.7	538.0	621.1
2015	663.2	668.7	652.8	500.5	469.9	541.2	627.9

2-3 2012-2015年商品零售价格分类指数
RETAIL PRICES INDICES (2012-2015)

(上年价格=100) (preceding year=100)

项 目	Item	2012	2013	2014	2015
商品零售价格指数	**Retail Price Index**	**102.4**	**102.6**	**101.6**	**100.8**
食品类	Foods	106.0	105.3	104.8	103.1
粮食	Grain	103.6	102.4	103.0	101.6
油脂类	Oil and Fats	102.9	100.3	94.7	96.5
肉禽及其制品	Meat, Poultry and Processed Products	103.9	103.6	100.8	104.4
蛋	Eggs	100.5	106.0	106.4	101.0
水产品	Aquatic Products	105.1	103.1	105.6	101.7
菜	Vegetables	115.4	107.1	108.4	103.5
干鲜瓜果	Dried and Fresh Melons and Fruits	102.8	107.8	113.0	101.1
其他食品	Other Foods	104.0	103.6	103.8	102.9
饮料、烟酒类	Beverages, Tobacco and Liquor	101.9	102.4	100.2	102.3
茶及饮料	Tea and Beverages	104.5	107.3	99.0	100.7
烟草	Tobacco	100.1	100.3	100.1	104.5
酒	Liquor	103.0	101.5	101.3	100.1
服装、鞋帽类	Garments, Shoes and Hats	98.3	101.0	100.5	102.2
服装	Garments	100.6	102.7	100.8	102.6
纺织品类	Textilex	103.5	102.0	99.1	101.6
家用电器及音响器材类	Household Appliances, Music and Video Equipments	97.0	99.5	98.9	99.1
文化办公用品类	Cultural and Office Appliances	97.9	100.3	99.5	99.5
日用品类	Articles for Daily Use	103.1	101.1	100.1	101.5
体育娱乐用品类	Sports and Recreation Articles	100.2	100.8	100.1	100.9
交通、通信用品类	Transportation and Communication Appliances	96.3	98.0	99.6	99.3
家具类	Furniture	100.9	100.5	100.4	100.2
化妆品类	Cosmetics	102.1	100.7	101.3	101.2
金银珠宝类	Gold, Silver and Jewellery	101.6	90.5	88.8	94.5
中西药品及医疗保健用品类	Traditional Chinese and Western Medicines and Health Care Articles	101.6	104.8	101.0	103.6
书报杂志及电子出版物类	Books, Newspapers, Magazines and Electronic Publications	100.9	99.4	100.9	101.8
燃料类	Fuels	104.7	103.9	101.0	90.0
建筑材料及五金电料类	Building Materials and Hardware	101.1	101.3	100.7	99.3

2-4 商品零售价格分类指数(2015年)
RETAIL PRICES INDICES (2015)

(上年价格=100) (preceding year=100)

项　　目	Item	全省 Total	城市 Urban	农村 Rural
商品零售价格指数	**Retail Price Index**	**100.8**	**100.9**	**100.6**
食品类	Foods	103.1	103.5	102.4
粮食	Grain	101.6	101.3	101.9
油脂类	Oil and Fats	96.5	96.7	96.2
肉禽及其制品	Meat, Poultry and Processed Products	104.4	104.4	104.6
蛋	Eggs	101.0	99.4	104.2
水产品	Aquatic Products	101.7	101.5	102.2
菜	Vegetables	103.5	105.8	100.0
调味品	Flavoring	102.7	102.0	103.8
糖	Sugar	100.6	100.6	100.7
干鲜瓜果	Dried and Fresh Melons and Fruits	101.1	101.3	100.9
其他食品	Other Foods	102.9	102.8	103.0
饮料、烟酒类	Beverages, Tobacco and Liquor	102.3	102.3	102.4
茶及饮料	Tea and Beverages	100.7	100.5	101.1
烟草	Tobacco	104.5	104.3	104.8
酒	Liquor	100.1	100.4	99.9
服装、鞋帽类	Garments, Shoes and Hats	102.2	102.4	102.0
服装	Garments	102.6	102.5	102.7
纺织品类	Textilex	101.6	102.3	100.5
家用电器及音响器材类	Household Appliances, Music and Video Equipments	99.1	98.1	101.0
文化办公用品类	Cultural and Office Appliances	99.5	98.5	101.5
日用品类	Articles for Daily Use	101.5	102.0	100.8
体育娱乐用品类	Sports and Recreation Articles	100.9	101.3	100.4
交通、通信用品类	Transportation and Communication Appliances	99.3	99.1	99.6
家具类	Furniture	100.2	99.9	100.9
化妆品类	Cosmetics	101.2	101.5	100.5
金银珠宝类	Gold, Silver and Jewellery	94.5	93.5	96.3
中西药品及医疗保健用品类	Traditional Chinese and Western Medicines and Health Care Articles	103.6	104.6	102.2
书报杂志及电子出版物类	Books, Newspapers, Magazines and Electronic Publications	101.8	102.6	100.5
燃料类	Fuels	90.0	89.3	91.0
建筑材料及五金电料类	Building Materials and Hardware	99.3	100.1	98.2

2-5 2012-2015年居民消费价格分类指数
CONSUMER PRICE INDICES (2011-2015)

(上年价格=100) (preceding year=100)

项 目	Item	2012	2013	2014	2015
居民消费价格总指数	**Consumer Price Index**	**102.7**	**103.1**	**102.4**	**101.9**
食品	Food	106.2	105.5	104.3	103.4
粮食	Grain	103.5	102.2	102.6	101.4
淀粉	Starches and Tubers	103.9	103.5	99.7	99.5
干豆类及豆制品	Dried Beans and Processed Products	102.4	108.1	103.8	103.6
油脂	Oil or Fat	102.9	100.4	95.6	96.8
肉禽及其制品	Meat, Poultry and Processed Products	103.1	103.5	100.7	105.2
蛋	Eggs	100.1	106.6	106.3	101.4
水产品	Aquatic Products	104.9	102.6	103.4	101.8
菜	Vegetables	117.8	107.3	108.2	104.0
#鲜菜	Fresh Vegetables	121.1	107.3	109.1	104.7
调味品	Flavoring	101.8	104.5	110.0	102.4
糖	Sugar	104.8	101.4	99.7	100.6
茶及饮料	Tea and Beverages	103.9	106.2	99.8	100.9
茶	Tea	105.6	109.3	102.1	100.5
饮料	Beverages	105.4	104.5	98.4	101.1
干鲜瓜果	Dried and Fresh Melons and Fruits	103.5	107.9	111.9	101.3
#鲜果	Fresh Fruits	103.7	109.1	114.4	101.3
糕点饼干	Cake and Biscuit	103.5	104.4	102.5	102.1
液体乳及乳制品	Milk and Its Products	105.0	103.6	109.8	101.2
在外用膳食品	Dining Out Food	108.8	109.3	105.6	105.0
其他食品	Other Food	102.9	102.8	104.9	103.3
烟酒	Tobacco and Liquor	100.6	100.7	100.5	103.9
烟草	Tobacco	100.0	100.3	100.5	104.9
酒	Liquor	103.1	102.4	100.7	100.1
衣着	Clothing	98.7	101.0	100.9	102.0
服装	Garments	100.3	102.3	101.3	102.3
衣着材料	Clothing Materials	101.4	100.7	100.4	100.3
鞋袜帽	Footgear and Hats	94.0	97.3	100.0	101.1
衣着加工服务费	Clothing Manufacturing Service Fees	107.0	106.3	100.6	103.8
家庭设备用品及维修服务	Household Facilities, Articles and Services	101.4	101.7	101.3	101.0
耐用消费品	Durable Consumer Goods	99.4	101.1	100.9	99.7
家具	Furniture	100.7	101.3	100.7	100.0
家庭设备	Household Facilities	98.6	101.0	101.0	99.5
室内装饰品	Articles for Interior Decoration	98.7	98.7	99.0	98.0
床上用品	Bedding	101.5	101.4	99.0	101.2
家庭日用杂品	Miscellaneous for Daily Use	102.4	101.4	99.8	100.6
家庭服务及加工维修服务费	Household Services and Maintenance and Renovation	109.1	107.8	111.7	108.2

2-5 续表 Continued

(上年价格=100) (preceding year=100)

项　　目	Item	2012	2013	2014	2015
医疗保健和个人用品	Health Care and Personal Articles	101.6	102.5	101.1	102.5
医疗保健	Health Care	101.1	102.9	101.2	103.0
医疗器具及用品	Medical Apparatus and Articles	103.7	100.7	100.8	101.5
中药材及中成药	Traditional Chinese Medicinal Materials and Medicines	104.8	107.6	102.0	103.9
西药	Western Medicine	98.9	101.2	101.4	104.3
保健器具及用品	Health Care Appliances and Articles	100.5	102.8	101.0	101.7
医疗保健服务	Health Care Services	100.3	100.3	100.1	100.4
个人用品及服务	Personal Articles and Services	103.1	101.4	100.7	101.0
化妆美容用品	Cosmetics	101.6	100.3	101.1	100.8
清洁化妆用品	Sanitation Articles	102.1	101.1	100.9	100.9
个人饰品	Personal Ornaments	101.0	95.6	94.5	97.7
个人服务	Personal Services	107.0	106.4	103.9	103.1
交通和通信	Transport and Communications	100.2	100.2	100.3	98.3
交通	Transport	101.5	101.0	100.6	96.9
交通工具	Transport Facility	98.9	100.2	99.5	99.7
车用燃料及零配件	Fuels and Parts	102.4	99.1	100.1	83.7
车辆使用及维修费	Fees for Vehicles Use and Maintenance	105.2	107.7	1047.2	102.5
市区公共交通费	Fees for Urban public transportation	103.6	100.6	101.9	101.9
城市间交通费	Fees for Intercity Traffic	103.5	101.3	100.3	100.4
通信	Communications	98.5	99.0	99.8	100.1
通信工具	Communication Facility	89.3	92.9	98.0	99.9
通信服务	Communication Services	100.3	100.0	.100.1	100.2
娱乐教育文化用品及服务	Recreation, Education and Culture Articles and Services	101.2	101.2	100.6	101.1
文娱用耐用消费品及服务	Durable Consumer Goods for Cultural and Recreational Use and Services	95.5	97.4	97.6	98.0
教育	Education	102.1	100.6	100.3	102.4
教材及参考书	Teaching Materials and Reference Books	100.9	97.5	101.1	101.7
教育服务	Education Services	102.3	101.1	100.2	102.5
文化娱乐类	Cultural and Recreational Articles	100.4	100.3	101.4	102.1
文化娱乐用品	Cultural and Recreational Articles	98.3	99.5	99.3	100.9
书报杂志	Newspapers and Magazines	100.8	100.4	100.5	102.7
文娱费	Expenditure on Culture and Recreation	102.4	101.1	104.2	102.8
旅游	Tourism	106.2	107.1	103.1	100.1
居住	Housing	102.2	103.6	102.7	100.6
建房及装修材料	Building and Decoration Materials	101.0	102.5	99.7	100.0
租房	Renting	104.1	104.9	103.9	100.8
自有住房	Private Housing	102.5	103.5	104.9	101.3
水、电、燃料	Water, Electricity and Fuels	101.2	104.4	101.6	99.8

2-6 居民消费价格分类指数(2015年)
CONSUMER PRICE INDICES (2015)

(上年价格=100) (preceding year=100)

项　　目	Item	全省 Total	城市 Urban	农村 Rural
居民消费价格总指数	**Consumer Price Index**	**101.9**	**102.2**	**101.3**
食品	Food	103.4	103.8	102.7
粮食	Grain	101.4	101.2	101.6
淀粉及制品	Starches and Processed Products	99.5	100.5	97.4
干豆类及豆制品	Dried Beans and Processed Products	103.6	105.3	100.2
油脂	Oil or Fat	96.8	97.2	96.4
肉禽及其制品	Meat, Poultry and Processed Products	105.2	105.0	105.7
蛋	Eggs	101.4	99.9	104.4
水产品	Aquatic Products	101.8	101.6	102.4
菜	Vegetables	104.0	105.7	100.7
#鲜菜	Fresh Vegetables	104.7	106.0	101.7
调味品	Flavoring	102.4	102.1	102.9
糖	Sugar	100.6	100.5	100.8
茶及饮料	Tea and Beverages	100.9	100.6	101.4
茶	Tea	100.5	99.9	101.5
饮料	Beverages	101.1	100.9	101.3
干鲜瓜果	Dried and Fresh Melons and Fruits	101.3	101.4	101.2
#鲜果	Fresh Fruits	101.3	101.4	101.1
糕点饼干	Cake and Biscuit	102.1	102.9	100.4
液体乳及乳制品	Milk and Its Products	101.2	100.9	102.6
在外用膳食品	Dining Out Food	105.0	105.6	103.3
其他食品	Other Food	103.3	102.6	103.8
烟酒及用品	Tobacco, Liquor and Articles	103.9	103.8	103.9
烟草	Tobacco	104.9	104.8	105.1
酒	Liquor	100.1	100.1	100.0
衣着	Clothing	102.0	102.0	101.9
服装	Garments	102.3	102.3	102.5
衣着材料	Clothing Materials	100.3	100.3	100.3
鞋袜帽	Footgear and Hats	101.1	101.4	100.6
衣着加工服务费	Clothing Manufacturing Service Fees	103.8	105.3	101.9
家庭设备用品及维修服务	Household Facilities, Articles and Services	101.0	101.3	100.5
耐用消费品	Durable Consumer Goods	99.7	99.3	100.4
家具	Furniture	100.0	99.8	100.3
家庭设备	Household Facilities	99.5	98.9	100.5
室内装饰品	Articles for Interior Decoration	98.0	97.5	100.0
床上用品	Bedding	101.2	101.6	100.5
家庭日用杂品	Miscellaneous for Daily Use	100.6	100.6	100.6
家庭服务及加工维修服务费	Household Services and Maintenance and Renovation	108.2	109.6	101.2

2-6 续表 Continued

(上年价格=100) (preceding year=100)

项 目	Item	全省 Total	城市 Urban	农村 Rural
医疗保健和个人用品	Health Care and Personal Articles	102.5	103.1	101.6
医疗保健	Health Care	103.0	103.7	101.7
医疗器具及用品	Medical Apparatus and Articles	101.5	102.1	100.7
中药材及中成药	Traditional Chinese Medicinal Materials and Medicines	103.9	105.2	101.5
西药	Western Medicine	104.3	105.0	102.9
保健器具及用品	Health Care Appliances and Articles	101.7	101.5	102.4
医疗保健服务	Health Care Services	100.4	100.3	100.6
个人用品及服务	Personal Articles and Services	101.0	101.1	101.0
化妆美容用品	Cosmetics	100.8	101.1	100.1
清洁化妆用品	Sanitation Articles	100.9	101.0	100.8
个人饰品	Personal Ornaments	97.7	97.5	98.4
个人服务	Personal Services	103.1	103.0	103.6
交通和通信	Transport and Communications	98.3	98.7	97.5
交通	Transport	96.9	97.5	95.9
交通工具	Transport Facility	99.7	99.6	100.1
车用燃料及零配件	Fuels and Parts	83.7	83.9	83.4
车辆使用及维修费	Fees for Vehicles Use and Maintenance	102.5	102.0	103.5
市区公共交通费	Fees for Urban public transportation	101.9	101.9	101.8
城市间交通费	Fees for Intercity Traffic	100.4	100.4	100.4
通信	Communications	100.1	100.3	99.8
通信工具	Communication Facility	99.9	101.5	98.3
通信服务	Communication Services	100.2	100.2	100.1
娱乐教育文化用品及服务	Recreation, Education and Culture Articles and Services	101.1	101.1	101.0
文娱用耐用消费品及服务	Durable Consumer Goods for Cultural and Recreational Use and Services	98.0	97.6	98.9
教育	Education	102.4	103.3	101.1
教材及参考书	Teaching Materials and Reference Books	101.7	101.7	101.7
教育服务	Education Services	102.5	103.6	101.0
文化娱乐类	Cultural and Recreational Articles	102.1	102.2	101.7
文化娱乐用品	Cultural and Recreational Articles	100.9	99.6	103.3
书报杂志	Newspapers and Magazines	102.7	103.6	100.2
文娱费	Expenditure on Culture and Recreation	102.8	103.5	100.3
旅游	Tourism	100.1	99.6	102.2
居住	Housing	100.6	100.9	100.1
建房及装修材料	Building and Decoration Materials	100.0	100.3	99.7
租房	Renting	100.8	101.0	99.7
自有住房	Private Housing	101.3	101.6	100.6
水、电、燃料	Water, Electricity and Fuels	99.8	99.9	99.7

2-7 2013-2015年工业生产者出厂价格分类指数
EX-FACTORY PRICE INDICES FOR INDUSTRIAL PRODUCTS (2013-2015)

(上年价格=100) (preceding year=100)

类　别	Item	2013	2014	2015
全部工业品	**Total Industry Products**	**97.5**	**97.8**	**94.9**
其中：轻工业	Where: Light Industry	100.4	100.2	100.6
重工业	Heavy Industry	96.4	96.9	92.8
其中:生产资料	Where: Capital Goods	96.4	96.9	92.8
采掘	Excavation	97.3	96.4	90.6
原料	Raw Materials	96.7	97.0	92.4
加工	Processing	95.5	96.7	94.1
生活资料	Consumer Goods	100.5	100.2	100.5
食品	Food	100.6	100.2	100.7
衣着	Clothing	101.9	100.8	100.4
一般日用品	Articles for Daily Use	99.6	100.6	98.5
耐用消费品	Durable Consumer Goods	102.2	100.3	98.2
其中：初级产品	Where: Primary Products	97.3	96.4	90.6
中间产品	Intermediate Products	97.3	97.7	94.9
最终产品	Final Products	99.8	99.2	98.7
按部门分	By Sector			
冶金工业	Metallurgical Industry	94.8	96.3	88.6
电力工业	Power Industry	99.1	98.5	95.9
煤炭及炼焦工业	Coal and Coking Industry	94.7	93.5	87.4
石油工业	Petroleum Industry	101.5	99.3	101.4
化学工业	Chemical Industry	95.7	96.9	98.0
机械工业	Machine Manufacturing Industry	100.2	99.0	99.0
建筑材料工业	Building Materials Industry	96.0	97.3	94.4
森林工业	Timber Industry	102.4	100.7	97.4
食品工业	Food Industry	100.6	100.2	100.7
纺织行业	Textile Industry	102.7	96.7	96.3
缝纫工业	Tailoring Industry	101.0	99.7	100.4

2-7 续表 1 Continued

(上年价格=100) (preceding year=100)

类别	Item	2013	2014	2015
皮革工业	Leather Industry			
造纸工业	Paper Industry	98.3	99.1	103.4
文教艺术用品工业	Cultural, Educational & Handicrafts Articles	99.3	100.3	100.0
其他工业	Other Industry	100.9	99.8	100.3
按工业行业大、中、小类分(新行业)	By Size of Industry			
煤炭开采和洗选业	Mining and Washing of Coal	93.2	91.1	88.4
烟煤和无烟煤开采洗选	Mining and Washing of Bituminous Coal and Anthracitic Coal	92.5	90.5	86.7
褐煤开采洗选	Mining and Washing of Lignitic Coal	97.3	94.3	98.6
其他煤炭采选	Other Mining and Washing of Coal	101.1	99.8	98.3
石油和天然气开采业	Extraction of Petroleum and Natural Gas	100.0	100.0	100.0
天然气开采	Extraction of Petroleum and Natural Gas	100.0	100.0	100.0
黑色金属矿采选业	Mining and Processing of Ferrous Metal Ores	100.1	95.4	82.2
铁矿采选	Mining and Processing of Iron Ores	99.5	94.8	80.3
锰矿、铬矿采选	Mining and Processing ofManganese Ore and Chrome Ore	105.3	101.2	100.0
有色金属矿采选业	Mining and Processing of Non-Ferrous Metal Ores	97.7	98.5	91.1
常用有色金属矿采选	Commom Mining and Processing of Non-Ferrous Metal Ores	97.8	98.9	91.1
铜矿采选	Mining and Processing of Coppermine	97.7	97.3	90.7
铅锌矿采选	Mining and Processing of Lead Zinc Ore	97.9	101.7	91.8
锡矿采选	Mining and Processing of Tin Ore	100.1	94.6	84.0
其他常用有色金属矿采选	Other Commom Mining and Processing of Non-Ferrous Metal Ores	99.8	96.8	91.3
贵金属矿采选	Mining and Processing of Precious Metals	92.8	91.9	94.7
金矿采选	Mining and Processing of Gold Mine	93.0	92.7	94.6
银矿采选	Mining and Processing of Silver Ore	89.3	75.6	94.3
稀有稀土金属矿采选	Mining and Processing of Rare Metals	104.6	93.8	81.8
钨钼矿采选	Mining and Processing of Tungsten and Molybdenum Ores	104.6	93.8	81.8
非金属矿采选业	Mining and Processing of Non-metal Ores	103.3	102.3	97.8
土砂石开采	Mining and Processing of Soil and gravel	99.4	101.1	100.9

2-7 续表 2 Continued

(上年价格=100) (preceding year=100)

类别	Item	2013	2014	2015
石灰石、石膏开采	Limestone, Gypsum Mining	97.6	102.9	100.2
建筑装饰用石开采	Decorative Building Stone Mining	100.0	100.0	100.0
耐火土石开采	Refractory Earth and Stone Mining	101.8	100.0	106.5
粘土及其他土砂石开采	Clay and Other Soil Gravel Mining	100.2	100.0	100.2
化学矿开采	Chemical Ore Mining	103.4	102.4	97.7
农副食品加工业	Processing of Food from Agricultural Products	100.9	98.5	102.5
谷物磨制	Grain Grinding	101.8	102.1	99.7
饲料加工	Feed Processing	101.9	100.3	96.8
植物油加工	Vegetable Oil Processing	105.2	100.4	99.5
食用植物油加工	Edible Vegetable Oil Processing	106.8	99.0	99.7
非食用植物油加工	Inedible Vegetable Oil Processing	94.9	109.3	97.8
制糖业	Sugar Manufacturing	95.1	93.7	105.1
屠宰及肉类加工	Slaughtering and Meat Processing	106.9	99.9	102.8
牲畜屠宰	Slaughtering of Animals	108.5	99.2	103.4
肉制品及副产品加工	Meat and By-products Processing	103.5	101.5	101.6
水产品加工	Aquatic Products Processing	104.5	102.2	104.4
水产饲料制造	Aquatic Feed Manufacturing	104.5	102.2	104.4
蔬菜、水果和坚果加工	Vegetables, Fruits and Nuts Processing	103.8	103.3	104.0
蔬菜加工	Vegetables Processing	104.7	103.6	105.0
水果和坚果加工	Fruits and Nuts Processing	101.3	102.7	101.2
其他农副食品加工	Other Processing of Food from Agricultural Products	111.0	105.3	112.7
淀粉及淀粉制品制造	Starch and Processed Manufacturing	105.5	104.2	103.6
豆制品制造	Soy Products Manufacturing	109.8	99.0	99.3
其他未列明农副食品加工	other Unlisted Processing of Food from Agricultural Products	112.9	105.9	116.3
食品制造业	Manufacture of Foods	101.8	103.9	100.5
焙烤食品制造	Baked Goods Manufacturing	102.1	103.2	101.8
糕点、面包制造	Cakes, Bread Manufacturing	103.3	103.6	104.1
饼干及其他焙烤食品制造	Biscuits and Other Baked Goods Manufacturing	101.4	102.9	100.5

2-7 续表 3 Continued

(上年价格=100) (preceding year=100)

类 别	Item	2013	2014	2015
糖果、巧克力及蜜饯制造	Candy, Chocolate and Candied Fruit Manufacturing	100.4	100.8	99.5
糖果、巧克力制造	Candy, Chocolate Manufacturing	99.9	99.2	99.2
蜜饯制作	Candied Fruit Manufacturing	100.8	102.2	99.8
方便食品制造	Convenience Food Manufacturing	101.4	101.6	98.9
米、面制品制造	Rice, Flour Products Manufacturing	101.0	101.2	100.8
速冻食品制造	Frozen Food Manufacturing	97.7	102.5	94.6
方便面及其他方便食品制造	Instant Noodles and Other Processed Manufacturing	104.2	102.0	96.4
乳制品制造	Dairy products Manufacturing	104.8	109.1	101.9
罐头食品制造	Canned Food Manufacturing	101.6	100.3	99.6
肉、禽类罐头制造	Meat, Poultry Canning Manufacturing	96.9	96.2	97.9
蔬菜、水果罐头制造	Vegetables, Fruit canning Manufacturing	102.6	101.1	100.0
调味品、发酵制品制造	Seasoning, Fermentation Products Manufacturing	103.6	102.8	100.2
味精制造	MSG Manufacturing	98.5	100.0	100.0
酱油、食醋及类似制品制造	Soy Sauce, Vinegar and Similar Products Manufacturing	104.6	98.0	99.9
其他调味品、发酵制品制造	Other Condiments, Fermentation Products Manufacturing	104.6	104.0	100.3
其他食品制造	Other Food Manufacturing	99.4	102.2	99.9
营养食品制造	Nutritional Food Manufacturing	113.3	112.7	100.3
保健食品制造	Health Food Manufacturing	99.4	100.1	99.2
冷冻饮品及食用冰制造	Frozen Drinks and Edible Ice Manufacturing	97.5	100.0	100.0
盐加工	Salt Processing	100.5	105.3	103.3
食品及饲料添加剂制造	Food and Feed Additives Manufacturing	92.6	90.4	87.1
其他未列明食品制造	Other Unlisted Food Manufacturing	101.1	102.0	99.3
酒、饮料和精制茶制造业	Wine, Soft Drinks and Refined Tea Manufacturing	102.6	102.9	100.9
酒的制造	Wine Manufacturing	100.0	100.3	101.0
酒精制造	Alcohol Manufacturing	93.0	97.3	102.6
白酒制造	Liquor Manufacturing	101.0	102.6	101.3
啤酒制造	Beer manufacturing	100.7	100.2	101.3
葡萄酒制造	Wine Manufacturing	100.0	100.0	100.0

2-7 续表 4 Continued

(上年价格=100) (preceding year=100)

类 别	Item	2013	2014	2015
其他酒制造	Other Wine Manufacturing	100.6	100.0	100.0
饮料制造	Beverage Manufacturing	100.9	102.8	97.7
碳酸饮料制造	Carbonated Beverage Manufacturing	100.0	100.0	92.7
瓶(罐)装饮用水制造	Bottles (Canned) Drinking Water Manufacturing	102.9	101.8	99.9
果菜汁及果菜汁饮料制造	Vegetable Juice and Vegetable Juice Beverage Manufacturing	100.1	100.8	98.0
含乳饮料和植物蛋白饮料制造	Milk Beverage and Vegetable Protein Beverage Manufacturing	103.2	115.4	100.4
固体饮料制造	Solid Beverage Manufacturing	99.6	108.4	102.8
茶饮料及其他饮料制造	Tea and Other Beverages Manufacturing	100.0	100.0	100.0
精制茶加工	Refined Tea Processing	106.9	105.9	103.4
烟草制品业	Manufacture of Tobacco	100.2	100.2	100.2
烟叶复烤	Tobacco Redrying	100.6	101.9	108.2
卷烟制造	Cigarette Manufacturing	100.2	100.1	99.8
其他烟草制品制造	Other Tobacco Products Manufacturing	100.9	99.5	97.6
纺织业	Manufacture of Textile	102.5	96.8	96.5
棉纺织及印染精加工	Textile and Dyeing and Finishing	100.0	94.9	95.5
棉纺纱加工	Cotton Spinning	99.8	91.6	91.4
棉织造加工	Cotton Weaving Processing	103.7	95.0	95.5
棉印染精加工	Cotton Dyeing and Finishing	98.6	97.0	98.0
麻纺织及染整精加工	Hemp Textile and Dyeing Finishing	99.8	100.4	100.2
麻染整精加工	Dyeing and Finishing Ma	99.8	100.4	100.2
丝绢纺织及印染精加工	Silk Textile and Dyeing and Finishing	105.3	97.9	96.5
缫丝加工	Reeling Processing	105.0	97.9	96.7
绢纺和丝织加工	Silk and Silk Processing	118.4	95.3	87.3
针织或钩针编织物及其制品制造	Knitted or Crocheted and Knitted Products Manufacturing	99.6	99.6	100.7
针织或钩针编织物织造	Knitted or Crocheted Material Weaving	99.6	99.6	100.7
家用纺织制成品制造	Household Textile Products Manufacturing	98.2	97.5	99.4
床上用品制造	Bedding Manufacturing	99.2	100.0	100.0

2-7 续表 5 Continued

(上年价格=100) (preceding year=100)

类　　别	Item	2013	2014	2015
毛巾类制品制造	Towels Products Manufacturing	105.0	100.0	100.0
窗帘、布艺类产品制造	Curtains, Cloth Products Manufacturing	92.6	93.2	98.4
非家用纺织制成品制造	Non-household Textile Products Manufacturing	92.1	94.2	101.7
绳、索、缆制造	Rope, Cord, Cable Manufacturing	92.1	94.2	101.7
纺织服装、服饰业	Manufacture of Textile, Wearing Apparel and Accessories	101.4	99.7	100.3
机织服装制造	Woven Garment Manufacturing	101.4	99.7	100.3
皮革、毛皮、羽毛及其制品和制鞋业	Manufacture of Leather, Fur, Feather and Related Products and Footware	103.0	102.2	100.3
羽毛(绒)加工及制品制造	Feathers (Velvet) Processing and Product Manufacturing	100.0	100.0	100.0
羽毛(绒)制品加工	Feathers (Velvet) Products Processing	100.0	100.0	100.0
制鞋业	Manufacture of Footwear	103.2	102.3	100.4
橡胶鞋制造	Rubber Footwear Manufacturing	103.2	102.3	100.4
木材加工和木、竹、藤、棕、草制品业	Processing of Timber, Manufacture of Wood, Bamboo, Rattan, Palm and Straw Products	102.4	100.7	97.4
木材加工	Woodworking	102.1	102.1	97.8
锯材加工	Lumber Processing	102.3	102.3	97.7
木片加工	Wood Processing	98.5	99.6	100.0
人造板制造	Wood-based Panels Manufacturing	100.8	100.7	96.2
胶合板制造	Plywood Manufacturing	101.3	106.5	97.5
纤维板制造	Fiberboard Manufacturing	100.4	99.3	95.9
刨花板制造	Particleboard	101.7	99.8	96.2
其他人造板制造	Other Artificial Board Manufacturing	104.5	98.7	94.2
木制品制造	Wood Products Manufacturing	107.2	99.8	101.0
木门窗、楼梯制造	Wooden Doors and Windows, Staircase Manufacturing	104.3	101.4	100.6
地板制造	Flooring Manufacturer	112.1	97.3	101.9
木制容器制造	Wooden Container Manufacturing	99.0	101.8	100.3
家具制造业	Manufacture of Furniture	100.0	100.0	100.0
金属家具制造	Metal Furniture Manufacturing	100.0	100.0	100.0
其他家具制造	Other Furniture Manufacturing	100.0	100.0	100.0

2-7 续表 6 Continued

(上年价格=100) (preceding year=100)

类 别	Item	2013	2014	2015
造纸和纸制品业	Manufacture of Paper and Paper Products	98.3	99.1	103.4
纸浆制造	Pulp Manufacturing	98.1	94.9	100.9
木竹浆制造	Wood Bamboo Manufacturing	97.8	94.4	100.9
非木竹浆制造	Non-wood Bamboo Manufacturing	101.0	99.3	100.9
造纸	Papermaking	97.7	100.0	105.2
机制纸及纸板制造	Paperboard Manufacturing	97.6	100.0	106.9
加工纸制造	Converted Paper Manufacturing	97.9	99.9	100.0
纸制品制造	Paper Products Manufacturing	100.0	99.3	100.4
纸和纸板容器制造	Paper and Cardboard Container Manufacturing	100.2	99.5	100.5
其他纸制品制造	Other Paper Products Manufacturing	99.4	98.9	100.1
印刷和记录媒介复制业	Printing and Reproduction of Recording Media	99.3	100.3	100.0
印刷	Printing	99.2	100.3	100.0
书、报刊印刷	Books, Newspapers and Printing	98.9	96.6	101.6
包装装潢及其他印刷	Packaging and Decoration and other Printing	99.3	100.6	99.9
装订及印刷相关服务	Binding and Printing Services	102.4	101.7	100.7
文教、工美、体育和娱乐用品制造业	Manufacture of Articles for Culture, Education, Arts and Crafts, Sport and Entertainment Activities	99.7	98.8	98.5
文教办公用品制造	Stationery and Office Supplies Manufacturing	100.0	100.0	100.0
墨水、墨汁制造	Ink Manufacturing	100.0	100.0	100.0
工艺美术品制造	Arts and Crafts Manufacturing	99.7	98.8	98.5
金属工艺品制造	Metal Products Manufacturing	100.0	100.0	100.0
珠宝首饰及有关物品制造	Jewellery and Related Articles Manufacturing	99.7	98.6	98.2
其他工艺美术品制造	Other Arts and Crafts Manufacturing	100.0	100.0	100.5
石油加工、炼焦和核燃料加工业	Processing Industry of Petroleum Processing, Coking and Nuclear Fuel	91.9	94.4	84.7
精炼石油产品制造	Manufacture of Refined Petroleum Products	101.8	98.2	99.5
原油加工及石油制品制造	Crude Oil Processing and Oil Products Manufacturing	101.8	98.2	99.5
炼焦	Coking	91.9	94.4	84.6
化学原料和化学制品制造业	Manufacture of Chemical Materials and Chemical Products	93.3	95.2	97.9
基础化学原料制造	Basic Chemical Raw Materials Manufacturing	93.9	95.4	96.1

2-7 续表 7 Continued

(上年价格=100) (preceding year=100)

类　　别	Item	2013	2014	2015
无机酸制造	Manufacture of Inorganic Acids	88.8	91.4	99.1
无机碱制造	Inorganic Alkali Manufacturing	95.2	103.9	101.5
无机盐制造	Inorganic Salt Manufacturing	92.2	93.5	95.4
有机化学原料制造	Raw Material to Manufacture Organic Chemistry	101.2	100.2	91.5
其他基础化学原料制造	Other Basic Chemical Raw Materials Manufacturing	97.2	97.5	94.6
肥料制造	Fertilizer Manufacturing	90.7	93.0	99.2
氮肥制造	Nitrogen Manufacturing	86.9	96.4	98.4
磷肥制造	Phosphate Fertilizer Manufacturing	90.6	94.7	101.1
钾肥制造	Potash Manufacturing	81.9	83.3	76.0
复混肥料制造	Mixed Fertilizer Manufacturing	93.7	90.0	99.4
农药制造	Pesticide Manufacturing	97.4	99.9	101.3
化学农药制造	Chemical Pesticide Manufacturing	96.1	100.3	102.2
生物化学农药及微生物农药制造	Biochemical Pesticides and Microbial Pesticide Manufacturing	100.8	98.9	98.8
涂料、油墨、颜料及类似产品制造	Paint, Ink, Paint and Similar Products Manufacturing	97.4	99.5	97.2
涂料制造	Paint Manufacturers	100.3	100.7	100.0
油墨及类似产品制造	Ink and Similar Product Manufacturing	94.7	99.7	94.7
颜料制造	Pigment Manufacturing	97.7	94.9	97.0
合成材料制造	Synthetic Material	94.7	97.0	98.4
初级形态塑料及合成树脂制造	Plastics in Primary Forms and Synthetic Resin Manufacturing	98.5	100.4	89.4
合成橡胶制造	Synthetic Rubber Manufacturing	100.2	100.4	97.5
合成纤维单(聚合)体制造	Synthetic Single (Polymer) Manufacturing	83.3	89.2	102.6
专用化学产品制造	Special Chemical Products Manufacturing	106.0	104.2	91.4
化学试剂和助剂制造	Manufacture of Chemicals and Additives	104.1	102.7	97.3
林产化学产品制造	Forest Chemical Product Manufacturing	109.0	105.6	87.7
信息化学品制造	Information Chemical Manufacturing	130.0	101.9	99.6
动物胶制造	Gelatine Manufacturing	100.0	100.0	100.0
其他专用化学产品制造	Other Special Chemical Products Manufacturing	100.0	101.7	94.1
炸药、火工及焰火产品制造	Explosives, Pyrotechnics and Fireworks Manufacturing	99.7	99.8	99.7

2-7 续表 8 Continued

(上年价格=100) (preceding year=100)

类 别	Item	2013	2014	2015
炸药及火工产品制造	Explosives and Pyrotechnics Manufacturing	99.7	99.7	99.7
焰火、鞭炮产品制造	Fireworks, Firecrackers Manufacturing	100.0	102.1	97.9
日用化学产品制造	Household Chemical Products Manufacturing	100.0	100.4	100.5
肥皂及合成洗涤剂制造	Soap and Synthetic Detergent Manufacturing	99.0	103.2	102.0
口腔清洁用品制造	Oral Hygiene Products Manufacturing	100.0	100.0	100.0
香料、香精制造	Spices, Flavors Manufacturing	100.1	100.2	100.4
医药制造业	Manufacture of Medicines	100.9	100.2	98.2
化学药品原料药制造	Chemical API Manufacturing	98.2	101.5	89.3
化学药品制剂制造	Chemical Preparations Manufacturing	100.7	103.0	97.9
中药饮片加工	Chinese Medicine Processing	103.5	100.5	94.4
中成药生产	Medicine Production	101.0	99.0	99.6
兽用药品制造	Veterinary Pharmaceutical Manufacturing	101.5	100.6	98.7
生物药品制造	Biopharmaceutical Manufacturing	97.1	94.6	100.1
卫生材料及医药用品制造	Sanitary Materials and Medical Supplies Manufacturing	100.0	100.0	100.0
化学纤维制造业	Manufacture of Chemical Fibres	100.3	102.3	102.3
纤维素纤维原料及纤维制造	Cellulose Fiber Materials and Fiber Manufacturing	100.3	102.3	102.3
人造纤维(纤维素纤维)制造	Rayon (Cellulosic Fibers) Manufacturing	100.3	102.3	102.3
橡胶和塑料制品业	Manufacture of Rubber and Plastics Products	101.2	100.3	98.1
橡胶制品业	Manufacture of Rubber	102.5	100.0	101.4
轮胎制造	Tire Manufacturing	100.0	100.0	100.0
橡胶板、管、带制造	Rubber Plates, Tubes, With Manufacturing	102.1	100.1	101.0
再生橡胶制造	Reclaimed Rubber Manufacturing	100.0	100.0	100.0
日用及医用橡胶制品制造	Household and Medical Rubber Products Manufacturing	107.0	100.0	104.0
塑料制品业	Manufacture of Plastics	101.0	100.3	97.8
塑料薄膜制造	Plastic Film Manufacturing	100.3	101.2	98.8
塑料板、管、型材制造	Plastic Plates, Tubes, Profiles Manufacturing	99.9	99.9	100.0
塑料丝、绳及编织品制造	Plastic Wire, Rope and Woven Goods Manufacturing	104.2	99.3	93.1

2-7 续表 9 Continued

(上年价格=100) (preceding year=100)

类 别	Item	2013	2014	2015
泡沫塑料制造	Foam Manufacturing	100.3	101.0	103.0
塑料包装箱及容器制造	Plastic Crates and Containers Manufacturing	100.3	99.0	99.4
日用塑料制品制造	Household Plastic Products Manufacturing	101.1	98.6	101.8
其他塑料制品制造	Other plastic products manufacturing	98.9	103.2	89.3
非金属矿物制品业	Manufacture of Non-metallic Mineral Products	96.1	97.3	94.5
水泥、石灰和石膏制造	Cement, Lime and Gypsum Manufacturing	94.5	96.6	93.3
水泥制造	Cement Manufacturing	94.5	96.6	93.3
石膏、水泥制品及类似制品制造	Plaster, Cement Products and Similar Products Manufacturing	102.0	100.1	98.3
水泥制品制造	Cement Manufacturing	102.4	100.2	98.3
砼结构构件制造	Concrete Structure Manufacturing	96.5	100.0	97.2
石棉水泥制品制造	Asbestos Cement Manufacturing	100.0	100.0	100.0
轻质建筑材料制造	Light Manufacturing Building Materials	101.0	98.7	98.8
砖瓦、石材等建筑材料制造	Brick, Stone and Other Construction Materials Manufacturing	100.1	101.0	100.9
粘土砖瓦及建筑砌块制造	Clay Tile and Building Block Manufacturing	97.4	100.0	100.8
建筑陶瓷制品制造	Building Ceramics Products Manufacturing	102.8	100.2	98.0
建筑用石加工	Building Stone Processing	100.0	100.0	100.0
防水建筑材料制造	Waterproof Building Materials Manufacturing	97.2	104.1	106.2
其他建筑材料制造	Other Construction Materials Manufacturing	100.0	100.0	100.0
玻璃制造	Glass Manufacturing	102.5	96.4	86.3
平板玻璃制造	Flat Glass Manufacturing	102.5	96.4	86.3
玻璃制品制造	Glass Products Manufacturing	99.8	98.8	97.1
技术玻璃制品制造	Technical Glass Products Manufacturing	96.8	94.4	89.9
光学玻璃制造	Optical Glass Manufacturing	100.0	100.0	95.0
玻璃仪器制造	Glassware Manufacturing	100.0	100.0	100.0
玻璃包装容器制造	Glass Containers Manufacturing	101.1	100.7	100.6
玻璃纤维和玻璃纤维增强塑料制品制造	Glass Fiber and Glass Fiber Reinforced Plastic Products Manufacturing	100.0	100.0	100.0
玻璃纤维增强塑料制品制造	Glass Fiber Reinforced Plastic Products Manufacturing	100.0	100.0	100.0

2-7 续表 10 Continued

(上年价格=100) (preceding year=100)

类别	Item	2013	2014	2015
陶瓷制品制造	Ceramic Products Manufacturing	101.2	102.5	99.9
日用陶瓷制品制造	Household Ceramic Products Manufacturing	102.9	104.5	99.9
园林、陈设艺术及其他陶瓷制品制造	Garden, Furnishings, Artistic and Other Ceramic Products Manufacturing	94.4	94.1	100.0
耐火材料制品制造	Refractory Products Manufacturing	99.5	100.9	105.4
耐火陶瓷制品及其他耐火材料制造	Refractory Ceramic Products and Other Refractory Material Manufacturing	99.5	100.9	105.4
石墨及其他非金属矿物制品制造	Graphite and Other Non-metallic Mineral Products Manufacturing	97.7	96.5	99.7
石墨及碳素制品制造	Graphite and Carbon Products Manufacturing	97.1	95.6	99.5
其他非金属矿物制品制造	Other Non-metallic Mineral Products Manufacturing	100.0	100.0	100.3
黑色金属冶炼和压延加工业	Smelting and Pressing of Ferrous Metals Industry	93.2	95.0	86.6
炼铁	Ironmaking	92.6	94.7	84.2
炼钢	Steelmaking	98.2	96.8	97.1
黑色金属铸造	Ferrous Metal Casting	101.3	99.9	99.8
钢压延加工	Steel Rolling Processing	90.8	93.7	82.4
铁合金冶炼	Ferroalloy Smelting	96.0	98.7	91.5
有色金属冶炼和压延加工业	Smelting and Pressing of Non-ferrous Metals Industry	94.9	96.9	90.4
常用有色金属冶炼	Common Non-ferrous Metal Smelting	95.0	96.7	90.3
铜冶炼	Copper Smelting	95.2	93.7	82.9
铅锌冶炼	Lead and Zinc Smelting	96.9	103.3	100.4
镍钴冶炼	Nickel and Cobalt Smelting	86.1	108.9	87.4
锡冶炼	Tin Smelting	95.2	96.2	87.6
锑冶炼	Antimony Smelting	89.7	88.6	85.5
铝冶炼	Aluminum Smelting	91.0	91.2	94.9
其他常用有色金属冶炼	Other Common Non-ferrous Metal Smelting	88.9	94.4	96.5
贵金属冶炼	Precious Metals Refining	88.1	90.8	93.3
金冶炼	Gold Smelting	87.7	90.5	94.7
银冶炼	Silver Smelting	88.3	91.1	85.8
其他贵金属冶炼	Other Precious Metals Refining	96.0	97.7	84.5
稀有稀土金属冶炼	Precious Rare Earth Metal Smelting	105.1	109.8	75.8

2-7 续表 11 Continued

(上年价格=100) (preceding year=100)

类　　别	Item	2013	2014	2015
稀土金属冶炼	Rare Earth Metal Smelting	119.1	107.0	92.0
其他稀有金属冶炼	Other Precious Rare Earth Metal Smelting	101.6	110.4	71.7
有色金属合金制造	Non-ferrous Metal Alloys Manufacturing	96.9	101.5	97.8
有色金属铸造	Non-ferrous Metal Casting	97.9	103.3	88.3
有色金属压延加工	Non-ferrous Metal Rolling Processing	96.2	98.3	89.3
铜压延加工	Copper Calendering	92.0	96.8	98.3
铝压延加工	Aluminum Rolling Processing	93.3	95.7	90.4
贵金属压延加工	Precious Metal Rolling Processing	100.0	100.0	100.0
稀有稀土金属压延加工	Rare Rare Earth Metal Rolling Processing	108.4	103.7	93.1
其他有色金属压延加工	Other Non-ferrous Metal Rolling Processing	98.9	101.6	83.4
金属制品业	Manufacture of Metal Products	98.3	100.9	94.3
结构性金属制品制造	Structural Metal Products Manufacturing	98.5	102.5	91.8
金属结构制造	Metal Structures Manufacturing	98.4	102.6	91.3
金属门窗制造	Metal Joinery Manufacturing	99.9	99.8	100.0
金属工具制造	Metal Tool Manufacturing	98.6	98.4	100.0
手工具制造	Hand Tool Manufacturing	98.3	98.0	100.0
农用及园林用金属工具制造	Agricultural and Garden Metal Tool Manufacturing	100.0	100.0	100.0
集装箱及金属包装容器制造	Container and Metal Packaging Containers Manufacturing	100.1	98.8	97.6
金属压力容器制造	Metal Pressure Vessel Manufacturing	101.1	97.7	96.3
金属包装容器制造	Metal Packaging Containers Manufacturing	98.3	100.8	100.0
金属丝绳及其制品制造	Sisheng and Metal Products Manufacturing	97.0	97.7	93.8
建筑、安全用金属制品制造	Construction, Safety Metal Products Manufacturing	99.7	99.9	99.4
建筑、家具用金属配件制造	Construction, Furniture Manufacturing Metal Parts Manufacturing	100.0	100.0	100.0
其他建筑、安全用金属制品制造	Other Construction, Safety Metal Products Manufacturing	98.7	99.4	97.3
其他金属制品制造	Other meMal Products Manufacturing	95.8	99.5	99.6
锻件及粉末冶金制品制造	Forging and Powder Metallurgy Products Manufacturing	97.2	99.1	98.1
交通及公共管理用金属标牌制造	Traffic and Public Management Metal Signs Manufacturing	100.0	100.0	100.0
其他未列明金属制品制造	Other Unlisted Metal Products Manufacturing	95.0	99.4	99.7

2-7 续表 12 Continued

(上年价格=100) (preceding year=100)

类　　别	Item	2013	2014	2015
通用设备制造业	Manufacture of General Purpose Machinery	99.9	99.6	98.4
锅炉及原动设备制造	Boiler and Prime Mover Equipment Manufacturing	97.9	100.4	100.2
锅炉及辅助设备制造	Boilers and Auxiliary Equipment Manufacturing	110.1	104.2	105.2
内燃机及配件制造	The Internal Combustion Engine and Parts Manufacturing	97.1	100.1	99.9
金属加工机械制造	Metalworking Machinery Manufacturing	100.6	99.4	97.6
金属切削机床制造	Metal Cutting Machine Manufacturer	100.7	99.4	97.5
金属切割及焊接设备制造	Metal Cutting and Welding Equipment Manufacturing	101.8	98.9	100.0
机床附件制造	Machine Tool Accessories Manufacturing	100.0	100.0	100.0
其他金属加工机械制造	Other Metalworking Machinery Manufacturing	82.4	99.4	97.7
物料搬运设备制造	Material Handling Equipment Manufacturing	99.3	100.0	99.0
起重机制造	Crane Manufacturing	99.3	99.9	99.0
连续搬运设备制造	Continuous Handling Equipment Manufacturing	100.2	100.1	100.0
电梯、自动扶梯及升降机制造	Elevators, Escalators and Lifts Manufacturing	94.7	102.6	92.9
泵、阀门、压缩机及类似机械制造	Pumps, Valves, Compressors and Other Similar Machinery Manufacturing	99.8	99.3	100.3
泵及真空设备制造	Pumps and Vacuum Equipment Manufacturing	101.5	99.2	99.8
液压和气压动力机械及元件制造	Hydraulic and Pneumatic Power Machinery and Components Manufacturing	90.7	99.7	103.4
轴承、齿轮和传动部件制造	Bearings, Gears and Transmission Components Manufacturing	100.3	99.0	99.6
轴承制造	Bearing Manufacturing	100.6	98.8	99.4
齿轮及齿轮减、变速箱制造	Gears and Gear Reducer, Gearbox Manufacturing	99.7	99.5	100.0
烘炉、风机、衡器、包装等设备制造	Ovens, Fans, Scales, Packaging Equipment Manufacturing	100.9	100.1	100.0
风机、风扇制造	Fan, fan-made Manufacturing	100.9	100.1	100.0
衡器制造	Scale Manufacturing	100.8	100.0	100.0
文化、办公用机械制造	Culture, Office Machinery Manufacturing	100.0	100.0	100.0
计算器及货币专用设备制造	Calculator and Special Equipment for Money Manufacturing	100.0	100.0	100.0
通用零部件制造	Universal Parts Manufacturing	96.2	100.1	100.7
紧固件制造	Fastener Manufacturing	97.0	99.8	100.3
弹簧制造	Spring Manufacturing	100.0	100.0	100.0

2-7 续表 13 Continued

(上年价格=100) (preceding year=100)

类 别	Item	2013	2014	2015
机械零部件加工	Mechanical Parts Processing	94.1	100.6	101.7
其他通用设备制造业	Other Universal Parts Manufacturing	100.0	100.0	100.0
专用设备制造业	Manufacture of Special Purpose Machinery	100.4	99.6	99.5
采矿、冶金、建筑专用设备制造	Mining, Metallurgy, Construction and Special Equipment Manufacturing	99.4	99.7	99.4
矿山机械制造	Mining Machinery Manufacturing	100.5	100.9	99.1
建筑工程用机械制造	Construction Engineering Machinery Manufacturing	100.0	100.0	100.0
建筑材料生产专用机械制造	Production of Building Materials for Machinery Manufacturing	101.3	100.0	100.0
冶金专用设备制造	Metallurgical Equipment Manufacturing	93.1	94.0	100.0
化工、木材、非金属加工专用设备制造	Chemicals, Wood, Non-metallic Processing Equipment Manufacturing	98.3	101.0	99.7
橡胶加工专用设备制造	Rubber Processing Equipment Manufacturing	94.4	103.2	99.1
模具制造	Mold Manufacturing	100.0	100.0	100.0
食品、饮料、烟草及饲料生产专用设备制造	Food, Beverages, Tobacco and Feed Production Equipment Manufacturing	101.6	98.7	99.0
食品、酒、饮料及茶生产专用设备制造	Food, Wine, Beverage and Tea Production Equipment Manufacturing	101.6	98.3	98.6
农副食品加工专用设备制造	Agro-food Processing Equipment Manufacturing	102.2	101.7	102.3
烟草生产专用设备制造	Special Equipment Manufacturing Tobacco Manufacturing	101.5	100.8	100.0
印刷、制药、日化及日用品生产专用设备制造	Printing, Pharmaceutical, Cosmetic and Daily Production of Special Equipment Manufacturing	100.0	100.0	100.0
印刷专用设备制造	Printing Equipment Manufacturing	100.0	100.0	100.0
电子和电工机械专用设备制造	Electronics and Electrical Machinery Special Equipment Manufacturing	100.0	100.0	100.0
电子工业专用设备制造	Electronic Equipment Manufacturing	100.0	100.0	100.0
农、林、牧、渔专用机械制造	Agriculture, Forestry, Animal Husbandry and Fishery Special Machinery Manufacturing	100.1	100.1	99.9
拖拉机制造	Tractor Manufacturing	100.1	100.1	99.9
环保、社会公共服务及其他专用设备制造	Environmental, Social Public Services and other Special Equipment Manufacturing	101.8	100.3	98.7
环境保护专用设备制造	Environmental Protection Equipment Manufacturing	100.0	100.0	100.0
社会公共安全设备及器材制造	Public Security Installations and Equipment Manufacturing	103.2	100.1	100.0
水资源专用机械制造	Special Machinery for Water Resources Manufacturing	104.7	100.7	96.7
汽车制造业	Automotive Manufacturing	101.2	100.0	101.0
汽车整车制造	Vehicle Manufacturing	101.2	99.8	101.2

2-7 续表 14 Continued

(上年价格=100) (preceding year=100)

类 别	Item	2013	2014	2015
汽车车身、挂车制造	Auto body, Trailer Manufacturing	100.0	100.0	100.0
汽车零部件及配件制造	Auto Parts and Accessories Manufacturing	101.0	100.9	100.2
铁路、船舶、航空航天和其他运输设备制造业	Manufacture of Railway, Ship, Aerospace and Other Transport Equipments	101.7	98.6	100.0
铁路运输设备制造	Rail Transportation Equipment Manufacturing	101.7	98.6	100.0
窄轨机车车辆制造	Narrow Gauge Rolling Stock Manufacturing	101.7	98.6	100.0
电气机械和器材制造业	Manufacture of Electrical Machinery and Apparatus	98.6	97.4	95.7
电机制造	Electric Machine Manufacturing	97.8	99.8	98.6
发电机及发电机组制造	Manufacture of Generators and Generator Sets Manufacturing	98.3	100.0	98.5
电动机制造	Motor Manufacturing	95.5	98.7	99.0
输配电及控制设备制造	Transmission and Distribution and Control Equipment Manufacturing	99.3	93.9	94.7
变压器、整流器和电感器制造	Transformers, Rectifiers and Inductors Manufacturing	98.2	97.1	95.7
配电开关控制设备制造	Distribution Switch Control Equipment Manufacturing	101.4	89.7	92.7
光伏设备及元器件制造	Photovoltaic Equipment and Components Manufacturing	88.7	82.2	97.0
电线、电缆、光缆及电工器材制造	Wire, Cable, Fiber Optic Cable and Electrical Equipment Manufacturing	97.0	99.6	95.0
电线、电缆制造	Wire and Cable Manufacturing	97.0	99.6	95.0
绝缘制品制造	Insulation Products Manufacturing	100.0	100.0	100.0
电池制造	Battery Manufacturing	100.6	99.8	100.1
其他电池制造	Other Battery Manufacturers	100.6	99.8	100.1
非电力家用器具制造	Non-electrical Household Appliance Manufacturing	103.2	100.5	97.4
燃气、太阳能及类似能源家用器具制造	Gas, Solar Energy and Similar Energy Equipment Manufacturing Household Manufacturing	103.2	100.5	97.4
计算机、通信和其他电子设备制造业	Manufacture of Computers, Communication and Other Electronic Equipment	97.5	96.9	99.8
计算机制造	Computer Manufacturing	96.7	95.7	100.0
计算机外围设备制造	Computer Peripheral Equipment Manufacturing	95.8	94.6	100.0
其他计算机制造	Other Computer Manufacturing	100.0	100.0	100.0
通信设备制造	Communications Equipment Manufacturing	100.0	100.0	98.4
通信系统设备制造	Communications System Equipment	100.0	100.0	98.4
电子元件制造	Electronics Manufacturing	99.1	100.0	100.0
电子元件及组件制造	Electronic Components and Component Manufacturing	99.1	100.0	100.0
其他电子设备制造	Other Electronic Equipment Manufacturing	100.0	100.0	100.0

2-7 续表 15 Continued

(上年价格=100) (preceding year=100)

类 别	Item	2013	2014	2015
仪器仪表制造业	Manufacture of Measuring Instruments and Machinery	100.1	99.3	99.4
通用仪器仪表制造	General Instruments Manufacturing	100.9	95.7	95.7
工业自动控制系统装置制造	Industrial Automation Control System Devices Manufacturing	100.0	99.7	95.6
电工仪器仪表制造	Electrical Instruments Manufacturing	98.1	99.8	99.9
供应用仪表及其他通用仪器制造	Supply of Instruments and Other General Instrument Manufacturing	108.6	75.1	87.1
专用仪器仪表制造	Special Instrumentation Manufacturing	100.0	100.0	100.0
其他专用仪器制造	Other Special Instrumentation Manufacturing	100.0	100.0	100.0
光学仪器及眼镜制造	Optical Instruments and Optical Manufacturing	100.0	100.0	100.0
光学仪器制造	Optical Instruments Manufacturing	100.0	100.0	100.0
其他制造业	Other Manufacture	98.6	98.6	100.3
日用杂品制造	Sundries Manufacturing	99.7	97.0	101.3
鬃毛加工、制刷及清扫工具制造	Mane Processing, Brush and Cleaning Tool Manufacturing	99.7	97.0	101.3
其他未列明制造业	Other unlisted Manufacturing	98.3	99.0	100.0
废弃资源综合利用业	Utilization of Waste Resources	100.0	96.7	99.7
金属废料和碎屑加工处理	Waste and Scrap Metal Processing	100.0	96.7	99.7
金属制品、机械和设备修理业	Repair Industry of Metal Products, Machinery and Equipment	100.2	100.0	100.0
金属制品修理	Metal Products Repair	100.0	100.0	100.0
专用设备修理	Special Equipment Repair	100.0	100.0	100.0
电气设备修理	Electrical Equipment Repair	101.2	100.0	100.0
电力、热力生产和供应业	Production and Supply of Electric Power and Heat Power	99.1	98.5	95.9
电力生产	Electric Power production	99.0	103.7	94.1
火力发电	Thermal Power	99.8	101.2	95.2
水力发电	Hydraulic Power	98.1	106.3	92.4
其他电力生产	Other Electricity Production	100.3	110.5	165.3
电力供应	Electric Power Supply	99.3	95.7	96.6
燃气生产和供应业	Production and Supply of Gas	130.0	104.0	100.2
水的生产和供应业	Production and Supply of Water	103.5	101.7	101.5
自来水生产和供应	Water Production and Supply	103.5	101.6	101.5
污水处理及其再生利用	Sewage Treatment and Recycling	118.8	115.8	100.0

2-8 1991-2015年工业生产者购进价格分类指数

（上年价格=100）

年 份 Year	总指数 General Index	燃料、动力类 Fuel and Power	黑色金属材料类 Ferrous Metal Materials	有色金属材料及电线类 Nonferrous Metal Materials and Electric Wires	化工原料类 Raw Chemical Materials
1991	108.2	104.4	117.2	103.9	117.5
1992	111.9	117.9	113.2	107.9	104.5
1993	138.1	138.6	189.7	116.2	123.0
1994	110.3	114.5	121.0	106.2	110.8
1995	113.2	107.1	91.0	140.4	126.1
1996	111.3	119.2	100.4	85.6	108.4
1997	103.1	118.3	101.1	90.0	93.4
1998	100.7	100.8	96.1	86.6	95.1
1999	98.8	100.2	94.0	96.1	95.0
2000	101.5	106.5	99.3	107.0	100.2
2001	99.4	100.9	100.2	100.5	97.8
2002	97.6	98.9	97.6	94.1	98.0
2003	102.7	103.8	107.6	105.3	102.2
2004	109.6	107.9	116.7	127.1	105.2
2005	106.5	109.3	107.2	109.8	106.9
2006	107.6	106.8	96.6	127.7	102.0
2007	108.2	106.6	110.3	120.9	103.2
2008	111.6	118.6	124.6	95.6	110.7
2009	95.0	98.9	89.6	78.7	94.0
2010	109.0	106.7	107.4	126.4	105.3
2011	108.0	108.3	111.4	109.2	109.4
2012	99.3	102.2	94.6	93.0	100.8
2013	98.8	99.0	97.8	96.1	96.8
2014	99.0	99.4	97.1	96.9	99.7
2015	96.9	99.2	90.2	92.5	97.4

PURCHASING PRICE INDICES FOR INDUSTRIAL PRODUCERS (1991-2015)

(preceding year=100)

木材及纸浆类 Timber and Paper Pulp	建筑材料及非金属类 Construction Materials and Nonmetal Ores	其他工业原材料及半成品类 Other Industrial Materials and Semi-finished Products	农副产品类 Agricultural Products	纺织原料类 Textile Raw Materials
95.9	106.3		109.3	120.6
106.0	137.2	100.5	102.7	98.8
133.6	212.1	117.9	102.0	108.2
107.3	117.5	110.3	125.2	159.6
106.6	98.6	108.7	132.7	155.3
111.5	92.3	104.2	129.5	97.2
102.9	97.8	99.2	100.1	97.0
94.3	101.0	91.7	116.8	96.5
102.7	97.6	99.7	104.5	89.4
103.5	98.1	102.3	96.8	95.8
103.0	98.6	100.2	97.5	96.0
96.0	101.1	97.8	98.9	91.9
101.3	100.1	100.4	99.8	102.2
101.8	104.4	108.2	105.1	105.3
101.4	106.2	104.7	105.4	100.8
102.2	107.4	104.8	111.1	101.6
105.3	105.7	105.4	108.4	100.7
105.1	110.5	110.1	107.7	104.2
94.8	100.3	100.7	99.2	96.5
105.5	105.2	106.3	110.9	103.7
105.0	110.3	103.5	106.6	115.7
101.6	107.8	101.1	103.9	100.5
100.0	100.0	100.3	104.1	98.0
100.0	96.7	99.3	104.0	101.4
99.7	96.2	101.8	98.1	100.2

2-9 1991-2015年固定资产投资价格分类指数
PRICE INDEX FOR INVESTMENT IN FIXED ASSETS (1991-2015)

(上年价格=100) (preceding year=100)

年份 Year	总指数 General Index	建筑安装、装饰工程 Construction, Installation and Decoration Projects	人工费 Labor Cost	材料费 Cost of Materials	机械使用费 Cost of Machinery Use	设备、工器具购置 Purchase of Equipment, Tools and Instruments	其他费用 Others
1991	112.1	111.3	130.3	110.2		114.3	111.1
1992	117.6	117.8	109.7	117.2		118.8	115.2
1993	135.4	136.4	134.7	135.1		123.2	155.0
1994	107.8	107.0	111.4	105.1		110.1	107.1
1995	104.0	102.1	126.5	97.1	110.7	105.8	110.4
1996	104.3	105.4	120.5	102.7	119.4	102.5	101.2
1997	105.4	106.7	120.4	103.1	109.0	100.0	110.2
1998	101.8	103.5	109.1	99.9	102.8	97.2	102.5
1999	100.7	102.0	103.1	99.8	102.5	96.5	101.4
2000	101.6	102.4	106.0	100.7	107.8	98.3	103.6
2001	101.0	101.9	104.3	100.6	105.0	98.2	100.6
2002	100.0	100.9	101.6	100.4	101.3	96.7	100.8
2003	102.2	103.1	103.9	103.1	102.1	99.4	102.4
2004	108.0	110.4	105.6	112.0	109.4	102.4	105.7
2005	104.6	105.4	107.9	105.8	102.8	102.3	103.9
2006	101.8	101.2	108.7	99.8	101.4	101.3	104.1
2007	104.2	104.5	116.7	102.6	102.2	100.5	107.0
2008	107.4	110.1	114.6	109.9	106.4	101.0	102.2
2009	98.1	97.6	105.8	94.9	102.5	97.1	100.9
2010	102.7	103.5	106.6	102.6	103.8	100.4	102.0
2011	104.6	106.0	110.0	105.2	103.4	101.2	102.8
2012	101.4	101.7	108.5	99.5	102.4	99.3	101.9
2013	101.1	101.2	106.8	99.3	101.7	99.3	101.9
2014	101.0	101.2	106.3	99.6	101.2	99.4	100.7
2015	99.1	98.7	103.9	96.6	100.6	98.8	101.0

2-10 2012-2015年农业生产资料价格分类指数
PRICE INDICES FOR MEANS OF AGRICULTURAL PRODUCTION (2012-2015)

(上年价格=100) (preceding year=100)

项　目	Item	2012	2013	2014	2015
农业生产资料价格指数	**Price Index for Means of Agricultural Production**	**104.6**	**100.1**	**98.4**	**101.1**
农用手工工具	Agricultural Craft Tool	101.7	101.5	101.3	101.6
饲料	Forage	105.1	104.0	100.7	101.0
产品畜	Animals for Products	106.3	96.1	97.6	106.1
半机械化农具	Semi-mechanized Farm Tools	101.3	101.4	100.1	100.5
机械化农具	Mechanized Farm Machinery	101.1	101.7	100.1	99.8
化学肥料	Chemical Fertilizers	106.5	98.5	94.4	99.1
农药及农药器械	Pesticide and Its Appliances	101.8	100.2	100.0	101.4
化学农药	Chemical Pesticides	101.8	100.9	99.9	101.5
农药器械	Pesticide Apparatus	101.4	94.8	100.3	100.3
农用机油	Oil for Farm Machinery	103.8	100.2	99.4	93.5
其他农业生产资料	Other Means of Agricultural Production	102.7	101.6	102.0	100.8
农用种子	Seeds for Farm	103.9	102.3	102.1	102.1
其他	Others	100.8	100.3	101.7	98.5
农业生产服务	Agricultural Production Service	106.1	109.2	107.7	111.6

2-11 2012-2015年农产品生产者价格指数
PRODUCER PRICE INDICES FOR AGRICULTURAL PRODUCTS (2012-2015)

(上年价格=100) (preceding year=100)

项　目	Item	2012	2013	2014	2015
生产价格总指数	**General Index**	**110.7**	**104.9**	**100.6**	**101.3**
种植业产品	Planting Products	113.7	107.6	103.1	100.5
谷物	Cereals	108.5	107.1	96.0	99.7
薯类	Tubers	103.3	117.8	101.3	105.3
油料	Oil-bearing Crops	116.0	106.8	104.9	97.2
糖料	Sugar	125.5	102.4	96.0	100.0
烟叶	Tobacco Leaf	114.2	107.3	104.3	106.5
蔬菜	Vegetables	111.0	108.4	103.9	97.8
水果	Fruits	102.4	113.4	115.3	83.5
林业产品	Forestry Products	92.2	109.9	95.0	92.3
畜牧业产品	Animal Husbandry Products	104.7	98.1	96.1	103.2
猪	Pig	103.7	94.6	93.0	104.1
牛	Cattle and Buffaloes	106.8	114.6	107.0	96.9
羊	Sheep and Goats	116.8	110.9	115.8	91.1
家禽	Poultry	105.9	108.8	107.7	102.6
禽蛋	Poultry Eggs	108.0	106.8	105.4	103.4
奶	Milk	99.3	126.9	91.0	84.9
渔业产品	Fishery Products	100.7	98.2	101.5	98.0

2-12 分月居民消费价格指数(2015年，同比)

(上年同月价格=100)

项　　目	Item	1月 January	2月 February
居民消费价格指数	**Consumer Price Index**	**101.6**	**101.7**
其中：城市	Where: Urban	101.9	102.0
农村	Rural	101.1	101.2
其中：食品	Where: Food	102.6	102.9
非食品	Non-food	101.0	101.1
其中：消费品	Where: Consumer Goods	101.6	101.8
服务项目	Service Items	101.6	101.6
食品	Food	102.6	102.9
粮食	Grain	102.1	102.1
淀粉及制品	Starches and Their Products	99.0	98.9
干豆类及豆制品	Beans and Bean Products	103.0	103.5
油脂	Oil or Fat	93.7	93.6
肉禽及其制品	Meat, Poultry and Processed Products	99.6	100.4
猪肉	Pork	96.7	98.5
蛋	Eggs	106.7	107.2
水产品	Aquatic Products	103.1	103.6
菜	Vegetables	99.6	99.9
#鲜菜	Fresh Vegetables	99.3	99.7
调味品	Flavoring	102.9	102.7
糖	Sugar	99.8	99.9
茶及饮料	Tea and Beverages	101.4	101.4
干鲜瓜果	Dried and Fresh Melons and Fruits	106.9	107.3
糕点饼干面包	Cake, Biscuit and Bread	102.5	102.6
液体乳及乳制品	Milk and Its Products	101.9	101.5
在外用膳食品	Dining Out Food	107.2	107.1
其他食品	Other Food	104.9	104.3
烟酒	Tobacco and Liquor	100.4	100.7
烟草	Tobacco	100.4	100.8
酒	Liquor	100.4	100.2

CONSUMER PRICE INDICES BY MONTH (2015, PERCENTAGE CHANGE COMPARED TO SAME PERIOD IN PREVIOUS)

(same month of previous year=100)

3月 March	4月 April	5月 May	6月 June	7月 July	8月 August	9月 September	10月 October	11月 November	12月 December
101.6	**101.8**	**101.8**	**101.5**	**101.3**	**102.3**	**102.4**	**102.4**	**102.3**	**102.0**
101.8	102.2	102.3	101.8	101.6	102.7	102.8	102.8	102.4	102.0
101.1	101.0	101.0	101.0	100.8	101.5	101.7	101.8	101.9	102.0
102.7	103.1	103.2	102.1	101.8	104.5	105.1	104.9	104.5	103.8
100.9	101.0	101.1	101.2	101.0	101.0	100.9	101.0	101.0	101.0
101.6	101.9	102.0	101.5	101.3	102.6	102.8	102.7	102.6	102.3
101.5	101.6	101.4	101.3	101.2	101.3	101.3	101.3	101.2	101.0
102.7	103.1	103.2	102.1	101.8	104.5	105.1	104.9	104.5	103.8
101.7	101.4	101.5	101.1	101.0	101.2	101.3	101.5	101.1	101.0
98.7	98.6	98.4	99.6	100.4	100.4	100.4	100.4	99.9	99.8
104.0	103.8	104.0	102.7	102.8	103.9	103.5	103.6	104.6	103.9
94.7	95.3	95.8	96.7	97.8	99.8	98.8	98.3	98.4	99.1
101.1	102.2	102.4	102.6	104.4	111.5	111.8	110.4	108.6	108.0
99.9	101.9	102.6	103.3	107.6	121.1	121.4	119.4	115.8	114.6
108.2	105.0	101.6	99.5	97.6	99.3	100.1	98.5	97.3	96.8
103.2	102.7	102.3	101.5	100.8	101.0	100.2	101.2	100.8	101.0
99.1	102.7	106.7	100.9	97.1	103.5	109.4	110.7	110.5	108.6
98.8	103.5	108.4	101.3	97.1	104.4	110.9	112.4	112.0	109.9
102.7	102.9	102.7	102.4	102.5	102.2	102.2	102.6	101.9	101.3
100.0	99.6	100.6	100.6	100.8	101.3	101.3	101.3	101.1	101.4
100.7	100.8	101.1	101.3	100.9	100.8	100.3	100.6	100.6	100.7
107.8	104.9	101.3	98.2	97.9	98.7	97.1	98.1	99.5	99.1
102.6	102.5	102.4	102.3	102.0	101.8	102.1	101.9	101.8	101.2
101.5	101.2	101.1	100.8	101.5	101.7	101.0	100.8	100.4	100.5
105.9	106.0	105.3	105.0	104.7	104.8	104.2	103.7	103.6	103.1
103.8	102.7	103.0	103.1	103.5	102.7	102.7	102.0	103.7	102.9
100.7	100.6	103.1	106.0	105.9	105.9	105.7	105.7	105.7	105.7
100.8	100.8	103.9	107.6	107.5	107.5	107.4	107.3	107.3	107.4
100.1	100.1	100.2	100.2	100.1	99.9	99.8	99.8	99.9	99.9

2-12 续表

(上年同月价格=100)

项目	Item	1月 January
衣着	Clothing	104.0
服装	Garments	104.7
衣着材料	Clothing Materials	100.7
鞋袜帽	Footgear and Hats	102.3
衣着加工服务费	Clothing Manufacturing Service Fees	101.4
家庭设备用品及维修服务	Household Facilities, Articles and Services	101.5
耐用消费品	Durable Consumer Goods	100.5
室内装饰品	Articles for Interior Decoration	97.4
床上用品	Bed Articles	101.3
家庭日用杂品	Household Articles for Daily Use	100.4
家庭服务及加工维修服务	Household Services and Maintenance and Renovation	111.1
医疗保健和个人用品	Health Care and Personal Articles	101.2
医疗保健	Health Care	101.1
个人用品及服务	Personal Articles and Services	101.4
交通和通信	Transport and Communications	97.8
交通	Transport	96.0
通信	Communications	100.3
娱乐教育文化用品及服务	Recreation, Education and Culture Articles and Services	100.5
文娱用耐用消费品及服务	Durable Consumer Goods for Cultural and Recreational Use and Services	98.5
教育	Education	102.3
文化娱乐类	Culture and Recreation	101.5
旅游	Touring and Outing	97.6
居住	Residence	101.7
建房及装修材料	Building and Decoration Materials	100.8
住房租金	Renting	101.7
自有住房	Private Housing	102.6
水、电、燃料	Water,Electricity and Fuels	101.1

Continued

(same month of previous year=100)

2月 February	3月 March	4月 April	5月 May	6月 June	7月 July	8月 August	9月 September	10月 October	11月 November	12月 December
103.9	103.5	103.3	102.7	102.2	101.4	100.8	100.6	100.5	100.6	100.7
104.6	104.1	103.9	103.2	102.6	101.7	101.0	100.6	100.6	100.6	100.7
100.6	100.6	100.6	100.6	100.3	100.2	100.1	100.1	100.0	100.0	100.0
102.2	102.1	101.8	101.5	101.0	100.6	100.3	100.3	100.3	100.2	100.2
101.4	101.2	102.6	104.1	104.1	104.2	104.2	104.5	104.3	106.0	107.4
101.6	101.4	101.3	100.9	100.8	100.5	100.6	100.9	100.9	100.8	100.6
100.4	100.1	99.9	99.7	99.7	99.4	99.4	99.5	99.5	99.4	99.4
97.5	97.5	97.5	97.4	97.9	97.8	97.8	97.8	98.5	99.1	99.4
101.5	101.6	101.7	101.6	101.4	101.4	101.3	100.8	100.8	100.8	100.5
100.4	100.4	100.3	100.3	100.4	100.5	101.0	101.2	101.2	100.7	100.4
111.8	111.7	111.4	108.1	107.6	104.7	104.8	107.4	107.1	107.2	106.9
101.4	101.3	102.4	102.4	102.6	102.8	103.4	103.0	103.0	103.4	103.5
101.4	101.3	102.7	102.8	103.0	103.4	104.2	103.7	103.6	104.0	104.2
101.1	101.0	101.2	101.2	101.1	100.8	100.5	100.7	101.0	101.2	101.0
97.7	98.1	98.1	98.3	98.2	97.9	97.7	98.3	98.7	99.0	99.4
95.8	96.4	96.5	97.0	96.9	96.4	96.0	97.0	97.8	98.4	99.0
100.4	100.4	100.4	100.2	100.1	100.1	100.1	100.0	99.9	99.9	99.9
100.8	100.8	101.1	101.4	101.5	101.3	101.5	101.2	101.3	101.0	100.4
98.3	97.9	98.0	98.1	97.9	97.9	97.8	97.9	97.8	97.7	97.8
102.3	102.3	103.1	103.1	103.1	102.9	103.0	102.0	102.0	101.2	101.2
102.0	102.4	102.4	102.3	102.4	101.6	101.8	102.1	102.1	102.1	102.1
98.7	98.6	98.6	99.9	100.5	100.6	101.5	101.5	101.9	102.1	99.3
101.6	101.1	101.0	100.5	100.4	100.3	100.2	100.1	100.1	99.9	99.9
100.9	100.5	100.2	99.9	99.9	99.9	99.8	99.6	99.7	99.5	99.6
101.2	101.1	101.0	100.8	100.8	100.7	100.6	100.5	100.5	100.4	100.4
102.3	102.0	101.9	101.1	101.0	101.0	100.8	100.7	100.6	100.6	100.7
101.5	100.0	100.2	100.1	99.6	99.4	99.4	99.4	99.3	99.1	98.6

2-13 分月居民消费价格指数(2015年，环比)

(上月价格=100)

项　目	Item	1月 January
居民消费价格指数	**Consumer Price Index**	**100.3**
其中：城市	Where: Urban	100.4
农村	Rural	100.2
其中：食品	Where: Food	100.7
非食品	Non-food	100.1
其中：消费品	Where: Consumer Goods	100.3
服务项目	Service Items	100.2
食品	Food	100.7
粮食	Grain	100.0
淀粉及制品	Starches and Their Products	99.9
干豆类及豆制品	Beans and Bean Products	100.3
油脂	Oil or Fat	99.1
肉禽及其制品	Meat, Poultry and Processed Products	99.9
猪肉	Pork	99.5
蛋	Eggs	99.5
水产品	Aquatic Products	100.5
菜	Vegetables	103.7
#鲜菜	Fresh Vegetables	104.1
调味品	Flavoring	100.8
糖	Sugar	100.0
茶及饮料	Tea and Beverages	100.4
干鲜瓜果	Dried and Fresh Melons and Fruits	101.5
糕点饼干面包	Cake, Biscuit and Bread	100.6
液体乳及乳制品	Milk and Its Products	100.3
在外用膳食品	Dining Out Food	100.5
其他食品	Other Food	100.1
烟酒	Tobacco and Liquor	100.0
烟草	Tobacco	100.0
酒	Liquor	100.1

CONSUMER PRICE INDICES BY MONTH (2015, PERCENTAGE CHANGE OVER PREVIOUS PERIOD)

(preceding month=100)

2月 February	3月 March	4月 April	5月 May	6月 June	7月 July	8月 August	9月 September	10月 October	11月 November	12月 December
100.3	**99.8**	**99.9**	**100.1**	**100.1**	**100.1**	**101.0**	**100.5**	**100.1**	**99.9**	**99.9**
100.2	99.8	100.0	100.1	100.1	100.2	101.1	100.5	100.1	99.7	99.8
100.4	99.9	99.8	100.1	100.1	100.0	100.8	100.3	100.2	100.1	100.1
100.8	99.4	99.6	99.8	99.9	100.3	102.6	101.1	100.2	99.6	99.8
100.0	100.1	100.1	100.2	100.2	100.1	100.0	100.1	100.0	100.0	99.9
100.4	99.8	99.9	100.1	100.1	100.1	101.2	100.5	100.1	99.9	99.9
100.1	100.0	100.1	100.1	100.1	100.2	100.2	100.3	100.0	100.0	99.9
100.8	99.4	99.6	99.8	99.9	100.3	102.6	101.1	100.2	99.6	99.8
100.3	100.0	100.1	100.2	100.0	100.1	100.4	100.1	100.0	99.9	99.9
100.0	99.9	99.9	100.0	100.2	100.0	100.0	100.1	100.0	99.8	99.9
100.7	100.7	99.9	100.7	101.0	100.2	100.3	99.9	100.1	100.0	100.1
99.8	100.2	99.6	99.7	100.0	100.6	101.5	99.1	99.8	99.8	99.9
100.7	99.0	99.1	99.7	100.6	101.8	106.9	101.4	99.8	99.3	99.7
100.8	98.0	98.3	99.8	101.3	103.9	112.9	102.0	99.7	98.8	99.6
100.2	98.1	97.0	98.5	99.6	99.5	102.7	101.7	100.2	99.9	99.9
101.5	99.2	99.3	100.0	99.8	99.3	101.4	100.3	100.5	99.2	100.1
100.7	97.3	99.8	100.1	99.9	98.9	105.1	104.9	101.6	97.3	99.4
100.6	96.9	99.9	100.1	100.0	98.9	105.9	105.5	101.8	96.9	99.3
100.3	100.1	100.1	100.0	99.9	99.9	100.1	100.1	100.0	100.0	100.0
100.1	100.1	99.8	100.7	100.1	100.3	100.3	100.0	100.0	99.9	100.1
99.8	100.1	99.9	99.9	100.0	99.9	99.8	100.2	100.4	100.2	100.0
104.5	100.4	98.5	98.2	97.5	99.3	100.3	98.5	99.5	100.9	100.2
100.2	100.0	100.0	100.0	99.9	99.7	99.9	100.7	99.8	100.2	100.2
100.0	100.1	100.2	99.9	100.0	100.7	100.2	99.5	99.7	99.8	100.0
100.4	100.0	100.2	100.1	100.1	100.3	100.4	100.6	100.3	100.3	100.0
100.3	100.0	100.3	100.9	100.1	100.5	99.7	100.4	99.5	101.8	99.3
100.2	100.0	100.0	102.5	102.8	100.1	100.0	100.0	100.0	100.0	100.0
100.2	100.0	100.0	103.2	103.5	100.1	100.1	100.0	100.0	100.0	100.0
100.0	100.0	100.0	100.0	100.0	99.9	99.9	100.0	100.0	100.0	100.0

2-13 续表

(上月价格=100)

项　　目	Item	1月 January
衣着	Clothing	100.1
服装	Garments	100.1
衣着材料	Clothing Materials	100.2
鞋袜帽	Footgear and Hats	100.1
衣着加工服务费	Clothing Manufacturing Service Fees	100.1
家庭设备用品及维修服务	Household Facilities, Articles and Services	100.2
耐用消费品	Durable Consumer Goods	100.1
室内装饰品	Articles for Interior Decoration	100.0
床上用品	Bed Articles	100.0
家庭日用杂品	Household Articles for Daily Use	100.3
家庭服务及加工维修服务	Household Services and Maintenance and Renovation	100.3
医疗保健和个人用品	Health Care and Personal Articles	100.2
医疗保健	Health Care	100.2
个人用品及服务	Personal Articles and Services	100.4
交通和通信	Transport and Communications	99.2
交通	Transport	98.6
通信	Communications	100.0
娱乐教育文化用品及服务	Recreation, Education and Culture Articles and Services	100.3
文娱用耐用消费品及服务	Durable Consumer Goods for Cultural and Recreational Use and Services	100.0
教育	Education	100.3
文化娱乐类	Culture and Recreation	100.9
旅游	Touring and Outing	100.0
居住	Residence	100.2
建房及装修材料	Building and Decoration Materials	100.0
住房租金	Renting	100.1
自有住房	Private Housing	100.1
水、电、燃料	Water,Electricity and Fuels	100.7

Continued

(preceding month=100)

2月 February	3月 March	4月 April	5月 May	6月 June	7月 July	8月 August	9月 September	10月 October	11月 November	12月 December
100.1	100.1	100.1	99.9	100.0	100.0	99.9	100.1	100.1	100.2	100.1
100.1	100.0	100.1	99.9	100.0	100.0	99.9	100.1	100.1	100.3	100.1
100.0	100.0	100.0	100.0	99.8	100.0	99.9	100.0	100.0	100.0	100.1
100.0	100.2	99.9	99.9	100.0	100.0	99.9	100.0	100.0	100.0	100.1
100.1	100.1	101.4	101.5	100.1	100.2	100.0	100.3	100.0	101.8	101.7
100.2	99.9	99.9	100.0	100.0	100.1	100.2	100.5	100.0	99.8	99.8
99.9	99.9	99.9	99.9	100.0	100.0	100.1	100.1	100.0	99.9	99.8
100.1	100.0	100.0	99.9	100.0	99.9	99.9	100.0	100.0	100.0	99.7
100.0	99.9	100.1	100.1	100.0	100.0	99.9	100.6	100.0	100.0	99.9
100.0	100.0	99.8	100.0	100.0	100.3	100.4	100.2	100.0	99.5	99.8
102.6	100.1	100.1	100.1	100.1	100.2	100.3	102.7	100.1	100.1	100.0
100.1	100.2	100.9	100.2	100.3	100.3	100.6	100.1	100.1	100.3	100.2
100.1	100.3	101.2	100.2	100.4	100.4	100.8	100.0	100.1	100.4	100.2
99.9	100.1	100.1	100.1	100.0	99.9	100.0	100.2	100.1	100.2	100.0
99.8	100.5	100.0	100.6	100.0	99.8	99.5	100.3	100.1	99.9	99.8
99.7	100.9	100.0	101.0	100.1	99.7	99.1	100.5	100.1	99.8	99.7
100.0	100.0	100.0	100.1	100.0	100.0	100.0	100.0	100.0	100.0	100.0
100.1	99.9	100.0	100.0	100.0	100.3	100.2	100.2	99.9	100.0	99.4
99.6	99.8	100.0	99.8	99.6	99.6	99.9	99.9	99.8	99.9	100.0
100.0	100.0	100.0	100.0	100.0	100.0	100.1	100.5	100.0	100.2	100.0
100.5	100.3	100.0	100.0	100.1	100.1	100.1	100.2	99.9	100.0	100.0
100.4	99.3	100.2	100.2	100.4	101.5	100.9	99.9	99.7	99.6	97.3
100.0	99.9	100.0	99.9	99.8	100.0	100.0	100.0	100.0	100.0	100.1
100.0	99.9	99.9	100.1	100.1	100.0	99.9	99.8	100.0	99.8	100.0
99.9	100.0	100.0	100.0	100.1	100.0	100.0	100.0	100.0	100.0	100.2
100.0	100.1	100.1	100.1	100.0	100.1	100.0	100.0	100.0	100.1	100.2
100.3	99.7	99.8	99.2	99.1	99.8	100.0	100.0	100.0	99.9	100.1

2-14 分月工业生产者出厂价格指数（2015年，同比）

(上年同月价格=100)

指 标	Item	1月 January
工业生产者出厂价格指数	**Ex-Factory Price Index For Industrial Products**	**96.6**
按轻重工业分	By Light Industry and Heavy Industry	
轻工业	Light Industry	100.4
以农产品为原料	Using Agricultural Products as Raw Materials	100.3
以非农产品为原料	Using Non-agricultural Products as Raw Materials	100.5
重工业	Heavy Industry	95.2
采掘工业	Mining & Quarrying Industry	93.1
原料工业	Raw Materials Industry	94.8
加工工业	Processing Industry	96.3
按生产生活资料分	By Capital and Living Goods	
生产资料	Capital Goods	95.2
采掘	Mining & Quarrying	93.1
原料	Raw Materials	94.9
加工	Processing	96.3
生活资料	Living Goods	100.3
食品	Food	100.3
衣着	Clothing	102.7
一般日用品	Articles for Daily Use	100.8
耐用消费品	Durable Consumer Goods	100.4
按初级中间最终产品分	By Primary, Intermediate and Final Goods	
初级产品	Primary Goods	93.1
中间产品	Intermediate Goods	96.7
最终产品	Final Goods	98.8
按工业行业大、中类分(新行业)	By Large, Medium Class of Industry Sector (New Sector)	
煤炭开采和洗选业	Mining and Washing of Coal	93.1
烟煤和无烟煤开采洗选	Mining and Washing of Bituminous Coal and Anthracite Coal	92.6
褐煤开采洗选	Mining and Washing of lignite	95.8
其他煤炭采选	Other Mining and Washing of Coal	98.2
石油和天然气开采业	Extraction of Petroleum and Natural Gas	100.0

EX-FACTORY PRICE INDICES FOR INDUSTRIAL PRODUCTS BY MONTH (2015,PERCENTAGE CHANGE COMPARED TO SAME PERIOD IN PREVIOUS)

(same month in preceding year=100)

2月 February	3月 March	4月 April	5月 May	6月 June	7月 July	8月 August	9月 September	10月 October	11月 November	12月 December
96.0	**96.0**	**96.3**	**95.7**	**96.2**	**94.9**	**94.0**	**93.8**	**93.4**	**92.6**	**93.0**
100.5	100.7	100.7	100.7	100.7	100.7	100.4	100.7	100.8	100.8	100.5
100.5	100.8	100.8	100.8	100.8	100.8	100.6	100.9	100.9	100.9	100.5
100.6	100.2	99.6	99.8	99.4	99.1	98.9	98.9	100.2	100.4	99.7
94.3	94.3	94.7	93.9	94.5	92.7	91.6	91.3	90.6	89.6	90.2
91.4	91.3	92.4	92.7	92.7	91.6	88.9	88.7	88.2	87.8	87.9
93.8	94.0	94.4	93.8	95.1	92.6	91.2	90.6	89.6	88.1	89.2
95.9	95.6	95.7	94.2	93.9	93.2	92.9	93.0	92.9	92.4	92.5
94.4	94.4	94.7	94.0	94.5	92.8	91.7	91.3	90.7	89.6	90.2
91.4	91.3	92.4	92.7	92.7	91.6	88.9	88.7	88.2	87.8	87.9
93.9	94.1	94.5	93.9	95.2	92.8	91.4	90.7	89.7	88.3	89.3
96.0	95.7	95.8	94.3	93.9	93.2	92.9	93.0	92.9	92.3	92.3
100.3	100.5	100.5	100.5	100.5	100.5	100.3	100.6	100.7	100.8	100.6
100.4	100.6	100.7	100.7	100.8	100.8	100.6	100.9	100.9	101.0	100.8
101.6	99.0	100.0	100.4	100.9	100.8	100.8	100.2	99.7	99.3	99.2
99.8	99.0	98.4	98.0	97.9	97.3	97.4	97.4	98.5	98.9	98.7
100.5	100.0	97.3	97.2	97.2	97.2	96.6	98.1	98.2	97.7	98.4
91.4	91.4	92.4	92.7	92.8	91.6	88.9	88.7	88.3	87.9	87.9
96.1	96.2	96.3	95.7	96.2	94.9	94.1	93.8	93.4	92.5	92.9
98.5	98.2	98.5	98.6	99.5	98.8	98.7	98.8	98.8	98.0	98.7
93.4	93.9	96.9	93.1	92.8	89.8	87.1	82.2	80.3	78.9	78.6
93.2	92.5	95.7	91.5	91.3	88.1	85.7	79.9	77.4	76.1	75.6
94.3	103.0	104.0	102.8	102.1	99.9	95.4	96.5	97.9	95.3	96.3
98.2	98.2	98.2	98.2	98.2	98.1	98.1	98.1	98.6	99.2	98.2
100.0	100.0	100.0	100.0	100.0	100.0	100.0	100.0	100.0	100.0	100.0

2-14 续表 1

(上年同月价格=100)

指 标	Item	1月 January
天然气开采	Extraction of Petroleum and Natural Gas	100.0
黑色金属矿采选业	Mining and Processing of Ferrous Metal Ores	83.3
铁矿采选	Iron Ore Mining and Processing	81.5
锰矿、铬矿采选	Manganese Ore, Chrome Ore Mining and Processing	101.0
有色金属矿采选业	Mining and Processing of Non-Ferrous Metal Ores	98.3
常用有色金属矿采选	Common Non-ferrous Metal Ore Mining and Processing	98.7
贵金属矿采选	Precious Metal Ore Mining and Processing	94.1
稀有稀土金属矿采选	Rare Rare Earth Metal Ore Mining and Processing	84.6
非金属矿采选业	Mining and Processing of Non-metal Ores	101.8
土砂石开采	Clay sand Mining	101.4
化学矿开采	Chemical Ore Mining	101.8
农副食品加工业	Processing Industry of Agro-food	98.3
谷物磨制	Corn Milling	100.3
饲料加工	Feed Processing	99.3
植物油加工	Vegetable Oil Processing	98.7
制糖业	Sugar Industry	94.1
屠宰及肉类加工	Slaughtering and Meat Processing	99.3
水产品加工	Aquatic Products Processing	98.8
蔬菜、水果和坚果加工	Vegetables, Fruit and Nut Processing	104.6
其他农副食品加工	Other Agro-food Processing	105.8
食品制造业	Manufacture of Foods	103.1
焙烤食品制造	Baked Goods Manufacturing	104.1
糖果、巧克力及蜜饯制造	Candy, Chocolate and Candied Fruit Manufacturing	97.5
方便食品制造	Convenience Food Manufacturing	101.3
乳制品制造	Dairy Products Manufacturing	106.7
罐头食品制造	Canned Food Manufacturing	99.3
调味品、发酵制品制造	Seasoning, Fermentation Products Manufacturing	101.2
其他食品制造	Other Food Manufacturing	102.1
酒、饮料和精制茶制造业	Manufacture of Liquor, Beverages and Refined Tea	102.6

Continued

(same month in preceding year=100)

2月 February	3月 March	4月 April	5月 May	6月 June	7月 July	8月 August	9月 September	10月 October	11月 November	12月 December
100.0	100.0	100.0	100.0	100.0	100.0	100.0	100.0	100.0	100.0	100.0
81.9	81.1	81.2	82.7	83.2	81.7	79.6	81.6	80.5	84.1	85.7
79.8	79.0	79.2	80.4	81.4	80.1	77.4	79.4	78.8	82.7	84.6
102.6	102.7	100.5	105.1	100.1	96.8	101.3	102.4	95.8	96.4	95.9
96.3	94.6	94.0	93.8	94.4	91.8	88.2	87.3	86.7	84.6	83.5
96.5	94.9	94.2	93.9	94.4	91.9	88.2	87.0	86.3	84.0	83.0
96.2	90.8	92.1	93.0	96.7	91.1	91.5	96.6	99.4	99.8	95.8
84.4	82.1	86.2	88.8	82.2	81.2	78.3	76.3	80.2	80.8	75.3
98.2	95.7	95.9	96.8	99.3	101.3	98.0	99.6	97.4	95.3	94.6
102.1	102.1	100.8	100.5	99.7	100.5	100.6	100.8	100.9	101.0	101.0
98.0	95.5	95.7	96.7	99.3	101.3	97.9	99.5	97.3	95.1	94.4
99.3	101.5	102.2	102.6	102.8	103.0	102.5	104.6	104.7	104.5	104.3
99.4	99.9	99.4	99.6	99.4	99.1	99.4	99.7	100.1	99.6	100.2
98.8	98.6	98.5	97.8	97.0	96.0	95.6	95.9	95.2	94.8	94.1
98.7	99.0	97.8	98.2	99.3	99.1	99.3	99.8	101.1	101.0	101.7
96.8	102.7	104.4	105.9	107.7	108.4	107.6	108.6	109.2	108.7	108.7
100.5	100.4	101.9	102.2	102.5	103.2	104.9	105.0	104.6	104.5	104.9
98.8	98.8	100.0	100.0	107.7	107.7	107.7	107.7	108.8	108.8	108.8
105.1	105.2	105.9	105.4	104.7	106.6	103.9	101.4	101.9	102.3	101.2
105.9	105.5	106.5	107.3	100.7	100.7	100.7	130.1	129.3	129.3	129.1
102.5	101.7	100.8	101.7	101.1	100.3	99.7	99.1	99.1	98.9	98.5
103.8	102.0	101.8	101.8	101.5	101.4	101.1	100.9	101.1	101.1	101.4
97.4	99.7	99.8	99.8	100.0	100.0	100.0	100.0	100.0	100.0	100.0
101.0	100.3	100.6	100.1	99.8	99.5	98.2	97.8	96.2	96.5	96.3
104.7	104.4	102.7	101.7	101.5	102.0	100.3	100.2	100.3	100.6	98.3
99.3	99.3	99.0	99.9	99.9	99.9	99.9	99.3	100.0	100.0	100.0
101.3	101.2	102.1	102.0	101.3	100.0	99.1	99.0	98.6	98.5	98.9
101.9	100.7	99.2	102.4	101.3	99.2	99.5	98.3	98.8	97.9	98.0
102.4	101.6	101.0	100.7	100.5	100.8	100.1	99.9	100.7	100.8	100.3

2-14 续表 2

(上年同月价格=100)

指 标	Item	1月 January
酒的制造	Wine Manufacturing	99.8
饮料制造	Beverage Manufacturing	100.7
精制茶加工	Refined Tea processing	107.2
烟草制品业	Manufacture of Tobacco	100.3
烟叶复烤	Tobacco Redrying	108.8
卷烟制造	Cigarette Manufacturing	99.9
其他烟草制品制造	Other Tobacco Products Manufacturing	99.7
纺织业	Manufacture of Textile	95.5
棉纺织及印染精加工	Textile and Dyeing and Finishing	93.2
麻纺织及染整精加工	Hemp Textile and Dyeing Finishing	101.5
丝绢纺织及印染精加工	Silk Textile and Dyeing and Finishing	96.6
针织或钩针编织物及其制品制造	Knitted or Crocheted and Knitted Products Manufacturing	100.0
家用纺织制成品制造	Household Textile Products Manufacturing	98.7
非家用纺织制成品制造	Non-household Textile Products Manufacturing	98.6
纺织服装、服饰业	Manufacture of Textile, Wearing Apparel and Accessories	101.5
机织服装制造	Woven garment manufacturing	101.5
皮革、毛皮、羽毛及其制品和制鞋业	Manufacture of Leather, Fur, Feather and Related Products and Footware	104.7
羽毛(绒)加工及制品制造	Feathers (Woolen) Processing and Product Manufacturing	100.0
制鞋业	Footwear Manufacturing	105.0
木材加工和木、竹、藤、棕、草制品业	Processing of Timber, Manufacture of Wood, Bamboo, Rattan, Palm and Straw Products	99.2
木材加工	Woodworking Processing	99.2
人造板制造	Wood-based panels manufacturing	98.4
木制品制造	Wood Products Manufacturing	102.1
家具制造业	Manufacture of Furniture	100.0
金属家具制造	Metal Furniture Manufacturing	100.0
其他家具制造	Other Furniture Manufacturing	100.0
造纸和纸制品业	Paper and Paper Products Industry	102.6
纸浆制造	Pulp Manufacturing	93.9
造纸	Papermaking	105.8

Continued

(same month in preceding year=100)

2月 February	3月 March	4月 April	5月 May	6月 June	7月 July	8月 August	9月 September	10月 October	11月 November	12月 December
99.4	99.6	100.2	100.4	100.9	101.1	101.7	101.9	102.5	102.4	102.5
100.8	98.7	98.3	97.3	96.3	97.1	95.4	95.4	98.0	98.3	96.4
106.9	106.1	103.9	103.7	103.4	103.3	102.1	101.3	101.1	101.1	101.1
100.3	100.3	100.3	100.3	100.3	100.3	100.1	100.1	100.1	100.1	99.9
108.8	108.8	108.8	108.8	108.8	108.0	108.0	108.5	108.5	108.5	104.4
99.9	99.9	99.9	99.9	99.9	99.9	99.7	99.7	99.7	99.7	99.7
99.7	96.5	98.3	96.4	96.4	96.7	96.7	96.9	97.2	98.2	98.4
94.9	94.8	95.7	96.0	96.2	96.7	97.5	97.4	97.3	97.7	98.0
93.0	93.3	94.4	94.4	95.2	95.3	96.6	97.3	97.8	98.2	97.8
98.5	99.3	99.6	99.6	100.4	100.4	100.7	100.7	100.7	100.7	100.7
95.7	95.2	96.0	96.6	96.3	97.2	97.5	96.7	96.2	96.6	97.6
100.0	100.0	100.0	100.0	100.0	100.0	101.8	101.8	101.8	101.8	101.8
98.4	99.0	99.1	99.2	99.2	99.8	100.0	99.4	100.1	100.1	100.3
98.6	100.0	100.7	100.7	102.2	102.2	104.1	104.1	102.9	102.9	102.9
101.2	100.1	100.8	100.8	100.8	100.8	100.1	99.3	99.3	100.0	99.2
101.2	100.1	100.8	100.8	100.8	100.8	100.1	99.3	99.3	100.0	99.2
102.4	97.6	99.1	100.2	101.3	101.0	101.3	100.8	99.5	97.9	98.5
100.0	100.0	100.0	100.0	100.0	100.0	100.0	100.0	100.0	100.0	100.0
102.5	97.5	99.0	100.2	101.4	101.1	101.4	100.8	99.5	97.8	98.4
99.5	98.2	97.8	97.1	96.8	97.0	96.6	97.0	96.7	96.3	96.2
99.3	97.8	98.9	98.7	98.6	97.3	97.1	96.8	96.7	96.7	96.7
98.5	96.9	96.1	95.8	95.5	95.8	95.4	95.8	95.6	95.2	95.3
103.0	102.7	102.9	100.8	100.5	100.8	100.1	101.0	100.2	99.6	98.8
100.0	100.0	100.0	100.0	100.0	100.0	100.0	100.0	100.0	100.0	100.0
100.0	100.0	100.0	100.0	100.0	100.0	100.0	100.0	100.0	100.0	100.0
100.0	100.0	100.0	100.0	100.0	100.0	100.0	100.0	100.0	100.0	100.0
103.9	104.8	103.3	103.4	104.6	104.3	103.7	103.9	103.5	103.1	100.2
97.7	100.6	101.9	105.6	106.9	104.1	99.9	102.3	101.4	99.5	97.2
106.9	107.8	105.2	104.4	105.6	105.6	105.7	105.4	104.8	104.8	100.7

2-14 续表 3

(上年同月价格=100)

指　　标	Item	1月 January
纸制品制造	Paper Products Manufacturing	99.8
印刷和记录媒介复制业	Printing and Reproduction of Recording Media	102.1
印刷	Printing	102.1
装订及印刷相关服务	Binding and Printing Services	101.6
文教、工美、体育和娱乐用品制造业	Manufacture of Articles for Culture, Education, Arts and Crafts, Sport and Entertainment Activities	99.4
文教办公用品制造	Stationery and Office Supplies Manufacturing	100.0
工艺美术品制造	Arts and Crafts Manufacturing	99.4
石油加工、炼焦和核燃料加工业	Petroleum Processing, Coking and Nuclear Fuel Processing Industry	90.0
精炼石油产品制造	Manufacture of Refined Petroleum Products	99.9
炼焦	Coking	90.0
化学原料和化学制品制造业	Chemical Materials and Chemical Products Manufacturing	96.5
基础化学原料制造	Basic chemical raw materials manufacturing	96.7
肥料制造	Fertilizer Manufacturing	96.4
农药制造	Pesticide Manufacturing	101.3
涂料、油墨、颜料及类似产品制造	Paint, Ink, Paint and Similar Products Manufacturing	100.0
合成材料制造	Synthetic Material	93.9
专用化学产品制造	Special Chemical Products Manufacturing	93.3
炸药、火工及焰火产品制造	Explosives, Pyrotechnics and Fireworks Manufacturing	99.6
日用化学产品制造	Household Chemical Products Manufacturing	100.6
医药制造业	Manufacture of Medicines	99.6
化学药品原料药制造	Chemical API Manufacturing	90.5
化学药品制剂制造	Chemical Preparations Manufacturing	102.4
中药饮片加工	Chinese Medicine Processing	93.6
中成药生产	Medicine Production	100.2
兽用药品制造	Veterinary Pharmaceutical Manufacturing	100.0
生物药品制造	Biopharmaceutical Manufacturing	96.0
卫生材料及医药用品制造	Sanitary Materials and Medical Supplies Manufacturing	100.0
化学纤维制造业	Manufacture of Chemical Fibres	101.0
纤维素纤维原料及纤维制造	Cellulose Fiber Materials and Fiber Production	101.0

Continued

(same month in preceding year=100)

2月 February	3月 March	4月 April	5月 May	6月 June	7月 July	8月 August	9月 September	10月 October	11月 November	12月 December
99.8	99.8	99.6	99.7	100.9	101.0	100.9	101.1	101.2	100.9	100.4
102.1	101.2	100.7	98.8	98.8	98.5	98.2	98.4	100.7	101.4	99.8
102.1	101.3	100.7	98.8	98.8	98.5	98.2	98.4	100.7	101.4	99.8
98.5	100.6	100.2	101.7	100.0	100.3	99.8	99.9	102.8	101.3	101.9
97.9	96.7	97.3	97.8	98.7	98.0	97.5	98.4	99.9	99.9	100.1
100.0	100.0	100.0	100.0	100.0	100.0	100.0	100.0	100.0	100.0	100.0
97.9	96.7	97.3	97.8	98.7	98.0	97.5	98.4	99.9	99.9	100.2
89.9	90.4	92.1	91.2	88.2	84.8	80.9	78.4	75.6	77.0	76.9
99.9	99.9	99.9	99.9	97.1	99.9	99.9	99.9	100.0	99.9	97.9
89.9	90.4	92.1	91.2	88.2	84.7	80.8	78.2	75.5	76.9	76.8
96.3	97.5	97.1	96.7	99.5	98.8	99.7	99.3	98.0	97.9	97.5
96.2	98.0	97.7	93.4	100.0	96.4	96.6	95.7	93.9	93.5	95.0
96.7	98.0	97.4	98.7	100.1	100.9	101.5	101.6	100.4	100.1	98.7
101.3	101.2	100.7	100.8	100.8	100.8	100.8	100.8	104.3	105.4	97.6
99.4	98.2	98.2	98.0	96.7	97.0	95.3	96.5	97.3	95.7	94.5
94.0	94.2	94.6	97.4	98.0	96.9	104.7	104.0	101.2	102.6	101.9
91.2	90.6	89.5	89.3	92.1	93.0	93.0	91.3	90.6	91.3	91.1
99.4	99.4	99.9	99.7	99.8	99.7	99.9	100.0	99.6	99.7	99.6
100.5	100.4	100.3	104.5	100.3	100.3	100.2	98.4	100.2	100.3	100.3
98.8	98.2	98.0	97.8	98.1	97.5	97.9	98.1	97.7	98.2	98.9
89.1	87.9	88.0	87.3	87.0	86.8	89.9	89.8	89.9	89.6	95.9
99.8	99.0	98.0	97.5	97.6	96.6	96.8	96.6	96.3	96.6	97.7
95.4	95.1	95.4	94.9	95.9	92.6	92.5	93.1	94.0	94.2	96.3
99.6	99.1	99.2	98.4	99.7	99.3	99.5	100.4	99.5	100.3	99.9
100.0	100.0	100.0	97.4	97.4	97.4	98.4	98.5	98.5	98.5	97.9
98.0	98.1	97.2	106.3	96.5	101.4	105.2	99.9	100.8	100.2	101.9
100.0	100.0	100.0	100.0	100.0	100.0	100.0	100.0	100.0	100.0	100.0
104.8	104.8	101.9	101.9	101.9	101.9	101.9	101.9	101.9	101.9	101.9
104.8	104.8	101.9	101.9	101.9	101.9	101.9	101.9	101.9	101.9	101.9

2-14 续表 4

(上年同月价格=100)

指　　标	Item	1月 January
橡胶和塑料制品业	Manufacture of Rubber and Plastics Products	99.6
橡胶制品业	Manufacture of Rubber	100.2
塑料制品业	Manufacture of Plastics	99.5
非金属矿物制品业	Manufacture of Non-metallic Mineral Products	97.1
水泥、石灰和石膏制造	Cement, Lime and Gypsum Manufacturing	96.7
石膏、水泥制品及类似制品制造	Plaster, Cement Products and Similar Products Manufacturing	98.7
砖瓦、石材等建筑材料制造	Brick, Stone and Other Construction Materials Manufacturing	100.2
玻璃制造	Glass Manufacturing	85.5
玻璃制品制造	Glass Products Manufacturing	99.9
玻璃纤维和玻璃纤维增强塑料制品制造	Glass Fiber and Glass Fiber Reinforced Plastic Products Manufacturing	100.0
陶瓷制品制造	Ceramic Products Manufacturing	99.4
耐火材料制品制造	Refractory Products Manufacturing	104.1
石墨及其他非金属矿物制品制造	Graphite and Other Non-metallic Mineral Products Manufacturing	96.0
黑色金属冶炼和压延加工业	Smelting and Pressing of Ferrous Metals	91.7
炼铁	Ironmaking	88.2
炼钢	Steelmaking	94.1
黑色金属铸造	Ferrous Metal Casting	99.0
钢压延加工	Steel Rolling Processing	91.2
铁合金冶炼	Ferroalloy Smelting	95.8
有色金属冶炼和压延加工业	Smelting and Pressing of Non-ferrous Metals	94.1
常用有色金属冶炼	Common Non-ferrous Metal Smelting	93.5
贵金属冶炼	Precious Metals Refining	96.7
稀有稀土金属冶炼	Rare Rare Earth Metal Smelting	97.8
有色金属合金制造	Non-ferrous Metal Alloys	101.0
有色金属铸造	Non-ferrous Metal Casting	99.0
有色金属压延加工	Non-ferrous Metal Rolling Processing	96.8
金属制品业	Manufacture of Metal Products	98.0
结构性金属制品制造	Structural Metal Products Manufacturing	96.9
金属工具制造	Metal Tool Manufacturing	100.0

Continued

(same month in preceding year=100)

2月 February	3月 March	4月 April	5月 May	6月 June	7月 July	8月 August	9月 September	10月 October	11月 November	12月 December
97.4	97.1	98.8	97.9	98.6	98.6	98.7	98.0	97.7	97.7	97.2
100.2	100.1	101.9	101.9	101.8	101.8	101.8	101.8	101.8	101.8	101.8
97.1	96.8	98.5	97.5	98.3	98.3	98.4	97.7	97.3	97.3	96.7
96.7	95.2	95.0	94.2	93.7	93.5	93.5	94.1	93.9	93.8	93.9
96.1	93.8	93.7	92.7	92.0	91.7	91.9	92.7	92.6	92.5	92.9
98.7	99.6	99.9	99.3	99.4	99.6	98.8	98.0	96.1	96.3	95.3
100.3	100.6	98.5	98.9	101.3	100.6	100.4	104.5	102.9	101.9	100.2
85.9	86.6	87.6	86.9	85.8	84.3	83.1	82.5	88.1	89.8	89.9
99.8	99.2	97.3	96.8	96.5	96.5	96.2	95.8	96.0	95.7	95.7
100.0	100.0	100.0	100.0	100.0	100.0	100.0	100.0	100.0	100.0	100.0
99.5	99.6	99.7	100.4	100.2	100.1	99.1	100.2	100.5	100.2	100.0
104.2	107.5	106.3	107.5	106.5	106.9	105.9	106.9	103.5	103.6	102.9
98.0	100.3	100.6	99.8	101.1	99.8	99.8	101.4	100.0	99.9	99.7
90.6	89.7	89.9	86.8	85.1	83.7	83.4	83.9	84.9	84.3	84.6
86.2	84.7	83.6	83.7	82.6	82.0	82.0	83.3	85.6	84.9	83.2
94.1	94.6	97.6	97.2	97.1	97.4	98.0	98.6	98.9	99.0	99.1
99.1	99.8	99.9	99.8	100.0	99.8	99.8	100.3	100.3	99.9	99.7
90.0	88.6	88.3	82.5	80.0	77.6	77.1	77.4	78.4	77.8	78.8
94.5	94.9	94.5	94.5	94.0	91.4	88.5	88.3	88.3	86.7	86.2
93.0	95.3	94.6	94.3	93.9	91.5	88.2	87.6	86.0	83.3	82.6
92.0	94.9	94.3	94.2	94.2	92.0	88.5	88.0	86.1	83.6	82.6
98.3	92.0	92.9	94.9	92.6	88.4	88.1	91.1	94.9	95.8	94.0
96.2	93.2	86.0	80.2	77.3	75.1	69.8	62.9	61.6	57.4	57.5
106.2	105.9	105.0	103.8	103.5	98.6	92.1	91.8	90.4	87.3	90.8
101.0	99.4	96.8	94.1	92.2	86.9	81.7	79.6	78.8	76.0	73.8
97.1	98.6	97.3	93.8	90.9	88.4	86.4	83.9	83.2	77.2	79.4
97.4	97.4	97.7	95.4	94.1	95.4	94.0	92.6	89.8	89.4	90.7
95.8	95.7	97.0	93.0	91.0	93.6	91.3	89.2	85.3	85.1	87.8
100.0	100.0	100.0	100.0	100.0	100.0	100.0	100.0	100.0	100.0	100.0

2-14 续表 5

(上年同月价格=100)

指　　标	Item	1月 January
集装箱及金属包装容器制造	Container and Metal Packaging Containers Manufacturing	97.2
金属丝绳及其制品制造	Sisheng and Metal Products Manufacturing	102.2
建筑、安全用金属制品制造	Construction, Safety Metal Products Manufacturing	99.7
其他金属制品制造	Other Metal Products Manufacturing	99.8
通用设备制造业	Manufacture of General Purpose Machinery	99.1
锅炉及原动设备制造	Boiler and Prime Mover Equipment Manufacturing	100.0
金属加工机械制造	Metalworking Machinery Manufacturing	98.7
物料搬运设备制造	Material Handling Equipment Manufacturing	100.0
泵、阀门、压缩机及类似机械制造	Pumps, Valves, Compressors and Other Similar Machinery Manufacturing	99.0
轴承、齿轮和传动部件制造	Bearings, Gears and Transmission Components Manufacturing	99.0
烘炉、风机、衡器、包装等设备制造	Ovens, Fans, Scales, Packaging Equipment Manufacturing	100.1
文化、办公用机械制造	Culture, Office Machinery Manufacturing	100.0
通用零部件制造	Universal Parts Manufacturing	100.6
其他通用设备制造业	Other Common Equipment Industry	100.0
专用设备制造业	Manufacture of Special Purpose Machinery	99.3
采矿、冶金、建筑专用设备制造	Mining, Metallurgy, Construction and Special Equipment Manufacturing	99.4
化工、木材、非金属加工专用设备制造	Chemicals, Wood, Non-metallic Processing Equipment Manufacturing	101.4
食品、饮料、烟草及饲料生产专用设备制造	Food, Beverages, Tobacco and Feed Production Equipment Manufacturing	98.8
印刷、制药、日化及日用品生产专用设备制造	Printing, Pharmaceutical, Cosmetic and Daily Production of Special Equipment Manufacturing	100.0
电子和电工机械专用设备制造	Electronics and electrical machinery and special equipment manufacturing	100.0
农、林、牧、渔专用机械制造	Agriculture, Forestry, Animal Husbandry and Fishery Special Machinery Manufacturing	99.8
环保、社会公共服务及其他专用设备制造	Environmental, Social and Public Services and Other Special Equipment Manufacturing	98.5
汽车制造业	Manufacture of Automotive	98.2
汽车整车制造	Vehicle Manufacturing	97.8
汽车车身、挂车制造	Auto body, Trailer Manufacturing	100.0
汽车零部件及配件制造	Auto Parts and Accessories Manufacturing	100.1
铁路、船舶、航空航天和其他运输设备制造业	Manufacture of Railway, Ship, Aerospace and Other Transport Equipments	100.0
铁路运输设备制造	Rail Transportation Equipment Manufacturing	100.0
电气机械和器材制造业	Manufacture of Electrical Machinery and Apparatus	96.3

Continued

(same month in preceding year=100)

2月 February	3月 March	4月 April	5月 May	6月 June	7月 July	8月 August	9月 September	10月 October	11月 November	12月 December
97.7	97.3	97.3	98.8	99.0	99.6	100.0	98.3	96.2	95.3	94.5
101.3	102.3	97.7	95.7	93.6	90.3	90.3	90.3	88.2	87.7	86.9
99.7	99.2	99.1	99.5	99.6	99.7	99.5	99.5	99.1	98.7	98.8
100.5	100.5	99.9	99.8	100.0	100.0	99.8	99.6	98.9	98.2	97.7
98.8	97.6	98.0	97.2	98.5	99.3	98.6	98.7	98.0	98.1	98.3
100.0	99.8	100.8	100.8	100.6	100.6	99.6	99.1	100.3	100.3	100.7
98.3	96.7	97.0	95.8	97.4	98.8	97.8	98.1	97.2	97.4	97.6
100.1	99.9	100.1	99.4	98.8	98.6	98.6	97.9	97.9	97.9	98.2
98.8	99.1	99.9	101.6	102.9	104.7	104.1	100.4	99.2	96.5	98.1
98.7	98.0	98.8	100.0	101.0	100.0	100.0	100.0	100.0	100.0	100.0
100.0	100.0	100.0	100.0	100.0	100.0	100.0	100.0	100.0	100.0	100.0
100.0	100.0	100.0	100.0	100.0	100.0	100.0	100.0	100.0	100.0	100.0
100.6	100.6	101.2	101.2	101.6	100.2	100.5	100.5	100.8	100.6	100.6
100.0	100.0	100.0	100.0	100.0	100.0	100.0	100.0	100.0	100.0	100.0
99.3	99.3	99.4	99.4	99.4	99.6	99.6	99.5	99.5	99.7	99.8
99.1	99.3	99.6	99.4	99.3	99.3	99.5	99.4	99.4	99.6	100.1
101.4	100.7	100.7	100.7	98.9	98.9	98.9	98.9	98.9	98.9	98.9
98.8	98.7	98.7	98.8	98.7	99.6	99.2	99.2	99.2	99.2	99.2
100.0	100.0	100.0	100.0	100.0	100.0	100.0	100.0	100.0	100.0	100.0
100.0	100.0	100.0	100.0	100.0	100.0	100.0	100.0	100.0	100.0	100.0
99.8	99.8	99.8	99.8	99.9	100.0	100.0	100.0	100.0	100.0	100.0
98.5	98.5	98.5	98.5	98.5	98.5	98.5	98.5	98.5	100.0	100.0
98.7	97.8	101.0	100.6	101.6	100.6	102.0	102.6	103.5	103.3	102.6
98.2	97.6	101.6	101.1	101.7	100.9	102.4	103.2	104.0	103.6	102.8
100.0	100.0	100.0	100.0	100.0	100.0	100.0	100.0	100.0	100.0	100.0
100.8	98.5	98.3	98.3	101.2	99.5	100.1	100.0	101.7	102.0	102.0
100.0	100.0	100.0	100.0	100.0	100.0	100.0	100.0	100.0	100.0	100.0
100.0	100.0	100.0	100.0	100.0	100.0	100.0	100.0	100.0	100.0	100.0
95.7	96.2	96.5	97.7	98.0	97.1	94.4	94.2	94.9	94.4	93.5

2-14 续表 6

(上年同月价格=100)

指　标	Item	1月 January
电机制造	Motor Manufacturing	98.5
输配电及控制设备制造	Transmission and Distribution and Control Equipment Manufacturing	91.3
电线、电缆、光缆及电工器材制造	Wire, Cable, Fiber Optic Cable and Electrical Equipment Manufacturing	99.7
电池制造	Battery Manufacturing	100.1
非电力家用器具制造	Non-electrical Household Appliance Manufacturing	100.5
计算机、通信和其他电子设备制造业	Manufacture of Computers, Communication and Other Electronic Equipment	100.0
计算机制造	Computer Manufacturing	100.0
通信设备制造	Communications Equipment Manufacturing	100.0
电子元件制造	Electronics Manufacturing	100.0
其他电子设备制造	Other Electronic Equipment Manufacturing	100.0
仪器仪表制造业	Manufacture of Measuring Instruments and Machinery	99.1
通用仪器仪表制造	General Instruments Manufacturing	93.9
专用仪器仪表制造	Special Instrumentation Manufacturing	100.0
光学仪器及眼镜制造	Optical Instruments and Optical Manufacturing	100.0
其他制造业	Other Manufacture	99.6
日用杂品制造	Sundries Manufacturing	98.2
其他未列明制造业	Other Unlisted Manufacturing	100.0
废弃资源综合利用业	Utilization of Waste Resources	96.4
金属废料和碎屑加工处理	Waste and Scrap Metal Processing	96.4
金属制品、机械和设备修理业	Repair Industry of Metal Products, Machinery and Equipment	100.0
金属制品修理	Metal Products Repair	100.0
专用设备修理	Special Equipment Repair	100.0
电气设备修理	Electrical Equipment Repair	100.0
电力、热力生产和供应业	Production and Supply of Electric Power and Heat Power	97.2
电力生产	Electric Power production	99.0
电力供应	Electric Power Supply	96.0
燃气生产和供应业	Production and Supply of Gas	99.7
水的生产和供应业	Production and Supply of Water	100.6
自来水生产和供应	Water Production and Supply	100.6
污水处理及其再生利用	Sewage Treatment and Recycling	100.0

Continued

(same month in preceding year=100)

2月 February	3月 March	4月 April	5月 May	6月 June	7月 July	8月 August	9月 September	10月 October	11月 November	12月 December
98.5	98.5	98.4	98.6	98.5	98.7	98.7	98.7	98.7	98.9	98.8
92.3	92.7	93.4	95.6	96.8	96.1	94.6	94.8	96.2	96.4	96.3
97.0	98.1	98.6	99.4	98.9	97.1	92.0	90.8	91.2	89.9	87.5
100.1	100.2	100.0	100.0	100.1	100.0	100.1	100.0	100.1	100.1	100.0
100.7	99.9	96.0	95.9	95.9	95.9	95.0	97.3	97.3	96.6	97.6
100.0	100.0	99.5	99.5	99.5	99.5	99.5	99.8	100.0	100.0	100.0
100.0	100.0	100.0	100.0	100.0	100.0	100.0	100.0	100.0	100.0	100.0
100.0	100.0	96.5	96.5	96.5	96.5	96.3	98.7	99.8	99.8	99.8
100.0	100.0	100.0	100.0	100.0	100.0	100.0	100.0	100.0	100.0	100.0
100.0	100.0	100.0	100.0	100.0	100.0	100.0	100.0	100.0	100.0	100.0
99.6	99.5	99.3	99.4	99.1	99.1	99.2	99.5	99.5	99.5	99.5
97.4	96.9	95.7	96.2	94.2	94.2	94.7	96.5	96.5	96.5	96.5
100.0	100.0	100.0	100.0	100.0	100.0	100.0	100.0	100.0	100.0	100.0
100.0	100.0	100.0	100.0	100.0	100.0	100.0	100.0	100.0	100.0	100.0
99.6	99.6	100.5	100.5	100.5	100.5	100.5	100.5	100.5	100.5	100.5
98.2	98.2	102.4	102.4	102.4	102.4	102.3	102.3	102.3	102.3	102.3
100.0	100.0	100.0	100.0	100.0	100.0	100.0	100.0	100.0	100.0	100.0
100.0	100.0	100.0	100.0	100.0	100.0	100.0	100.0	100.0	100.0	100.0
100.0	100.0	100.0	100.0	100.0	100.0	100.0	100.0	100.0	100.0	100.0
100.0	100.0	100.0	100.0	100.0	100.0	100.0	100.0	100.0	100.0	100.0
100.0	100.0	100.0	100.0	100.0	100.0	100.0	100.0	100.0	100.0	100.0
100.0	100.0	100.0	100.0	100.0	100.0	100.0	100.0	100.0	100.0	100.0
100.0	100.0	100.0	100.0	100.0	100.0	100.0	100.0	100.0	100.0	100.0
95.8	94.5	95.5	95.4	98.6	96.0	95.9	95.7	95.8	93.3	96.8
96.9	95.7	95.2	91.6	92.4	92.8	92.0	92.0	91.6	90.6	96.4
95.1	93.8	95.6	97.2	101.4	97.1	97.4	97.2	97.6	94.6	97.1
99.8	99.4	99.7	100.3	100.0	100.6	100.7	100.6	100.5	100.9	100.2
100.6	100.6	100.6	100.6	102.4	102.4	102.2	102.0	102.0	101.9	102.3
100.6	100.6	100.6	100.6	102.4	102.4	102.2	102.0	102.0	101.9	102.3
100.0	100.0	100.0	100.0	100.0	100.0	100.0	100.0	100.0	100.0	100.0

2-15 分月工业生产者出厂价格指数（2015年，环比）

(上月价格=100)

指 标	Item	1月 January
工业生产者出厂价格指数	**Ex-Factory Price Index For Industrial Products**	**99.3**
按轻重工业分	By Light Industry and Heavy Industry	
轻工业	Light Industry	99.9
以农产品为原料	Using Agricultural Products as Raw Materials	99.9
以非农产品为原料	Using Non-agricultural Products as Raw Materials	100.0
重工业	Heavy Industry	99.0
采掘工业	Mining & Quarrying Industry	98.0
原料工业	Raw Materials Industry	99.1
加工工业	Processing Industry	99.1
按生产生活资料分	By Capital and Living Goods	
生产资料	Capital Goods	99.0
采掘	Mining & Quarrying	98.0
原料	Raw Materials	99.2
加工	Processing	99.1
生活资料	Living Goods	100.0
食品	Food	100.0
衣着	Clothing	100.7
一般日用品	Articles for Daily Use	99.3
耐用消费品	Durable Consumer Goods	100.0
按初级中间最终产品分	By Primary, Intermediate and Final Goods	
初级产品	Primary Goods	98.0
中间产品	Intermediate Goods	99.4
最终产品	Final Goods	100.2
按工业行业大、中类分(新行业)	By Large, Medium Class of Industry Sector (New Sector)	
煤炭开采和洗选业	Mining and Washing of Coal	99.3
烟煤和无烟煤开采洗选	Mining and Washing of Bituminous Coal and Anthracite Coal	99.3
褐煤开采洗选	Mining and Washing of lignite	99.3
其他煤炭采选	Other Mining and Washing of Coal	99.9
石油和天然气开采业	Extraction of Petroleum and Natural Gas	100.0

EX-FACTORY PRICE INDICES FOR INDUSTRIAL PRODUCTS BY MONTH (2015, PERCENTAGE CHANGE OVER PREVIOUS PERIOD)

(preceding month=100)

2月 February	3月 March	4月 April	5月 May	6月 June	7月 July	8月 August	9月 September	10月 October	11月 November	12月 December
99.8	**99.8**	**99.7**	**98.0**	**98.4**	**98.6**	**99.1**	**99.3**	**99.5**	**100.2**	**101.1**
100.1	100.1	100.0	100.1	100.1	100.0	100.0	100.3	100.1	100.0	99.9
100.1	100.1	100.0	100.1	100.1	100.0	100.0	100.3	100.1	100.0	99.9
100.1	100.0	99.6	100.5	99.7	100.0	100.0	99.8	100.2	99.9	99.9
99.7	99.7	99.6	97.2	97.7	98.1	98.8	98.9	99.3	100.2	101.6
98.7	99.8	98.9	99.6	98.8	98.3	97.9	99.6	99.3	98.6	99.8
99.9	99.8	99.5	95.9	96.7	97.6	98.6	98.6	99.1	100.9	103.0
99.7	99.4	99.8	98.8	99.2	98.8	99.3	99.3	99.6	99.6	99.7
99.7	99.7	99.5	97.2	97.7	98.1	98.8	98.9	99.3	100.2	101.5
98.7	99.8	98.9	99.6	98.8	98.3	97.9	99.6	99.3	98.6	99.8
99.9	99.8	99.5	96.0	96.8	97.6	98.6	98.6	99.1	100.9	102.9
99.7	99.5	99.7	98.8	99.1	98.8	99.2	99.3	99.6	99.5	99.7
100.0	100.1	100.0	100.1	100.1	100.1	100.0	100.2	100.0	100.0	100.0
100.1	100.1	100.1	100.1	100.1	100.1	100.0	100.3	100.0	100.0	100.0
99.9	99.4	100.7	99.7	100.4	99.8	100.0	99.1	99.7	99.5	100.2
99.7	100.0	99.5	100.0	100.2	99.8	100.2	99.8	99.9	100.0	100.2
100.0	99.7	97.5	100.0	100.0	100.0	99.5	101.6	100.0	99.5	100.7
98.7	99.8	98.9	99.6	98.8	98.3	97.9	99.6	99.3	98.6	99.8
99.8	99.8	99.7	97.8	98.3	98.6	99.2	99.3	99.5	100.3	101.2
100.3	100.2	99.9	97.4	98.1	99.0	99.8	100.0	99.9	101.5	102.5
99.9	99.6	99.0	95.9	97.4	97.7	97.3	94.4	99.0	97.2	99.3
100.0	98.8	99.3	95.6	97.2	97.5	97.5	93.3	97.8	97.5	98.8
99.7	104.3	97.2	98.1	98.7	99.1	96.3	100.5	105.8	95.8	101.9
100.0	100.0	100.0	100.0	100.0	100.0	100.0	100.0	100.0	100.0	98.2
100.0	100.0	100.0	100.0	100.0	100.0	100.0	100.0	100.0	100.0	100.0

2-15 续表 1

(上月价格=100)

指　　标	Item	1月 January
天然气开采	Extraction of Petroleum and Natural Gas	100.0
黑色金属矿采选业	Mining and Processing of Ferrous Metal Ores	95.7
铁矿采选	Iron Ore Mining and Processing	95.2
锰矿、铬矿采选	Manganese Ore, Chrome Ore Mining and Processing	100.0
有色金属矿采选业	Mining and Processing of Non-Ferrous Metal Ores	99.1
常用有色金属矿采选	Common Non-ferrous Metal Ore Mining and Processing	99.0
贵金属矿采选	Precious Metal Ore Mining and Processing	103.0
稀有稀土金属矿采选	Rare Rare Earth Metal Ore Mining and Processing	98.2
非金属矿采选业	Mining and Processing of Non-metal Ores	100.3
土砂石开采	Clay sand Mining	99.9
化学矿开采	Chemical Ore Mining	100.3
农副食品加工业	Processing Industry of Agro-food	99.8
谷物磨制	Corn Milling	100.3
饲料加工	Feed Processing	99.1
植物油加工	Vegetable Oil Processing	99.3
制糖业	Sugar Industry	100.3
屠宰及肉类加工	Slaughtering and Meat Processing	100.0
水产品加工	Aquatic Products Processing	100.0
蔬菜、水果和坚果加工	Vegetables, Fruit and Nut Processing	100.1
其他农副食品加工	Other Agro-food Processing	100.1
食品制造业	Manufacture of Foods	100.0
焙烤食品制造	Baked Goods Manufacturing	99.9
糖果、巧克力及蜜饯制造	Candy, Chocolate and Candied Fruit Manufacturing	100.0
方便食品制造	Convenience Food Manufacturing	99.9
乳制品制造	Dairy Products Manufacturing	100.1
罐头食品制造	Canned Food Manufacturing	100.0
调味品、发酵制品制造	Seasoning, Fermentation Products Manufacturing	99.8
其他食品制造	Other Food Manufacturing	100.0
酒、饮料和精制茶制造业	Manufacture of Liquor, Beverages and Refined Tea	99.7

Continued

(preceding month=100)

2月 February	3月 March	4月 April	5月 May	6月 June	7月 July	8月 August	9月 September	10月 October	11月 November	12月 December
100.0	100.0	100.0	100.0	100.0	100.0	100.0	100.0	100.0	100.0	100.0
99.7	99.7	98.4	98.9	98.9	98.4	97.1	100.0	96.7	101.2	100.2
99.5	99.5	98.5	98.6	99.0	98.7	96.2	99.9	96.9	101.4	100.3
101.5	102.1	97.8	101.6	97.5	95.8	104.6	100.8	95.0	100.0	99.5
97.6	98.2	98.8	100.7	98.7	97.8	98.4	98.8	98.7	96.9	98.4
97.5	98.3	98.7	100.7	98.7	97.8	98.3	98.8	98.5	96.9	98.4
100.7	95.9	100.5	100.0	99.5	98.0	99.9	98.3	103.0	98.3	98.9
98.5	96.4	100.8	100.9	95.1	98.5	99.2	95.4	100.0	99.6	89.8
97.4	99.6	99.4	100.7	100.5	99.3	97.6	101.8	99.5	98.1	100.3
100.7	100.0	99.8	100.1	99.9	100.1	100.0	100.2	100.2	100.1	100.0
97.3	99.6	99.4	100.7	100.6	99.3	97.5	101.8	99.4	98.1	100.4
100.2	101.0	100.3	100.5	100.7	100.2	99.7	101.9	100.1	99.9	99.9
100.0	99.8	100.0	100.4	99.8	100.0	99.7	100.5	100.3	99.5	99.8
99.6	99.4	99.7	99.4	98.9	99.0	99.7	100.1	100.0	99.4	99.7
99.7	100.1	99.6	100.9	100.9	100.0	100.0	100.1	100.4	100.1	100.5
101.0	103.3	100.9	101.3	102.0	100.6	99.0	99.9	100.3	100.0	99.8
99.4	99.1	99.8	100.7	100.7	100.9	103.7	100.7	100.0	99.9	99.9
100.0	100.0	100.0	100.0	107.7	100.0	100.0	100.0	101.0	100.0	100.0
99.9	99.8	100.5	100.2	99.8	101.4	99.4	100.0	99.8	100.4	99.8
100.0	99.9	100.0	100.3	100.0	99.9	99.9	129.1	100.0	100.0	100.0
100.1	100.2	99.3	100.4	99.7	100.0	100.1	99.5	99.9	99.6	99.7
100.0	100.3	99.8	100.0	100.2	100.2	99.8	101.0	100.1	100.0	100.2
100.0	100.0	100.0	100.0	100.0	100.0	100.0	100.0	100.0	100.0	100.0
99.9	100.2	99.8	99.8	99.8	99.7	98.7	99.7	98.6	100.3	99.8
100.0	100.3	99.7	100.0	99.9	100.3	99.4	100.0	100.7	99.9	98.1
100.0	100.0	99.8	100.2	100.0	100.0	100.0	100.0	100.0	100.0	100.0
100.5	99.9	100.2	99.9	99.2	99.5	99.1	100.3	99.6	100.4	100.4
100.0	100.3	98.4	101.1	99.5	99.9	101.4	98.4	99.8	98.9	100.3
100.3	99.6	100.2	99.8	100.1	100.3	99.9	100.2	100.7	100.1	99.5

2-15 续表 2

(上月价格=100)

指　标	Item	1月 January
酒的制造	Wine Manufacturing	100.0
饮料制造	Beverage Manufacturing	98.9
精制茶加工	Refined Tea processing	100.1
烟草制品业	Manufacture of Tobacco	99.9
烟叶复烤	Tobacco Redrying	103.9
卷烟制造	Cigarette Manufacturing	99.7
其他烟草制品制造	Other Tobacco Products Manufacturing	100.2
纺织业	Manufacture of Textile	99.7
棉纺织及印染精加工	Textile and Dyeing and Finishing	99.5
麻纺织及染整精加工	Hemp Textile and Dyeing Finishing	100.0
丝绢纺织及印染精加工	Silk Textile and Dyeing and Finishing	99.7
针织或钩针编织物及其制品制造	Knitted or Crocheted and Knitted Products Manufacturing	100.0
家用纺织制成品制造	Household Textile Products Manufacturing	100.0
非家用纺织制成品制造	Non-household Textile Products Manufacturing	101.5
纺织服装、服饰业	Manufacture of Textile, Wearing Apparel and Accessories	100.0
机织服装制造	Woven garment manufacturing	100.0
皮革、毛皮、羽毛及其制品和制鞋业	Manufacture of Leather, Fur, Feather and Related Products and Footware	101.7
羽毛(绒)加工及制品制造	Feathers (Woolen) Processing and Product Manufacturing	100.0
制鞋业	Footwear Manufacturing	101.7
木材加工和木、竹、藤、棕、草制品业	Processing of Timber, Manufacture of Wood, Bamboo, Rattan, Palm and Straw Products	99.0
木材加工	Woodworking Processing	100.0
人造板制造	Wood-based panels manufacturing	98.6
木制品制造	Wood Products Manufacturing	99.9
家具制造业	Manufacture of Furniture	100.0
金属家具制造	Metal Furniture Manufacturing	100.0
其他家具制造	Other Furniture Manufacturing	100.0
造纸和纸制品业	Paper and Paper Products Industry	101.0
纸浆制造	Pulp Manufacturing	100.9
造纸	Papermaking	101.2

Continued

(preceding month=100)

2月 February	3月 March	4月 April	5月 May	6月 June	7月 July	8月 August	9月 September	10月 October	11月 November	12月 December
100.1	100.2	100.6	100.2	100.4	100.3	100.5	100.1	99.9	100.0	100.1
100.2	98.0	99.7	99.1	99.6	100.8	99.1	100.4	102.7	100.0	98.0
100.5	100.3	100.1	99.8	100.1	99.9	100.0	100.1	100.1	100.2	100.0
100.0	100.0	100.0	100.0	100.0	100.0	100.0	100.0	100.0	100.0	100.0
100.0	100.0	100.0	100.0	100.0	100.0	100.0	100.5	100.0	100.0	100.0
100.0	100.0	100.0	100.0	100.0	100.0	100.0	100.0	100.0	100.0	100.0
100.0	97.3	100.8	98.1	100.0	100.3	100.1	100.1	100.3	101.1	100.2
99.5	99.4	100.2	99.9	100.0	100.2	100.1	99.5	99.7	100.0	99.7
99.7	99.8	99.9	100.0	100.1	99.8	99.9	99.9	99.9	99.8	99.3
100.0	100.0	100.0	100.0	100.7	100.0	100.0	100.0	100.0	100.0	100.0
99.3	99.0	100.5	99.8	99.8	100.4	100.2	99.1	99.5	100.2	100.1
100.0	100.0	100.0	100.0	100.0	100.0	101.8	100.0	100.0	100.0	100.0
99.7	100.6	100.0	100.0	100.0	100.6	100.0	99.4	100.0	100.0	100.0
100.0	100.0	100.0	100.0	101.4	100.0	101.4	100.0	98.6	100.0	100.0
100.0	100.0	100.0	100.0	100.0	100.0	100.0	99.2	100.0	100.0	100.0
100.0	100.0	100.0	100.0	100.0	100.0	100.0	99.2	100.0	100.0	100.0
99.9	98.6	101.8	99.2	100.9	99.6	99.5	98.7	99.4	98.9	100.4
100.0	100.0	100.0	100.0	100.0	100.0	100.0	100.0	100.0	100.0	100.0
99.9	98.5	101.9	99.1	101.0	99.6	99.5	98.6	99.4	98.8	100.5
99.8	98.6	99.7	99.8	99.8	100.0	99.7	100.1	100.0	99.7	99.9
100.1	98.5	100.2	99.7	100.0	98.6	99.8	99.8	100.0	99.9	100.1
99.8	98.3	99.5	99.8	99.8	100.2	99.7	100.0	100.0	99.5	100.1
99.8	99.7	100.1	99.8	99.9	99.9	99.8	100.2	100.2	100.0	99.3
100.0	100.0	100.0	100.0	100.0	100.0	100.0	100.0	100.0	100.0	100.0
100.0	100.0	100.0	100.0	100.0	100.0	100.0	100.0	100.0	100.0	100.0
100.0	100.0	100.0	100.0	100.0	100.0	100.0	100.0	100.0	100.0	100.0
100.8	100.6	98.6	100.4	100.1	99.6	99.8	100.3	99.9	99.6	99.5
101.6	100.5	100.7	103.0	102.0	97.1	97.5	101.3	99.1	97.1	96.5
101.0	100.7	97.6	100.0	99.8	100.0	100.3	100.1	100.0	100.0	100.0

2-15 续表 3

(上月价格=100)

指　　标	Item	1月 January
纸制品制造	Paper Products Manufacturing	100.5
印刷和记录媒介复制业	Printing and Reproduction of Recording Media	99.9
印刷	Printing	99.9
装订及印刷相关服务	Binding and Printing Services	99.6
文教、工美、体育和娱乐用品制造业	Manufacture of Articles for Culture, Education, Arts and Crafts, Sport and Entertainment Activities	99.8
文教办公用品制造	Stationery and Office Supplies Manufacturing	100.0
工艺美术品制造	Arts and Crafts Manufacturing	99.8
石油加工、炼焦和核燃料加工业	Petroleum Processing, Coking and Nuclear Fuel Processing Industry	97.0
精炼石油产品制造	Manufacture of Refined Petroleum Products	99.9
炼焦	Coking	97.0
化学原料和化学制品制造业	Chemical Materials and Chemical Products Manufacturing	100.0
基础化学原料制造	Basic chemical raw materials manufacturing	101.7
肥料制造	Fertilizer Manufacturing	98.7
农药制造	Pesticide Manufacturing	99.3
涂料、油墨、颜料及类似产品制造	Paint, Ink, Paint and Similar Products Manufacturing	99.4
合成材料制造	Synthetic Material	105.8
专用化学产品制造	Special Chemical Products Manufacturing	97.4
炸药、火工及焰火产品制造	Explosives, Pyrotechnics and Fireworks Manufacturing	99.7
日用化学产品制造	Household Chemical Products Manufacturing	100.2
医药制造业	Manufacture of Medicines	100.2
化学药品原料药制造	Chemical API Manufacturing	89.1
化学药品制剂制造	Chemical Preparations Manufacturing	99.2
中药饮片加工	Chinese Medicine Processing	99.4
中成药生产	Medicine Production	101.7
兽用药品制造	Veterinary Pharmaceutical Manufacturing	100.0
生物药品制造	Biopharmaceutical Manufacturing	100.0
卫生材料及医药用品制造	Sanitary Materials and Medical Supplies Manufacturing	100.0
化学纤维制造业	Manufacture of Chemical Fibres	100.0
纤维素纤维原料及纤维制造	Cellulose Fiber Materials and Fiber Production	100.0

Continued

(preceding month=100)

2月 February	3月 March	4月 April	5月 May	6月 June	7月 July	8月 August	9月 September	10月 October	11月 November	12月 December
99.9	100.2	100.1	99.8	99.8	100.0	100.0	100.1	100.0	100.1	99.9
100.0	100.0	100.0	100.1	100.0	100.0	100.0	100.0	100.0	100.0	100.0
100.0	100.0	100.0	100.0	100.0	100.0	100.0	100.0	100.0	100.0	100.0
99.8	101.1	99.2	102.1	98.8	99.5	99.7	100.4	101.0	99.5	101.2
100.0	100.3	100.0	100.0	100.0	100.0	100.0	100.0	100.1	99.9	100.0
100.0	100.0	100.0	100.0	100.0	100.0	100.0	100.0	100.0	100.0	100.0
100.0	100.3	100.0	100.0	100.0	100.0	100.0	100.0	100.1	99.9	100.0
100.1	99.1	98.5	97.8	97.6	96.3	95.2	95.9	97.0	99.8	99.6
100.0	100.0	100.0	100.0	97.2	102.9	100.0	100.0	100.0	100.0	98.0
100.1	99.1	98.5	97.8	97.6	96.3	95.1	95.9	97.0	99.8	99.6
99.8	100.5	99.5	100.0	100.9	99.2	99.8	99.4	98.9	99.7	99.6
98.7	101.3	99.5	98.1	102.6	96.6	99.5	99.8	97.6	99.1	100.5
100.5	100.4	99.5	101.0	100.4	100.5	99.9	99.3	99.3	100.0	99.1
100.0	99.9	99.5	100.2	100.0	100.0	100.0	100.0	100.0	99.3	99.5
98.1	100.2	99.6	99.8	98.4	100.5	99.0	100.7	100.6	98.7	99.5
100.1	99.7	99.8	99.3	100.4	99.9	99.7	99.2	98.5	100.0	99.6
98.1	99.4	99.2	99.8	100.9	99.7	99.7	97.9	99.8	99.2	99.8
100.0	100.0	100.5	99.7	100.2	99.9	100.1	100.1	99.7	99.9	100.0
100.0	100.1	99.9	104.3	96.0	100.0	100.1	98.2	101.8	100.0	100.0
99.7	99.6	100.0	100.0	99.8	99.7	100.3	99.6	99.6	99.8	100.4
99.2	99.9	100.0	99.8	99.7	99.7	103.6	99.9	100.0	99.1	106.6
99.2	99.9	99.4	99.8	100.7	99.4	100.2	99.6	99.8	100.1	100.3
100.6	100.0	100.2	100.2	99.6	96.4	100.1	100.1	99.8	99.8	100.3
99.8	99.3	100.2	99.3	100.3	100.1	99.9	99.9	99.4	99.8	100.1
100.0	100.0	100.0	97.4	100.0	100.0	101.0	100.2	100.0	100.0	99.3
100.0	99.9	100.4	107.5	90.8	104.8	102.6	95.6	100.2	99.5	101.8
100.0	100.0	100.0	100.0	100.0	100.0	100.0	100.0	100.0	100.0	100.0
101.9	100.0	100.0	100.0	100.0	100.0	100.0	100.0	100.0	100.0	100.0
101.9	100.0	100.0	100.0	100.0	100.0	100.0	100.0	100.0	100.0	100.0

2-15 续表 4

(上月价格=100)

指　标	Item	1月 January
橡胶和塑料制品业	Manufacture of Rubber and Plastics Products	99.8
橡胶制品业	Manufacture of Rubber	100.0
塑料制品业	Manufacture of Plastics	99.8
非金属矿物制品业	Manufacture of Non-metallic Mineral Products	99.2
水泥、石灰和石膏制造	Cement, Lime and Gypsum Manufacturing	99.1
石膏、水泥制品及类似制品制造	Plaster, Cement Products and Similar Products Manufacturing	99.8
砖瓦、石材等建筑材料制造	Brick, Stone and Other Construction Materials Manufacturing	100.0
玻璃制造	Glass Manufacturing	94.0
玻璃制品制造	Glass Products Manufacturing	99.9
玻璃纤维和玻璃纤维增强塑料制品制造	Glass Fiber and Glass Fiber Reinforced Plastic Products Manufacturing	100.0
陶瓷制品制造	Ceramic Products Manufacturing	99.9
耐火材料制品制造	Refractory Products Manufacturing	99.3
石墨及其他非金属矿物制品制造	Graphite and Other Non-metallic Mineral Products Manufacturing	100.0
黑色金属冶炼和压延加工业	Smelting and Pressing of Ferrous Metals	99.0
炼铁	Ironmaking	97.7
炼钢	Steelmaking	99.3
黑色金属铸造	Ferrous Metal Casting	99.9
钢压延加工	Steel Rolling Processing	99.4
铁合金冶炼	Ferroalloy Smelting	99.1
有色金属冶炼和压延加工业	Smelting and Pressing of Non-ferrous Metals	95.7
常用有色金属冶炼	Common Non-ferrous Metal Smelting	95.2
贵金属冶炼	Precious Metals Refining	101.2
稀有稀土金属冶炼	Rare Rare Earth Metal Smelting	90.1
有色金属合金制造	Non-ferrous Metal Alloys	98.2
有色金属铸造	Non-ferrous Metal Casting	98.6
有色金属压延加工	Non-ferrous Metal Rolling Processing	97.8
金属制品业	Manufacture of Metal Products	98.1
结构性金属制品制造	Structural Metal Products Manufacturing	96.8
金属工具制造	Metal Tool Manufacturing	100.0

Continued

(preceding month=100)

2月 February	3月 March	4月 April	5月 May	6月 June	7月 July	8月 August	9月 September	10月 October	11月 November	12月 December
98.6	100.0	100.5	99.4	100.5	99.9	99.9	99.5	100.2	99.0	99.7
100.0	100.0	101.9	99.9	100.0	100.0	100.0	100.0	100.0	100.0	100.0
98.4	100.0	100.4	99.3	100.6	99.9	99.9	99.5	100.3	99.0	99.7
99.4	99.2	99.2	99.6	99.1	99.2	99.6	99.7	99.7	100.2	99.7
99.2	99.0	99.0	99.3	98.6	98.9	99.7	99.5	100.1	100.3	99.9
100.2	99.6	100.3	100.2	100.2	100.3	98.9	99.3	98.0	100.1	98.4
100.1	100.4	98.0	99.9	102.7	99.3	99.9	104.3	98.5	98.9	98.4
100.0	100.7	100.0	98.7	98.6	98.3	99.1	99.2	99.2	101.7	100.1
99.6	99.3	99.5	99.6	99.7	99.8	99.6	99.5	99.7	99.7	99.8
100.0	100.0	100.0	100.0	100.0	100.0	100.0	100.0	100.0	100.0	100.0
100.1	100.1	99.9	100.1	99.8	100.0	100.0	100.1	100.4	99.8	99.8
100.0	100.9	99.9	102.5	99.5	100.5	100.0	100.7	100.5	99.7	99.4
100.0	100.1	100.0	100.0	100.8	98.8	100.1	101.5	98.6	100.0	99.8
98.9	98.3	99.3	96.5	97.9	97.0	98.6	99.0	99.7	99.7	99.5
98.3	96.1	98.1	99.2	98.8	98.0	99.2	99.1	99.7	98.5	99.1
99.7	100.5	100.0	99.5	99.8	100.1	100.2	100.1	100.0	100.0	100.0
100.1	100.1	100.2	100.0	100.3	99.6	100.0	100.0	100.0	99.6	100.0
98.6	98.1	99.3	94.0	96.5	95.2	98.0	98.4	99.5	100.5	99.4
99.7	99.5	99.5	98.8	98.9	97.0	96.5	99.3	100.0	97.5	99.5
99.0	99.6	99.6	100.6	98.8	98.9	97.8	98.3	98.9	96.0	97.9
98.7	99.9	99.5	100.9	99.2	99.1	97.7	98.2	98.8	96.3	97.4
102.8	96.2	100.9	101.8	96.2	97.1	99.3	100.4	101.8	97.0	99.6
97.1	97.9	96.4	93.3	97.2	97.0	93.9	92.5	98.1	93.0	99.9
102.0	98.5	100.5	99.8	99.0	98.8	98.9	99.5	98.0	96.8	100.8
101.5	98.7	97.8	97.5	96.3	96.4	93.8	96.9	98.2	95.6	98.9
98.4	99.1	99.8	98.6	97.1	98.4	98.8	98.7	98.2	91.2	101.2
100.2	99.5	99.8	98.9	98.1	101.5	97.8	98.5	97.6	99.3	101.0
100.7	99.3	100.3	98.2	97.1	102.8	96.2	97.8	96.6	99.3	102.3
100.0	100.0	100.0	100.0	100.0	100.0	100.0	100.0	100.0	100.0	100.0

2-15 续表 5

(上月价格=100)

指 标	Item	1月 January
集装箱及金属包装容器制造	Container and Metal Packaging Containers Manufacturing	100.1
金属丝绳及其制品制造	Sisheng and Metal Products Manufacturing	100.0
建筑、安全用金属制品制造	Construction, Safety Metal Products Manufacturing	99.9
其他金属制品制造	Other Metal Products Manufacturing	100.0
通用设备制造业	Manufacture of General Purpose Machinery	99.2
锅炉及原动设备制造	Boiler and Prime Mover Equipment Manufacturing	100.0
金属加工机械制造	Metalworking Machinery Manufacturing	98.9
物料搬运设备制造	Material Handling Equipment Manufacturing	100.2
泵、阀门、压缩机及类似机械制造	Pumps, Valves, Compressors and Other Similar Machinery Manufacturing	98.9
轴承、齿轮和传动部件制造	Bearings, Gears and Transmission Components Manufacturing	100.0
烘炉、风机、衡器、包装等设备制造	Ovens, Fans, Scales, Packaging Equipment Manufacturing	100.0
文化、办公用机械制造	Culture, Office Machinery Manufacturing	100.0
通用零部件制造	Universal Parts Manufacturing	100.0
其他通用设备制造业	Other Common Equipment Industry	100.0
专用设备制造业	Manufacture of Special Purpose Machinery	99.6
采矿、冶金、建筑专用设备制造	Mining, Metallurgy, Construction and Special Equipment Manufacturing	99.9
化工、木材、非金属加工专用设备制造	Chemicals, Wood, Non-metallic Processing Equipment Manufacturing	98.9
食品、饮料、烟草及饲料生产专用设备制造	Food, Beverages, Tobacco and Feed Production Equipment Manufacturing	99.2
印刷、制药、日化及日用品生产专用设备制造	Printing, Pharmaceutical, Cosmetic and Daily Production of Special Equipment Manufacturing	100.0
电子和电工机械专用设备制造	Electronics and electrical machinery and special equipment manufacturing	100.0
农、林、牧、渔专用机械制造	Agriculture, Forestry, Animal Husbandry and Fishery Special Machinery Manufacturing	99.7
环保、社会公共服务及其他专用设备制造	Environmental, Social and Public Services and Other Special Equipment Manufacturing	100.0
汽车制造业	Manufacture of Automotive	98.5
汽车整车制造	Vehicle Manufacturing	98.2
汽车车身、挂车制造	Auto body, Trailer Manufacturing	100.0
汽车零部件及配件制造	Auto Parts and Accessories Manufacturing	100.0
铁路、船舶、航空航天和其他运输设备制造业	Manufacture of Railway, Ship, Aerospace and Other Transport Equipments	100.0
铁路运输设备制造	Rail Transportation Equipment Manufacturing	100.0
电气机械和器材制造业	Manufacture of Electrical Machinery and Apparatus	98.0

Continued

(preceding month=100)

2月 February	3月 March	4月 April	5月 May	6月 June	7月 July	8月 August	9月 September	10月 October	11月 November	12月 December
99.9	99.0	100.1	101.0	100.0	99.8	99.7	98.7	98.4	98.8	98.8
98.4	100.0	95.9	97.9	97.8	100.0	100.0	99.9	97.8	99.4	99.0
99.9	99.5	100.3	100.2	100.0	100.1	99.9	99.9	99.6	99.6	99.9
100.0	100.0	100.0	100.0	99.9	100.0	99.8	99.8	99.3	99.3	99.5
99.8	100.0	99.8	99.9	99.8	100.6	99.5	100.2	99.7	99.7	100.0
100.0	99.8	100.2	100.0	100.0	100.0	100.0	99.4	101.3	100.0	100.0
99.8	100.0	99.7	99.9	99.7	100.9	99.3	100.3	99.4	99.7	100.0
100.1	99.9	99.9	99.6	99.4	99.6	99.9	99.5	100.0	100.0	100.0
99.9	100.0	101.0	99.9	99.8	100.2	99.6	99.2	99.8	98.9	100.8
100.0	100.0	100.0	100.0	100.0	100.0	100.0	100.0	100.0	100.0	100.0
100.0	100.0	100.0	100.0	100.0	100.0	100.0	100.0	100.0	100.0	100.0
100.0	100.0	100.0	100.0	100.0	100.0	100.0	100.0	100.0	100.0	100.0
100.0	100.0	100.0	100.2	100.6	100.0	99.9	100.0	100.0	99.8	100.0
100.0	100.0	100.0	100.0	100.0	100.0	100.0	100.0	100.0	100.0	100.0
100.0	100.0	100.0	100.0	100.0	100.0	100.0	100.0	100.0	100.0	100.0
100.1	100.1	100.1	99.8	100.0	100.0	100.0	100.0	100.0	100.0	100.1
100.0	100.0	100.0	100.0	100.0	100.0	100.0	100.0	100.0	100.0	100.0
100.0	100.0	100.0	100.0	100.0	100.0	100.0	100.0	100.0	100.0	100.0
100.0	100.0	100.0	100.0	100.0	100.0	100.0	100.0	100.0	100.0	100.0
100.0	100.0	100.0	100.0	100.0	100.0	100.0	100.0	100.0	100.0	100.0
100.0	100.0	100.0	100.0	100.1	100.1	100.1	100.0	100.0	100.0	100.0
100.0	100.0	100.0	100.0	100.0	100.0	100.0	100.0	100.0	100.0	100.0
101.4	100.1	101.7	100.1	101.4	99.1	100.0	99.0	100.8	99.7	100.7
101.7	100.4	101.9	100.1	101.3	99.1	99.9	98.8	100.8	99.7	100.8
100.0	100.0	100.0	100.0	100.0	100.0	100.0	100.0	100.0	100.0	100.0
100.1	98.6	100.7	100.0	101.9	99.1	100.6	99.6	101.2	100.0	100.2
100.0	100.0	100.0	100.0	100.0	100.0	100.0	100.0	100.0	100.0	100.0
100.0	100.0	100.0	100.0	100.0	100.0	100.0	100.0	100.0	100.0	100.0
99.4	99.7	99.6	100.9	99.8	99.5	98.6	99.9	99.7	99.4	98.8

2-15 续表 6

(上月价格=100)

指　标	Item	1月 January
电机制造	Motor Manufacturing	98.9
输配电及控制设备制造	Transmission and Distribution and Control Equipment Manufacturing	96.7
电线、电缆、光缆及电工器材制造	Wire, Cable, Fiber Optic Cable and Electrical Equipment Manufacturing	98.5
电池制造	Battery Manufacturing	100.2
非电力家用器具制造	Non-electrical Household Appliance Manufacturing	100.0
计算机、通信和其他电子设备制造业	Manufacture of Computers, Communication and Other Electronic Equipment	100.0
计算机制造	Computer Manufacturing	100.0
通信设备制造	Communications Equipment Manufacturing	100.0
电子元件制造	Electronics Manufacturing	100.0
其他电子设备制造	Other Electronic Equipment Manufacturing	100.0
仪器仪表制造业	Manufacture of Measuring Instruments and Machinery	100.0
通用仪器仪表制造	General Instruments Manufacturing	100.0
专用仪器仪表制造	Special Instrumentation Manufacturing	100.0
光学仪器及眼镜制造	Optical Instruments and Optical Manufacturing	100.0
其他制造业	Other Manufacture	100.5
日用杂品制造	Sundries Manufacturing	102.3
其他未列明制造业	Other Unlisted Manufacturing	100.0
废弃资源综合利用业	Utilization of Waste Resources	100.0
金属废料和碎屑加工处理	Waste and Scrap Metal Processing	100.0
金属制品、机械和设备修理业	Repair Industry of Metal Products, Machinery and Equipment	100.0
金属制品修理	Metal Products Repair	100.0
专用设备修理	Special Equipment Repair	100.0
电气设备修理	Electrical Equipment Repair	100.0
电力、热力生产和供应业	Production and Supply of Electric Power and Heat Power	101.8
电力生产	Electric Power production	101.6
电力供应	Electric Power Supply	101.8
燃气生产和供应业	Production and Supply of Gas	100.0
水的生产和供应业	Production and Supply of Water	100.0
自来水生产和供应	Water Production and Supply	100.0
污水处理及其再生利用	Sewage Treatment and Recycling	100.0

Continued

(preceding month=100)

2月 February	3月 March	4月 April	5月 May	6月 June	7月 July	8月 August	9月 September	10月 October	11月 November	12月 December
100.0	100.0	100.0	99.9	100.1	99.9	100.0	100.0	100.0	100.0	100.0
100.8	99.6	99.4	100.0	100.0	100.0	99.4	100.2	100.2	100.0	100.0
97.6	99.7	100.2	102.4	99.4	98.8	96.9	99.4	98.8	98.5	96.7
99.9	100.1	100.1	100.0	100.0	99.8	100.1	100.0	100.1	100.0	99.8
100.0	99.6	96.2	100.0	100.0	100.0	99.2	102.3	100.0	99.3	101.1
100.0	100.0	99.5	100.0	100.0	100.0	100.0	100.3	100.1	100.0	100.0
100.0	100.0	100.0	100.0	100.0	100.0	100.0	100.0	100.0	100.0	100.0
100.0	100.0	96.5	100.0	100.0	100.0	99.9	102.4	101.1	100.0	100.0
100.0	100.0	100.0	100.0	100.0	100.0	100.0	100.0	100.0	100.0	100.0
100.0	100.0	100.0	100.0	100.0	100.0	100.0	100.0	100.0	100.0	100.0
100.0	99.9	99.9	100.0	99.7	100.0	100.0	100.0	100.0	100.0	100.0
100.0	99.5	99.0	100.0	98.0	100.0	100.0	100.0	100.0	100.0	100.0
100.0	100.0	100.0	100.0	100.0	100.0	100.0	100.0	100.0	100.0	100.0
100.0	100.0	100.0	100.0	100.0	100.0	100.0	100.0	100.0	100.0	100.0
100.0	100.0	100.0	100.0	100.0	100.0	100.0	100.0	100.0	100.0	100.0
100.0	100.0	100.0	100.0	100.0	100.0	100.0	100.0	100.0	100.0	100.0
100.0	100.0	100.0	100.0	100.0	100.0	100.0	100.0	100.0	100.0	100.0
100.0	100.0	100.0	100.0	100.0	100.0	100.0	100.0	100.0	100.0	100.0
100.0	100.0	100.0	100.0	100.0	100.0	100.0	100.0	100.0	100.0	100.0
100.0	100.0	100.0	100.0	100.0	100.0	100.0	100.0	100.0	100.0	100.0
100.0	100.0	100.0	100.0	100.0	100.0	100.0	100.0	100.0	100.0	100.0
100.0	100.0	100.0	100.0	100.0	100.0	100.0	100.0	100.0	100.0	100.0
100.0	100.0	100.0	100.0	100.0	100.0	100.0	100.0	100.0	100.0	100.0
100.9	100.5	99.9	90.7	92.7	96.2	99.6	99.8	100.0	106.4	109.9
100.5	100.3	99.2	82.9	87.6	98.5	99.4	99.7	99.6	112.7	119.1
101.2	100.6	100.3	95.2	95.2	95.2	99.8	99.9	100.1	103.4	105.0
99.9	99.8	100.2	100.2	99.8	100.3	100.1	100.0	100.0	99.9	100.0
100.0	100.0	100.0	100.0	101.8	100.0	100.0	100.0	100.0	100.0	100.4
100.0	100.0	100.0	100.0	101.8	100.0	100.0	100.0	100.0	100.0	100.4
100.0	100.0	100.0	100.0	100.0	100.0	100.0	100.0	100.0	100.0	100.0

2-16 分月工业生产者购进价格指数(2015年，同比)

(上年同月价格=100)

指　标	Item	1月 January	2月 February
工业生产者购进价格指数	**Purchasing Price Index for Industrial Producers**	**99.3**	**98.5**
燃料、动力类	Fuel and Power	101.3	100.1
黑色金属材料类	Ferrous Metals Materials	92.5	91.6
#钢材	Rolled Steel	95.9	95.9
有色金属材料及电线类	Nonferrous Metal Materials and Electric Wires	98.6	96.9
化工原料类	Raw Chemical Materials	99.5	98.8
木材及纸浆类	Timber and Paper Pulp	99.5	99.5
建筑材料及非金属类	Construction Materials and Nonmetal Ores	95.9	96.3
其他工业原材料及半成品类	Other Industrial Materials and Semi-finished Products	101.4	101.6
农副产品类	Agricultural Products	100.1	100.1
纺织原料类	Textile Raw Materials	100.7	100.5

2-17 分月工业生产者购进价格指数(2015年，环比)

(上月价格=100)

指　标	Item	1月 January	2月 February
工业生产者购进价格指数	**Purchasing Price Index for Industrial Producers**	**101.0**	**99.5**
燃料、动力类	Fuel and Power	104.7	100.4
黑色金属材料类	Ferrous Metals Materials	98.0	98.6
#钢材	Rolled Steel	99.9	99.8
有色金属材料及电线类	Nonferrous Metal Materials and Electric Wires	98.2	98.2
化工原料类	Raw Chemical Materials	99.3	99.7
木材及纸浆类	Timber and Paper Pulp	100.1	100.0
建筑材料及非金属类	Construction Materials and Nonmetal Ores	100.0	99.9
其他工业原材料及半成品类	Other Industrial Materials and Semi-finished Products	102.8	99.7
农副产品类	Agricultural Products	99.6	99.9
纺织原料类	Textile Raw Materials	99.3	100.0

PURCHASING PRICE INDICES FOR INDUSTRIAL PRODUCERS BY MONTH (2015, PERCENTAGE CHANGE COMPARED TO SAME PERIOD IN PREVIOUS)

(same month of previous year=100)

3月 March	4月 April	5月 May	6月 June	7月 July	8月 August	9月 September	10月 October	11月 November	12月 December
98.3	**98.0**	**97.6**	**97.5**	**97.2**	**95.6**	**95.7**	**95.4**	**95.0**	**94.5**
100.3	100.3	99.1	97.7	99.3	98.1	98.5	98.8	99.3	98.0
92.4	91.0	89.7	89.6	89.1	88.3	89.0	89.2	89.5	90.4
96.7	95.6	95.3	95.8	95.5	94.4	94.4	94.4	93.4	92.9
96.6	97.7	97.4	96.1	92.9	89.3	88.5	87.2	85.6	83.8
98.7	97.6	98.1	98.2	98.4	97.2	96.5	95.6	95.0	95.2
99.6	99.2	99.2	99.7	99.6	99.9	100.1	100.2	100.2	100.2
96.9	96.2	95.4	95.9	96.3	95.3	96.2	95.8	96.5	97.3
101.5	99.7	100.7	103.8	103.4	101.9	102.2	102.4	101.1	101.6
97.8	97.3	96.8	98.1	98.1	97.6	98.1	97.7	97.8	97.7
100.3	100.6	99.7	99.9	100.3	100.4	100.3	100.3	99.8	99.7

PURCHASING PRICE INDICES FOR INDUSTRIAL PRODUCERS BY MONTH (2015, PERCENTAGE CHANGE OVER PREVIOUS PERIOD)

(preceding month=100)

3月 March	4月 April	5月 May	6月 June	7月 July	8月 August	9月 September	10月 October	11月 November	12月 December
99.8	**99.7**	**100.0**	**99.5**	**98.8**	**98.5**	**99.9**	**99.2**	**99.3**	**99.3**
100.8	99.9	99.5	98.2	98.2	97.7	100.4	99.0	100.1	99.3
100.3	99.1	99.4	100.1	98.7	99.5	99.2	99.0	99.4	98.8
99.9	98.6	99.3	100.5	99.3	99.6	98.8	99.2	98.8	99.0
98.7	100.8	100.3	98.9	97.6	96.8	99.2	98.2	97.9	97.8
99.8	99.8	100.0	100.0	100.0	99.5	99.0	99.2	99.1	99.6
100.0	100.0	100.0	100.2	99.9	100.1	100.1	100.0	99.9	100.0
99.6	99.4	98.7	100.1	100.0	99.0	100.9	99.3	100.2	100.1
99.5	98.3	101.0	101.0	99.5	99.3	100.2	100.6	99.0	100.8
99.2	99.8	99.7	100.3	100.0	99.9	101.0	99.5	99.7	99.3
100.0	100.3	99.7	100.2	100.4	100.4	99.7	100.0	99.6	100.1

2-18 分月农业生产资料价格指数(2015年，同比)

(上年同月价格=100)

项　　目	Item	1月 January	2月 February
农业生产资料价格指数	**Price Index for Means of Agricultural Production**	**98.8**	**99.5**
农用手工工具	Agricultural Craft Tool	101.8	101.7
饲料	Forage	100.5	100.5
#混合饲料	Mixed Forage	101.6	101.6
产品畜	Animals for Products	97.9	100.0
半机械化农具	Semi-mechanized Farm Tools	100.4	100.3
机械化农具	Mechanized Farm Machinery	100.1	100.1
化学肥料	Chemical Fertilizers	96.7	97.3
氮肥	Nitrogenous Fertilizer	96.8	96.5
磷肥	Phosphate Fertilizer	99.7	100.4
钾肥	Potash Fertilizer	97.8	97.9
复合肥料	Compound fertilizer	93.5	96.0
农药及农药器械	Pesticide and Its Appliances	100.4	101.3
化学农药	Chemical Pesticides	100.4	101.4
农药器械	Pesticide Apparatus	100.3	100.3
农用机油	Oil for Farm Machinery	92.2	92.1
其他农业生产资料	Other Means of Agricultural Production	101.2	101.4
农用种子	Seeds for Farm	101.4	102.1
农用薄膜	Agricultural Films	100.7	99.9
农业生产服务	Service for Agricultural Production	108.4	111.2
排灌费	Irrigation and drainage fee	104.9	103.3
机械作业费	Mechanical Handling Charges	110.8	116.5
农业用电	Agricultural electricity	100.0	100.0
农业用工	Agricultural employment	106.1	106.3

PRICE INDICES FOR MEANS OF AGRICULTURAL PRODUCTION BY MONTH (2015,PERCENTAGE CHANGE COMPARED TO SAME PERIOD IN PREVIOUS)

(same month of previous year=100)

3月 March	4月 April	5月 May	6月 June	7月 July	8月 August	9月 September	10月 October	11月 November	12月 December
99.9	**100.3**	**100.9**	**101.5**	**101.7**	**101.7**	**102.2**	**102.3**	**102.1**	**102.0**
101.3	101.2	101.3	102.0	101.9	101.9	101.8	101.7	101.6	101.4
100.5	100.9	101.3	101.6	101.5	101.4	101.5	101.3	101.0	100.2
101.8	101.9	102.6	102.4	102.4	102.4	102.5	102.5	102.2	101.9
99.6	100.8	102.9	104.2	106.2	108.6	113.1	114.0	113.3	113.1
100.3	100.4	100.4	100.6	100.6	100.8	100.5	100.5	100.6	100.5
100.2	100.1	99.8	99.7	99.7	99.7	99.5	99.5	99.5	99.5
97.9	98.5	99.4	100.6	100.7	100.1	99.9	99.8	99.5	99.5
96.4	96.9	98.0	100.6	100.7	100.1	99.8	99.4	99.6	99.6
100.8	100.2	100.2	100.4	100.8	100.2	99.8	99.6	98.7	98.7
98.3	98.2	99.9	99.5	99.9	99.4	99.6	99.8	100.1	100.1
98.7	100.9	101.5	101.4	101.1	100.3	100.2	100.7	99.7	99.7
101.3	101.5	101.4	101.5	101.4	101.4	101.4	101.4	101.7	101.8
101.5	101.7	101.6	101.7	101.5	101.5	101.5	101.5	101.8	101.9
100.1	99.9	99.9	100.0	100.4	100.6	100.6	100.6	100.5	100.5
92.7	93.3	94.5	94.6	94.4	92.4	92.6	93.5	94.7	95.4
101.0	101.0	101.0	100.6	100.6	100.6	100.6	100.6	100.5	100.6
102.3	102.3	102.3	102.1	102.1	102.1	102.1	102.1	102.0	102.0
98.3	98.3	98.2	97.5	97.4	97.4	97.4	97.4	97.4	97.8
114.3	114.2	112.5	112.3	112.3	112.1	112.5	111.4	109.3	109.2
103.1	103.1	102.1	102.1	102.1	102.1	103.4	102.9	102.4	102.4
122.0	121.8	119.8	119.3	119.3	119.3	119.3	117.7	114.2	114.0
100.0	100.0	100.0	100.0	100.0	100.0	100.0	100.0	100.0	100.0
106.5	106.5	103.9	104.2	104.2	103.2	103.2	102.9	102.5	102.5

2-19 分季固定资产投资价格指数(2015年，同比)
PRICE INDICES FOR INVESTMENT IN FIXED ASSETS BY QUARTER (2015, PERCENTAGE CHANGE COMPARED TO SAME PERIOD IN PREVIOUS)

(上年同季价格=100) (same quarter of previous year=100)

项　目	Item	1季度 Quarter 1	2季度 Quarter 2	3季度 Quarter 3	4季度 Quarter 4
固定资产投资价格指数	**Price Index for Investment in Fixed Assets**	**99.6**	**98.5**	**99.1**	**99.2**
建筑安装装饰工程	Construction, Installation and Decoration Projects	99.3	97.9	98.7	98.9
#人工费	Labor Cost	104.5	103.4	104.6	103.2
工程管理人员	Project management	103.4	103.6	104.4	103.8
工程技术人员	Engineer	104.2	105.9	104.9	106.4
普通人员	Ordinary people	105.0	102.7	104.6	102.5
材料费	Cost of Materials	97.3	95.6	96.4	97.2
钢材	Rolled Steel	94.0	92.1	92.7	93.8
木材	Timber	99.1	99.0	98.7	98.1
水泥	Cement	99.4	96.1	97.4	95.4
地方建筑材料	Local Building Materials	101.2	101.1	101.9	101.7
化工材料	Chemical Materials	99.2	98.3	99.7	98.4
电料	Dianliao	99.5	101.0	98.7	99.4
其他材料	Other Materials	101.1	99.8	101.5	99.4
机械使用费	Cost of Machinery Use	100.5	100.9	100.3	100.7
设备工器具购置	Purchase of Equipment, Tools and Instruments	99.1	98.9	98.8	98.5
其他费用	Other Expenses	101.4	100.8	101.1	100.8

2-20 分季农产品生产者价格指数(2015年，同比)
PRODUCER PRICE INDICES FOR AGRICULTURAL PRODUCTS BY QUARTER (2015, PERCENTAGE CHANGE COMPARED TO SAME PERIOD IN PREVIOUS)

(上年同季价格=100) (same quarter of previous year=100)

项目	Item	1季度 Quarter 1	2季度 Quarter 2	3季度 Quarter 3	4季度 Quarter 4
农产品生产价格指数	**Producer Price Index For Agricultural Products**	**94.5**	**98.1**	**108.7**	**102.7**
种植业产品	Planting Products	93.9	96.0	107.4	102.7
谷物	Cereals	102.9	96.7	100.7	102.5
稻谷	Rice	104.1	101.5	104.2	104.0
玉米	Corn	100.4	93.9	105.2	97.8
小麦	Wheat	101.1	96.4	99.6	
薯类	Tubers	103.7	92.2	106.3	120.4
油料	Oil-bearing Crops	102.3	91.2	100.0	102.0
豆类	Beans	97.5	101.6	106.9	96.4
糖料	Sugar	102.3	100.0	97.6	100.0
烟草	Tobacco	105.1		108.9	105.4
蔬菜	Vegetables	89.0	99.6	106.2	103.9
鲜切花	Fresh Cutting Flowers	80.2	94.5	88.8	100.0
水果	Fruits	83.5	71.1	99.6	94.1
茶	Tesa	98.9	90.2	90.7	90.0
林业产品	Forestry Products	107.8	101.7	92.3	92.1
畜牧业产品	Animal Husbandry Products	94.8	100.5	113.0	103.6
猪(毛重)	Pig (gross weight)	93.2	101.9	116.2	104.4
牛(毛重)	Cattle and Buffaloes(gross weight)	101.9	96.8	90.9	95.8
羊(毛重)	Sheep and Goats(gross weight)	91.2	88.9	89.7	94.2
家禽(毛重)	Poultry(gross weight)	106.8	98.1	107.7	99.3
禽蛋	Poultry Eggs	80.4	81.6	88.3	91.2
奶类	Milk	103.3	93.2	95.5	104.4
渔业产品	Fishery Products	94.1	101.1	99.0	94.8

2-21 2014-2015年各州市居民消费价格指数
CONSUMER PRICE INDEX BY CITIES AND STATES(2014-2015)

(上年价格=100) (preceding year=100)

地 区	Region	2014		2015	
		居民消费价格总指数 Consumer Price Index	#食品 Food	居民消费价格总指数 Consumer Price Index	#食品 Food
全 省	**Total**	**102.3**	**104.0**	**101.9**	**103.4**
昆明市	Kunming	104.1	106.4	102.4	103.8
曲靖市	Qujing	101.6	101.9	101.8	102.8
玉溪市	Yuxi	101.1	104.2.	102.0	103.2
保山市	Baoshan	102.8	101.1	102.1	101.7
昭通市	Zhaotong	101.9	102.8	102.1	105.3
丽江市	Lijiang	100.3	99.7	101.8	103.9
普洱市	Pu'er	102.1	101.2	101.3	103.2
临沧市	Lincang	100.5	100.5	101.0	102.2
楚雄州	Chuxiong	103.0	105.8	101.9	102.7
红河州	Honghe	101.4	103.4	101.9	104.1
文山州	Wenshan	103.6	100.6	102.6	104.3
西双版纳州	Xishuangbanna	101.4	104.4	101.4	103.6
大理州	Dali	101.1	102.7	101.6	103.5
德宏州	Dehong	101.2	103.7	101.5	102.8
怒江州	Nujiang	100.9	101.3	101.4	103.2
迪庆州	Diqing	101.7	102.4	102.4	103.6

2-22 2014-2015年各州市工业生产者价格指数
PRODUCER PRICE INDICES FOR INDUSTRIAL PRODUCTS BY CITIES AND STATES(2014-2015)

(上年价格=100) (preceding year=100)

地 区	Region	工业生产者出厂价格指数 Producer Price Index for Industrial Products		工业生产者购进价格指数 Purchasing Price Index for Industrial Producers	
		2014	2015	2014	2015
全 省	**Total**	**97.8**	**94.9**	**99.0**	**96.9**
昆明市	Kunming	97.3	94.8	97.9	94.4
曲靖市	Qujing	98.3	97.2	99.6	97.8
玉溪市	Yuxi	99.5	95.5	103.0	96.2
保山市	Baoshan	99.3	98.6	100.3	98.7
昭通市	Zhaotong	98.6	96.6	101.6	99.6
丽江市	Lijiang	97.3	94.9	99.8	97.9
普洱市	Pu'er	102.4	98.5	98.7	94.5
临沧市	Lincang	99.2	99.0	101.2	97.7
楚雄州	Chuxiong	98.4	96.0	102.7	103.7
红河州	Honghe	97.5	95.6	98.7	96.2
文山州	Wenshan	98.7	95.9	98.6	95.6
西双版纳州	Xishuangbanna	101.7	97.6	101.4	99.2
大理州	Dali	100.3	98.1	101.0	99.8
德宏州	Dehong	95.9	103.6	101.0	100.5
怒江州	Nujiang	105.3	101.5	94.8	99.9
迪庆州	Diqing	97.5	92.5	101.7	97.1

主要统计指标解释

居民消费价格指数 是反映一定时期内城乡居民所购买生活消费品和服务项目的价格水平变动趋势和程度的相对数，居民消费价格水平的变动在一定程度上反映了通货膨胀（或紧缩）的程度。通过该指数可以观察和分析消费品的零售价格和服务项目价格变动对城乡居民生活的影响程度。满足各级政府制定政策和计划、进行宏观调控的需要，以及为国民经济核算提供参考依据。

城市居民消费价格指数 是反映一定时期内城市居民家庭所购买的生活消费品价格和服务项目价格变动趋势和程度的相对数。通过该指数可以观察和分析消费品的零售价格和服务项目价格变动对城镇居民收入和消费支出的影响。

农村居民消费价格指数 是反映一定时期内农村居民家庭所购买的生活消费品价格和服务项目价格变动趋势和程度的相对数。该指数可以观察农村消费品的零售价格和服务项目价格变动对农村居民收入和生活消费支出的影响。

商品零售价格指数 是反映一定时期内城乡商品零售价格变动趋势和程度的相对数。商品零售价格的变动与国家的财政收入、市场供需的平衡、消费与积累的比例关系有关。因此，该指数可以从一个侧面对上述经济活动进行观察和分析。

农业生产资料价格指数 指反映一定时期内农业生产资料价格变动趋势和程度的相对数。其目的是在于掌握农业生产资料的平均价格水平，为国家制定农村经济政策提供依据，同时，为研究城乡市场流通状况和国民经济核算提供参考依据。

农产品生产者价格指数 是反映一定时期内，农产品生产者出售农产品价格水平变动趋势及幅度的相对数。该指数可以客观反映全国农产品生产价格水平和结构变动情况，满足农业与国民经济核算需要。其中某代表品生产价格指数是通过对全部有出售该产品行为的调查单位的个体指数进行几何平均求得的，类价格指数是通过对其所属的类（或代表品）的价格指数进行加权平均求得的。季度累计价格指数的计算方法与分季指数的计算方法相同。

工业生产者出厂价格指数 是反映一定时期内全部工业产品出厂价格总水平的变动趋势和程度的相对数，包括工业企业售给本企业以外所有单位的各种产品和直接售给居民用于生活消费的产品。该指数可以观察出厂价格变动对工业总产值及增加值的影响。

工业生产者购进价格指数 是反映工业企业作为生产投入，而从物资交易市场和能源、原材料生产企业购买原材料、燃料和动力产品时，所支付的价格水平变动趋势和程度的统计指标，是扣除工业企业物质消耗成本中的价格变动影响的重要依据。

目前，我国编制的工业生产者购进价格指数所调查的产品包括燃料动力、黑色金属、有色金属、化工、建材等九大类。

固定资产投资价格指数 是反映一定时期内固定资产投资品及取费项目的价格变动趋势和程度的相对数。固定资产投资额是由建筑安装工程投资完成额、设备工器具购置投资完成额和其他费用投资完成额三部分组成的。编制固定资产投资价格指数应首先分别编制上述三部分投资的价格指数，然后采用加权算术平均法求出固定资产投资价格总指数。

该指数可以准确地反映固定资产投资中涉及的各类投资品和取费项目价格变动趋势和变动幅度，消除按现价计算的固定资产投资指标中的价格变动因素，真实地反映固定资产投资的规模、速度、结构和效益，为国家科学地制定、检查固定资产投资计划并提高宏观调控水平，为完善国民经济核算体系提供科学的、可靠的依据。

Explanatory Notes on Main Statistical Indicators

Consumer Price Index is a relative number reflecting the trend and degree of changes in prices of consumer goods and service purchased by urban and rural households during a given period, CPI is usually used for reflecting the level of inflation (or deflation). The indices enable the observation and analysis of the degree of impact of changes in retail price of consumer goods and services on the living of urban and rural households. The indices can also meet needs of all levels of government making policies and programs and macro-control, and provide a reference for national accounts.

Consumer Price Index of Urban Househood is a relative number reflecting the trend and degree of changes in prices of consumer goods and service purchased by urban households during a given period. The indices enable the observation and analysis of the degree of impact of changes in retail price of consumer goods and services on urban househood income and consumption expenditure on living.

Consumer Price Index of Rural Househood is a relative number reflecting the trend and degree of changes in prices of consumer goods and service purchased by rural households during a given period. The indices enable the observation and analysis of the degree of impact of changes in retail price of consumer goods and services on rural household income and consumption expenditure on living.

Retail Price Index is a relative number reflecting the trend and degree of changes in retail prices of commodities during a given period. The change in retail prices of commodities is related to govement revenue,the equilibrium of market supply and demand, and the ratio of consumption to accumulation. Therefore, the retail price indices are useful from an oblique perspective for observing and analyzing the changes of the above economic activities.

Price Indices of Means of Agricultural Production reflect the trend and degree of changes in prices of means of agricultural production during a given period. The aim is to grasp the average price level of means of agricultural production, provide a basis for countries to develop the rural economic policies, meanwhile, provide reference for the study of market liquidity conditions and national accounts.

Indices of Producers' Prices for Agricultural Products reflect the trend and degree of changes in producers' prices received by farmers when they sell farm products during a given period. These indices depict the change in the level and structure of producers' prices of agricultural products of the country and meet the needs of agriculture statistics and national account statistics. The producers' price index of a given product is calculated through geometrical mean of individual indices of all surveyed units who sell such product, and the indices of a product category is obtained through weighted mean of price indices of all products in the category. Method for calculating accumulative quarterly indices is the same as for calculating the distinctive quarterly indices.

Ex-factory Price Indices of Industrial Products reflect the trend and degree of changes in general ex-factory prices of all industrial products during a given period, including sales of industrial products by an industrial enterprise to all units outside the enterprise, as well as sales of consumer goods to residents. It can be used to analyze the impact of ex-factory prices on gross output value and value-added of the industrial sector.

Purchasing Price Indices for Industrial Producers reflect the trend and degree of changes of prices paid by industrial enterprises when they purchase production input such as raw materials, fuels and power from the market or from other energy or raw materials producing enterprises. These indices provide important basis for measuring the material consumption of industrial enterprises after removing influence of price changes.

At present, in China the survey productions of purchasing price indices for industrial producers are in 9 categories, including fuels and power, ferrous metals, non-ferrous metals, chemicals, building materials, etc.

Price Indices of Investment in Fixed Assets are relative numbers reflecting the trend and degree of changes in prices of investment goods and projects in fixed assets during a given period. The investment in fixed assets consists of three components, namely the investment in construction and installation, the investment in purchases of equipment and instrument, and the investment in other items. Price indices of investment in fixed assets are calculated as the weighted arithmetic mean of the price indices of the three components of investment in fixed assets.

This indicator shows the changes in the prices of commodities and fees involved in the investment of fixed assets, removes the factor of price change in the aggregates of investment at current prices, observes the actual size, growth, structure, and efficiency of investment in fixed assets, and provides reliable and scientific basis for government making, checking plans about fixed assets investment, improving the level of macroeconomic regulation, and the improvement of the national economic accounting system.

三 农业调查

Chapter 3

Agricultural Survey

简要说明

一、本篇资料的主要内容及统计范围

本篇资料反映农业生产和农村经济的基本情况，内容主要包括农村粮食生产情况、畜牧业生产等方面的统计资料。

二、本篇的资料来源及统计调查方法

农业调查是由国家统计局组织实施，国家统计局各调查总队及抽中市、县调查队依据国家统计局统一制定的调查方案收集资料，逐级审核。

1. 各省、自治区、直辖市全社会粮食产量数据，由各调查总队负责将农业生产经营户的抽样调查推算结果和农业生产经营单位的调查统计结果汇总后上报。其中农业生产经营单位的调查统计结果由各省、自治区、直辖市统计局负责收集并及时提供。省级粮食数据以国家反馈的数据为准，国家实行以省为总体的抽样调查，从抽样调查点取得的各季农作物播种面积、实测产量等各项资料。各农作物的播种面积和产量，包括全社会的数据，即包括调查季节的国有、集体单位及各种经济组织和个人经营的农作物。

2. 畜牧业的猪、牛、羊和家禽等内容，国家实行以省为总体的抽样调查，全省生猪调出大县实行以县为总体的抽样调查。包括主要畜禽抽样实行分季定产，四个季度之和即为年度数据；生猪调出大县实行月度调查与季度调查相结合，主要数据开展月度调查。

Brief Introduction

I. Main Contents and Statistical Scopes

The data in this chapter show the basic conditions of agricultural production and rural economy, including mainly the rural grain production and livestock production.

II. Data Sources and Survey Methods

Agricultural Survey is organized and conducted by National Bureau of Statistics. National Bureau of Investigation Corps and all drawn city and county investigation teams collect information in accordance with a unified plan National Bureau of Investigation develop and step by step review.

(1) The whole grain output data of the provinces, autonomous regions and municipalities directly under the central government are reported after investigation corps collect the calculation results of the sampling survey of agricultural output and operation units and the statistical results of the agricultural output and management units. The survey results of agricultural output and management units shall be collected and timely provided by provincial, autonomous region and municipal statistical bureau. The provincial grain data fed back by National Bureau of Statistics shall be the standard data. The nation conducts a sample survey taking the province as the population, from the point of sampling to obtain the data of the area and the actual output of the crop. The crop sown area of each season, the measured output and other information are obtained from the point of sample survey. The acreage and output of the crops, including the data of the whole society, includes the crops of the state-owned, collective units, and various economic organizations and individuals during the investigation season.

(2) It is the sample survey conducted by the nation taking the province as the population on animal husbandry such as hog, cattle, sheep and poultry, and a sample survey on pig output counties of the province taking the county as the population. The main livestock and poultry sampling is conducted on seasonal output. The sum of four quarters is the annual data; The province's pig output counties conduct monthly survey combined with quarterly survey. Main data are carried out on monthly survey.

3-1 1978-2015年粮食生产情况

年 份 year	全年粮食 Annual Grain			1. 夏收粮食 Summer Harvest		
	播种面积（万亩） Sown Area (10000 mu)	总产量（万吨） Total Yield (10000 tons)	平均亩产（千克/亩） Average Yield per Mu (kg/mu)	播种面积（万亩） Sown Area (10000 mu)	总产量（万吨） Total Yield (10000 tons)	平均亩产（千克/亩） Average Yield per Mu (kg/mu)
1978	5517.0	864.0	156.6	1579.4	135.0	85.5
1981	5309.7	917.0	172.7	1323.8	124.0	93.7
1982	5210.9	946.0	181.5	1240.8	111.5	89.9
1983	5206.2	954.5	183.3	1272.9	140.5	110.4
1984	5162.1	1005.0	194.7	1281.5	135.5	105.7
1985	4977.8	935.0	187.8	1268.3	109.2	86.1
1986	4999.4	870.0	174.0	1266.3	75.5	59.6
1987	5046.8	929.8	184.2	1288.1	134.8	104.7
1988	5126.9	940.2	183.4	1392.9	138.7	99.6
1989	5290.7	1000.2	189.1	1467.8	132.3	90.1
1990	5433.5	1057.2	194.6	1543.1	162.8	105.5
1991	5428.4	1093.0	201.4	1566.2	184.3	117.7
1992	5373.0	1070.4	199.2	1584.3	196.0	123.7
1993	5290.5	1085.2	205.1	1598.1	211.2	132.2
1994	5503.4	1146.5	208.3	1704.5	201.4	118.2
1995	5464.5	1188.9	217.6	1690.5	228.2	135.0
1996	5547.3	1246.2	224.6	1764.0	234.3	132.8
1997	5578.7	1271.9	228.0	1825.5	254.7	139.5
1998	5829.5	1319.5	226.4	1857.8	240.2	129.3
1999	6063.2	1399.3	230.8	1951.4	253.6	130.0
2000	6358.1	1467.8	230.9	1853.6	241.0	130.0
2001	6508.5	1486.3	228.4	1995.0	233.9	117.2
2002	6240.9	1424.7	228.8	1827.3	240.9	131.8
2003	6102.6	1471.0	241.0	1791.8	244.6	136.5
2004	6237.8	1509.5	242.0	1765.1	236.3	133.9
2005	6380.4	1514.9	237.4	1783.4	222.3	124.7
2006	6033.2	1457.6	241.6	1658.3	220.6	133.0
2007	5991.8	1460.7	243.8	1645.8	223.4	135.7
2008	6143.9	1518.6	247.2	1652.6	207.6	125.6
2009	6300.2	1576.9	250.3	1692.5	236.5	139.7
2010	6411.6	1531.0	238.8	1683.6	127.7	75.8
2011	6490.4	1673.6	257.9	1736.9	251.2	144.6
2012	6599.4	1749.1	265.0	1756.8	243.5	138.6
2013	6749.1	1824.0	270.3	1782.5	240.4	134.9
2014	6762.3	1860.7	275.2	1786.7	267.9	149.9
2015	6731.0	1876.4	278.8	1767.5	286.5	162.1

GENERAL SITUATION OF GRAIN PRODUCTION(1978-2015)

2. 秋收粮食 Autumn Harvest			3. 早稻 Early Season Rice		
播种面积 (万亩) Sown Area (10000 mu)	总产量 (万吨) Total Yield (10000 tons)	平均亩产 (千克/亩) Average Yield per Mu (kg/mu)	播种面积 (万亩) Sown Area (10000 mu)	总产量 (万吨) Total Yield (10000 tons)	平均亩产 (千克/亩) Average Yield per Mu (kg/mu)
3937.7	729.0	185.1			
3986.0	793.0	198.9			
3970.1	834.5	210.2			
3933.3	813.5	207.0			
3880.7	869.5	224.1			
3709.5	825.8	222.6			
3733.1	794.5	212.8			
3758.7	795.0	211.5			
3734.0	801.5	214.7			
3822.9	867.9	227.0			
3890.4	894.4	229.9			
3862.2	908.7	235.3			
3788.7	874.4	230.8			
3692.4	874.0	236.7			
3798.9	945.1	248.8			
3774.0	960.7	254.6			
3783.3	1011.9	267.5			
3753.2	1017.2	271.0			
3971.7	1079.3	271.7			
4111.8	1145.7	278.6			
4504.5	1226.8	272.3			
4513.5	1252.4	277.5			
4413.6	1186.8	268.2			
4310.9	1226.4	284.5			
4472.7	1273.2	284.7			
4597.1	1292.6	281.2			
4374.9	1237.0	282.7			
4346.0	1237.3	284.7			
4491.3	1311.0	291.9			
4607.7	1340.5	290.9			
4728.0	1403.3	296.8			
4753.5	1422.4	299.2	61.4	25.8	420.2
4842.6	1505.6	310.9	59.3	25.1	423.3
4893.6	1557.8	318.3	73.1	25.8	352.9
4902.3	1566.7	319.6	73.4	26.1	355.8
4889.1	1563.3	319.8	74.4	26.6	375.5

3-2 1978-2015年主要粮食品种生产情况

年 份 Year	稻谷 Rice			玉米 Corn		
	播种面积（万亩）Sown Area (10000 mu)	总产量（万吨）Total Yield (10000 tons)	平均亩产（千克/亩）Average Yield per Mu (kg/mu)	播种面积（万亩）Sown Area (10000 mu)	总产量（万吨）Total Yield (10000 tons)	平均亩产（千克/亩）Average Yield per Mu (kg/mu)
1978	1558.7	411.5	264.0	1536.0	233.0	151.7
1981	1616.7	436.0	269.7	1629.9	269.5	165.3
1982	1655.4	464.0	280.3	1572.5	278.0	176.8
1983	1660.5	457.0	275.2	1528.4	269.0	176.0
1984	1695.6	500.5	295.2	1461.9	274.0	187.4
1985	1611.8	483.0	299.7	1380.5	248.7	180.2
1986	1574.0	440.0	279.6	1406.0	157.8	112.2
1987	1529.9	458.0	299.4	1429.4	249.8	174.8
1988	1513.2	457.9	302.6	1417.7	250.1	176.4
1989	1511.6	468.4	309.9	1468.7	293.3	199.7
1990	1539.2	516.5	335.6	1484.9	277.8	187.1
1991	1517.3	512.5	337.8	1467.2	293.5	200.0
1992	1490.1	501.2	336.4	1424.7	271.0	190.2
1993	1396.5	476.5	341.2	1401.0	287.4	205.1
1994	1410.5	505.4	358.3	1499.0	327.9	218.8
1995	1411.5	511.9	362.7	1482.0	339.9	229.4
1996	1408.8	536.1	380.5	1490.7	369.2	247.7
1997	1381.8	530.2	383.7	1469.3	363.2	247.2
1998	1379.4	537.5	389.7	1643.6	418.1	254.4
1999	1354.5	551.7	407.3	1739.4	459.5	264.2
2000	1610.4	568.2	352.8	1694.6	473.3	279.3
2001	1650.5	595.9	361.1	1707.2	477.3	279.6
2002	1624.5	543.2	334.4	1693.4	461.5	272.5
2003	1564.7	635.9	406.4	1600.4	399.9	249.9
2004	1629.3	639.4	392.4	1666.7	425.7	255.4
2005	1574.0	646.3	410.6	1773.9	449.3	253.3
2006	1544.6	612.9	396.8	1876.8	478.0	254.7
2007	1485.3	589.7	397.0	1923.2	498.6	259.3
2008	1526.3	621.0	406.9	1988.7	539.6	271.3
2009	1559.7	636.2	407.9	2031.3	542.7	267.2
2010	1531.5	616.6	402.6	2126.7	613.0	288.2
2011	1610.2	668.7	415.3	2113.5	598.2	283.0
2012	1624.3	644.6	396.8	2185.4	700.0	320.3
2013	1729.1	667.9	386.3	2257.7	734.2	325.2
2014	1717.1	666.1	387.9	2288.6	743.3	324.8
2015	1702.2	659.7	387.6	2276.0	747.3	328.3

MAIN VARIETIES OF FOOD PRODUCTION(1978-2015)

小 麦 Wheat			薯 类 Tubers			豆 类 Beans		
播种面积 (万亩) Sown Area (10000 mu)	总产量 (万吨) Total Yield (10000 tons)	平均亩产 (千克/亩) Average Yield per Mu (kg/mu)	播种面积 (万亩) Sown Area (10000 mu)	总产量 (万吨) Total Yield (10000 tons)	平均亩产 (千克/亩) Average Yield per Mu (kg/mu)	播种面积 (万亩) Sown Area (10000 mu)	总产量 (万吨) Total Yield (10000 tons)	平均亩产 (千克/亩) Average Yield per Mu (kg/mu)
998.7	86.0	86.1	361.7	48.5	134.1			
792.5	73.5	92.8	340.5	53.5	157.1			
701.3	67.5	96.3	334.4	56.0	167.5			
700.7	86.5	123.5	337.4	56.0	166.0			
686.3	82.5	120.2	340.7	60.5	177.6			
665.1	61.9	93.1	345.6	63.0	182.3			
644.0	43.5	67.6	364.7	64.7	177.4			
651.5	74.6	114.5	381.9	61.3	160.5			
723.9	82.4	113.8	390.2	60.8	155.8			
791.3	80.7	102.0	405.6	70.1	172.8			
854.4	102.6	120.1	419.4	68.0	162.1			
873.8	115.3	132.0	432.8	68.0	157.1	276.9	21.8	78.7
885.0	127.0	143.5	433.2	66.2	152.8	305.6	22.5	73.6
916.5	135.0	147.3	447.0	72.2	161.5	709.5	76.5	107.8
942.8	125.2	132.8	463.7	78.2	168.7	765.6	72.1	94.2
937.5	137.5	146.7	460.5	78.9	171.3	747.0	77.2	103.3
996.5	146.7	147.2	466.1	84.8	182.0	758.9	78.1	102.9
1046.3	165.0	157.7	479.7	84.6	176.4	765.0	80.0	104.6
1060.2	151.3	142.7	514.5	87.0	169.1	762.5	76.5	100.3
1087.4	158.4	145.7	576.3	98.3	170.6	809.9	74.7	92.2
968.4	152.4	157.4	780.2	145.5	186.5	367.5	40.2	109.4
961.1	137.9	143.5	829.1	149.0	179.7	913.2	90.7	99.3
906.3	134.1	148.0	769.7	153.9	200.0	908.4	93.6	103.0
851.1	124.4	146.2	908.0	172.3	189.8	695.1	85.8	123.4
814.8	121.7	149.4	937.1	191.4	204.3	739.7	61.3	82.9
798.5	106.9	133.9	1031.3	178.6	173.2	717.9	77.2	107.5
656.6	93.0	141.6	836.0	157.4	188.3	803.4	93.8	116.8
640.2	91.2	142.5	842.6	162.2	192.5	783.3	80.1	102.3
637.5	83.1	130.3	880.4	169.8	192.8			
648.6	92.3	142.3	918.5	175.7	191.2	872.9	123.7	141.7
643.3	46.0	71.5	947.4	173.6	183.2	869.1	79.5	91.5
656.9	98.9	150.6	950.8	178.9	188.2	861.9	125.7	145.9
663.3	88.3	133.1	988.8	183.0	185.1	858.8	129.7	151.0
656.0	80.5	122.7	989.7	207.8	209.8	849.5	131.4	154.6
651.6	83.6	128.3	1010.9	192.7	190.6	839.9	133.1	158.5
649.1	90.6	139.6	1007.6	194.2	192.7	824.4	136.4	165.5

3-3 2011-2015年主要畜禽生产情况
NUMBER OF LIVESTOCK OR POULTRY(2011-2015)

指 标	Indicator	2011	2012	2013	2014	2015
畜禽出栏量	Number of Slaughtered Livestock or Poultry					
生猪 (万头)	Hogs(10000 heads)	2964.7	3180.1	3323.7	3496.5	3451.0
牛 (万头)	Cattle and Buffaloes(10000 heads)	273.3	279.1	275.7	287.3	292.8
羊 (万只)	Sheep and Goats(10000 heads)	735.5	767.1	792.4	807.1	854.7
家禽 (万只)	Poultry(10000 heads)	19526.3	20410.6	19981.6	19701.8	21080.9
年末存栏数	Number of Livestock or Poultry in Stock at the End of the Year					
生猪 (万头)	Hogs(10000 heads)	2689.8	2708.7	2708.7	2678.9	2625.3
#能繁母猪 (万头)	Sow(10000 heads)	290.7	300.3	307.8	299.8	280.3
牛 (万头)	Cattle and Buffaloes(10000 heads)	745.7	747.2	730.4	750.8	756.8
羊 (万只)	Sheep and Goats(10000 heads)	900.9	913.5	929.1	1008.0	1057.4
家禽 (万只)	Poultry(10000 heads)	11949.6	12431.5	12131.4	12313.4	12498.1
肉类总产量 (万吨)	Output of Livestock or Poultry(10000 tons)	324.4	348.7	357.4	375.7	375.5
猪肉	Pork	243.9	264.1	276.0	292.4	288.6
牛肉	Beef	30.7	31.9	31.8	33.6	34.3
羊肉	Mutton	13.0	13.6	14.0	14.6	15.0
禽肉	Poultry	33.8	36.4	35.7	35.2	37.6
其他肉类	Others	3.0	2.8			
牛奶产量 (万吨)	Cow Milk(10000 tons)	52.4	53.7	54.5	58.2	55.0
禽蛋产量 (万吨)	Poultry Eggs(10000 tons)	21.7	22.1	23.2	24.3	26.0

注：以上数据为国家统计局按照第二次农业普查口径衔接核定的抽样调查数据，其中2008年以后数据为主要畜禽监测抽样调查的国家反馈衔接核定数。2013-2015年肉类总产量为猪、牛、羊、禽肉产量合计。

Note: The above data comes from the second census of agriculture of the National Bureau of Statistics.And the data after 2008 comes from sampling survey of main livestock monitoring that reviewed and feedback by the NBS. The total output of livestock or poultry including pigs, cattle, sheep, and poultry in 2013-2015.

3-4 2011-2015年生猪调出大县分县资料
DATA OF THE MAIN COUNTY OF SLAUGHTER HOGS(2011-2015)

项 目	Item	2011	2012	2013	2014	2015
生猪出栏量（万头）	Number of Slaughtered Hogs(10000 heads)	1684.7	1815.1	1898.2	1927.4	1947.4
宜良县	Yiliang	35.9	46.0	48.1	50.4	42.3
寻甸县	Xundian	42.3	50.5	55.6	57.2	58.0
麒麟区	Qilin	76.6	77.0	80.7	82.8	84.4
陆良县	Luliang	114.0	114.9	121.2	119.7	123.4
师宗县	Shizong	51.7	51.9	57.4	57.9	58.5
罗平县	Luoping	79.0	79.2	75.9	73.0	73.5
富源县	Fuyuan	108.2	108.1	111.3	114.3	119.8
会泽县	Huize	144.4	140.5	148.4	146.4	145.5
沾益县	Zhanyi	82.2	82.2	96.6	100.1	101.0
宣威市	Xuanwei	250.1	245.6	245.3	245.0	249.0
隆阳区	Longyang	89.4	92.2	93.9	97.8	103.9
腾冲市	Tengchong	43.4	65.4	68.1	70.7	72.4
昌宁县	Changning	40.5	48.9	57.4	59.4	62.5
昭阳区	Zhaoyang	33.2	48.8	56.1	55.0	48.4
镇雄县	Zhenxiong	71.2	72.0	63.8	66.2	68.3
禄丰县	Lufeng	33.6	53.7	50.6	54.4	53.5
蒙自市	Mengzi	34.3	39.4	48.5	51.1	54.0
建水县	Jianshui	82.0	86.5	86.6	89.3	93.2
石屏县	Shiping	45.2	51.7	59.8	63.6	63.6
弥勒市	Mile	45.9	49.8	58.4	58.9	59.0
泸西县	Luxi	35.4	44.1	48.0	50.4	50.5
丘北县	Qiubei	49.8	54.4	63.1	65.8	65.7
广南县	Guangnan	59.5	68.6	60.3	56.4	56.9
大理市	Dali	37.1	43.8	43.1	41.8	40.1

注：以上数据为国家统计局核定的生猪调出大县分县数据，其中2008年以后数据为主要畜禽监测抽样调查的国家反馈衔接核定数，另外14个大县为后确定的调出大县,国家核定数从2010年开始。2012年数据为国家重新调整核定数。

Note: The above data is for the main county of slaughter pigs that reviewed by the NBS.And the data after 2008 comes from sampling survey of main livestock monitoring that reviewed and feedback by the NBS. The other 14 later determined counties' data is feedback by the NBS since 2010. There is a new adjust approved data after 2012.

3-4 续表 1 Continued

项 目	Item	2011	2012	2013	2014	2015
猪肉产量（万吨）	Number of Slaughtered Hogs(10000 tons)	140.5	153.3	159.2	161.4	164.0
宜良县	Yiliang	3.0	3.8	3.9	4.2	3.7
寻甸县	Xundian	3.5	4.2	4.6	4.8	4.8
麒麟区	Qilin	6.3	6.2	6.5	6.8	7.1
陆良县	Luliang	10.0	10.0	10.5	10.1	10.3
师宗县	Shizong	4.3	4.3	4.7	4.8	4.9
罗平县	Luoping	6.5	6.5	6.2	6.1	6.1
富源县	Fuyuan	10.8	10.3	10.5	10.5	10.7
会泽县	Huize	12.7	12.1	12.8	12.3	12.2
沾益县	Zhanyi	6.6	6.5	7.6	8.0	8.4
宣威市	Xuanwei	23.7	22.3	21.9	21.2	21.2
隆阳区	Longyang	6.6	7.4	7.5	8.0	8.7
腾冲市	Tengchong	3.6	5.4	5.6	5.8	6.0
昌宁县	Changning	3.4	4.0	4.7	4.9	5.3
昭阳区	Zhaoyang	2.7	4.0	4.6	4.5	4.1
镇雄县	Zhenxiong	5.4	6.1	5.4	5.5	5.7
禄丰县	Lufeng	2.8	4.4	4.2	4.5	4.5
蒙自市	Mengzi	2.8	3.2	4.0	4.2	4.5
建水县	Jianshui	6.2	6.9	6.9	7.3	7.8
石屏县	Shiping	3.7	4.3	4.9	5.2	5.3
弥勒市	Mile	3.8	4.2	4.8	4.9	4.9
泸西县	Luxi	2.9	3.6	3.9	4.2	4.2
丘北县	Qiubei	4.1	4.5	5.2	5.4	5.6
广南县	Guangnan	4.9	5.6	4.9	4.7	4.7
大理市	Dali	3.1	3.6	3.5	3.5	3.3

3-4 续表 2 Continued

项 目	Item	2011	2012	2013	2014	2015
生猪年末存栏数(万头)	Number of Slaughtered Hogs(10000 heads)	1141.5	1240.6	1294.9	1279.2	1283.1
宜良县	Yiliang	28.2	32.6	39.8	33.8	30.9
寻甸县	Xundian	30.5	36.9	40.2	39.9	39.8
麒麟区	Qilin	43.5	42.4	48.0	49.7	49.5
陆良县	Luliang	81.0	75.5	78.4	74.4	77.3
师宗县	Shizong	32.5	32.9	38.9	39.5	41.0
罗平县	Luoping	56.1	52.8	60.3	54.5	55.7
富源县	Fuyuan	66.1	63.9	64.6	65.5	65.6
会泽县	Huize	85.9	82.8	85.0	89.1	88.0
沾益县	Zhanyi	51.4	48.6	58.6	59.4	58.5
宣威市	Xuanwei	156.7	148.5	132.2	129.4	125.2
隆阳区	Longyang	70.6	73.0	69.8	70.9	72.2
腾冲市	Tengchong	34.3	49.7	53.9	54.1	54.6
昌宁县	Changning	29.5	41.9	46.2	46.6	46.8
昭阳区	Zhaoyang	27.4	40.7	42.7	41.5	41.8
镇雄县	Zhenxiong	54.2	51.2	53.3	54.6	54.8
禄丰县	Lufeng	26.4	42.8	38.7	37.9	38.4
蒙自市	Mengzi	27.4	31.7	38.7	39.1	41.0
建水县	Jianshui	47.5	51.7	53.8	54.9	55.9
石屏县	Shiping	31.2	39.6	44.1	46.6	46.8
弥勒市	Mile	30.6	39.0	48.9	47.0	47.7
泸西县	Luxi	28.5	35.9	39.4	37.2	37.6
丘北县	Qiubei	34.6	41.1	49.1	46.6	47.2
广南县	Guangnan	39.9	52.5	41.2	39.2	40.6
大理市	Dali	27.6	33.0	28.9	27.8	26.1

3-4 续表 3 Continued

项　目	Item	2011	2012	2013	2014	2015
能繁母猪存栏数(万头)	Number of Slaughtered Hogs(10000 heads)	127.4	138.2	145.8	145.1	141.7
宜良县	Yiliang	3.2	3.6	3.7	3.3	2.8
寻甸县	Xundian	3.9	4.7	4.6	4.4	4.1
麒麟区	Qilin	4.6	4.6	5.6	5.6	5.1
陆良县	Luliang	8.1	8.2	9.0	9.1	9.5
师宗县	Shizong	8.1	4.7	5.1	4.9	5.1
罗平县	Luoping	6.3	6.0	6.6	6.2	5.8
富源县	Fuyuan	7.7	7.7	8.2	8.3	8.0
会泽县	Huize	10.2	10.2	12.5	12.5	11.4
沾益县	Zhanyi	5.0	5.0	4.8	5.2	5.3
宣威市	Xuanwei	13.1	13.1	13.3	13.1	12.5
隆阳区	Longyang	8.0	8.8	7.6	7.6	7.3
腾冲市	Tengchong	3.4	4.8	4.9	4.9	5.2
昌宁县	Changning	3.1	4.4	4.5	4.6	4.7
昭阳区	Zhaoyang	3.2	4.7	5.0	4.7	4.2
镇雄县	Zhenxiong	5.8	5.8	7.5	7.5	7.5
禄丰县	Lufeng	3.0	4.7	4.3	4.7	4.8
蒙自市	Mengzi	3.0	3.4	3.8	3.8	4.1
建水县	Jianshui	4.6	5.0	5.2	5.2	5.3
石屏县	Shiping	4.0	5.0	4.9	5.0	4.9
弥勒市	Mile	3.6	4.5	4.9	5.0	5.1
泸西县	Luxi	3.1	3.9	4.5	4.6	4.7
丘北县	Qiubei	4.2	4.9	5.5	5.4	5.2
广南县	Guangnan	5.2	6.7	6.0	5.7	5.6
大理市	Dali	3.3	3.9	3.9	3.8	3.5

主要统计指标解释

粮食产量 指全社会的产量。包括国有经济经营的、集体统一经营的和农民家庭经营的粮食产量，还包括工矿企业办的农场和其他生产单位的产量。粮食除包括稻谷、小麦、玉米、高粱、谷子及其他杂粮外，还包括薯类和豆类。其产量计算方法，豆类按去豆荚后的干豆计算；薯类(包括甘薯和马铃薯，不包括芋头和木薯)1963 年以前按每 4 公斤鲜薯折 1 公斤粮食计算，从 1964 年开始改为按 5 公斤鲜薯折 1 公斤粮食计算。城市郊区作为蔬菜的薯类(如马铃薯等)按鲜品计算，并且不作粮食统计。其他粮食一律按脱粒后的原粮计算。1989 年以前全国粮食产量数据主要靠全面报表取得，1989 年开始使用抽样调查数据。

农作物播种面积 指实际播种或移植农作物的面积。凡是实际种植有农作物的面积，不论种植在耕地上还是种植在非耕地上，均包括在农作物播种面积中。在播种季节基本结束后，因遭灾而重新改种和补种的农作物面积，也包括在内。目前，农作物播种面积主要包括粮食、油料、棉花、麻类、糖料、烟叶、药材、蔬菜、瓜类和其他农作物等十大类。

猪、牛、羊肉产量 指当年出栏并已屠宰、除去头蹄下水后带骨肉(即胴体重)的重量。包括全社会范围内的产量。1996 年以前为全面统计并逐级上报数据。1996 年第一次农业普查以后，根据普查结果，对畜牧业主要年报数据进行了修正。1999 年以后，国家统计局在部分地区开展了猪、牛、羊、禽等主要畜禽品种的抽样调查，并用抽样数据作为国家定案数据使用。未开展抽样调查的地区和品种，仍使用各级统计部门逐级上报数据。2007 年，根据第二次农业普查结果，对 2000-2006 年畜牧业主要年报数据进行了修正。2008 年，建立了主要畜禽监测调查制度，猪、牛、羊、禽等主要畜禽数据均以抽样调查数为法定数据。

期初(末)畜禽存栏头(只)数 指报告期初(末)农村各种合作经济组织和国营农场、农民个人、机关、团体、学校、工矿企业、部队等单位以及城镇居民饲养的大牲畜、猪、羊、家禽等畜禽的存栏数。数据上报方式及数据调整情况同猪、牛、羊肉产量。

Explanatory Notes on Main Statistical Indicators

Grain Output refers to the total output of grains within the whole society, including the grain output of the state-owned economy, collective and unified and household management, but also the output of farms and other production units in the industrial and mining enterprises. Grains include rice, wheat, maize, sorghum, millet and other miscellaneous grain, but also tubers and legumes. Output of beans refers to dry beans without pods. The output of tubers (sweet potatoes and potatoes, not including taros and cassava) are converted into that of grain at the ratio 4:1, i.e. 4 kilograms of fresh tubers were equivalent to 1 kilogram of grain up to 1963. Since 1964 the ratio for conversion has been 5:1. Tubers supplied as vegetables (such as potatoes) in cities and suburbs are calculated as fresh vegetables and their output is not included in the output of grain. Output of other grain should be limited to husked grain only. Data on grain production before 1989 were obtained through the Comprehensive Statistical Reporting System. Since 1989, data from sample surveys are used.

Sown area of crops refers to the actual area of all land (cultivated or non-cultivated area) sown or transplanted with crops.After the end of the planting season, the re-replanting and replanting crops area due to natural disasters is also included. At present, the sown area of crops includes ten categories such as food, oil, cotton, hemp, sugar, tobacco, herbs, vegetables, melons and other crops and so on.

Output of Pork, Beef, and Mutton refers to the meat of slaughtered hogs, cattle, sheep and goats with head, feet, and offal taken away. Data refers to the production of the whole country. Before 1996, it was a comprehensive reporting from the lower level to the upper one. The First Agricultural Census of China in 1996 revealed some discrepancy between the production of animal products from the annual reports and that from the census. Efforts were made to adjust the output value of animal husbandry to make the figures from the annual reports consistent with the census data. Since 1999, the NBS conducted sample surveys for the major animal husbandry products, such as hogs, cattle, sheep and goats and fowls, and the data from sample surveys are used as national finalized data. Those products, which are not covered by the sample survey, are still reported by statistical agencies level by level. In 2007, the data on animal husbandry from 2000 to 2006 were revised according to the results of the Second Agriculture Census of China. In 2008, A Monitoring and Survey Program was set up on main livestock, the data on the main livestock such as hog, cattle, sheep and poultry became the official data based on the sampling survey.

Number of Livestock or Poultry in Stock at Beginning (or End) of Period refers to the total number of large animals, pigs, sheep, fowls, etc. raised by rural cooperative organizations, State farms, rural individuals, government agencies, schools, industrial and mining enterprises, army, and urban residents at the beginning (or end) of the reference period. Data reporting system and data adjustment are the same as that in the output of pork, beef and mutton.

四 专项调查

Chapter 4

Special Survey

简要说明

一、本篇资料的主要内容及统计范围

本篇资料反映专项调查情况，内容主要包括部分服务业调查、农村贫困监测调查、农村住户固定资产投资抽样调查等方面的统计资料。

二、本篇的资料来源及统计调查方法

1. 农村贫困监测调查。为全面、准确、及时反映贫困地区的贫困状况、变化趋势和扶贫成效，客观衡量居民收入和基本公共服务与全国平均水平的差距，掌握贫困地区的宏观经济背景和社会发展状况，评估宏观发展与专项扶贫的作用，为科学制定扶贫相关政策提供参考依据，国家统计局根据《中国农村扶贫开发纲要（2011-2020 年）》和五部委《关于进一步加强农村贫困监测工作的通知》（国统字〔2012〕21 号）,开展国家农村贫困监测调查。国家农村贫困监测调查内容主要包括居民现金和实物收支情况、住户成员及劳动力从业情况、居民家庭住房和耐用消费品拥有情况、家庭经营和生产投资情况、社区基本情况、县（市）社会经济基本情况和到县扶贫项目实施情况、以及村和户的扶贫参与情况等。由两部分组成，即由收支与生活状况调查内容和贫困监测补充调查内容组成。国家农村贫困监测调查与住户收支与生活状况调查（即一体化住户调查）、县（市）社会经济统计共同构成国家农村贫困监测体系的主要数据来源。国家农村贫困监测调查和省（区、市）农村贫困监测调查，包括分市县贫困监测调查、省定扶贫重点县贫困监测调查，由国家统计局各调查总队负责、会同省（区、市）统计局共同实施。调查范围为《中国农村扶贫开发纲要（2011-2020 年）》确定的 14 个片区和扶贫重点县的农村地区。经国家统计局和省级人民政府批准，地方政府确定的扶贫重点区域也可根据本方案开展农村贫困监测调查。调查对象为调查范围内的县以及抽中行政村、农村住户及住户成员。

2. 农村住户固定资产投资抽样调查。根据《农村住户固定资产投资抽样调查方案》实施。其调查对象是调查村的住户。调查网点在住户收支与生活状况调查网点进行，农户投资从住户收支调查资料中取得，农户建房投资在住户收支调查小区所在的村调查所有建房户情况。根据农村固定资产调查的现实情况，本方案中的农户房屋建筑物、机器设备、器具等固定资产价值统计标准为 1000 元以上，使用年限为 2 年以上。调查内容包括：农户固定资产原值、农户固定资产资产投资完成情况、农户建房情况，以及农户固定资产投资的资金来源、投资构成及投资方向等。调查方法采用调查人员到调查村直接访问，并从住户收支与生活状况调查中取得调查户的基础数据。

3. 规模以下服务业抽样调查简要说明。

规模以下服务业抽样调查是国家统计调查，由国家统计局在全国范围内统一组织实施。国家统计局云南调查总队按照国家统一下发的抽样程序抽取样本。国家统计局各州、市、县调查队根据国家统计局制定的规模以下服务业抽样调查统计报表制度，按照统一的统计范围、计算方法、统计口径直接从所抽中的规模以下服务业企业采集原始数据审核后上报国家统计局云南调查总队。国家统计局云南调查总队审核、查询原始数据后上报国家统计局。同时，按照国家统计局统一下发的数据处理程序进行本地区行业大类的数据推算工作。

调查目的是为反映我国规模以下服务业企业的经营状况、经营环境，为政府宏观经济政策提供参考依据。

调查范围：辖区内年末从业人员 50 人以下，且年营业收入 1000 万元以下的服务业样本法人单位。具体包括：交通运输、仓储和邮政业，信息传输、软件和信息技术服务业，租赁和商务服务业，科学研究和技术服务业，水利、环境和公共设施管理业，教育，卫生和社会工作；以及物业管理、房地产中介服务等行业。

辖区内年末从业人员 50 人以下，且年营业收入 500 万元以下的服务业样本法人单位。包括：居民服务、修理和其他服务业，文化、体育和娱乐业。

调查内容：调查内容包括规模以下服务业法人单位的基本情况，经营状况、经营环境、遇到的困难及建议等。

Brief Introduction

I. Main Contents and Statistical Scopes

The data in this chapter show the conditions of special surveys, including mainly Grain for Green Monitoring Survey, Part of Service Industry Survey, Rural Poverty Monitoring Survey and Investment in Fixed Assets of Rural Households Sample Survey.

II. Data Sources and Survey Methods

1. Grain for Green Monitoring Survey. In 2007, it was a national survey jointly organized by National Bureau of Statistics, National Development and Reform Commission, State Councils Office of the Leading Group for Western Region Development, State Forestry Administration, Ministry of Agriculture, Ministry of Finance and Ministry of Supervision. The purpose is to monitor and investigate the situation of the economic, social development, the operation of the project and the consolidation and implementation of the project of the Grain for Green Project counties, comprehensively understand the actual operation of the project, master the production and living conditions of the farmers of returning farmland, provide scientific basis for improving the policy of grain for green, and promoting the healthy development of the project.

2. Rural Poverty Monitoring Survey

National Bureau of Statistics, according to " China's Rural Poverty Alleviation and Development Program (2011-2020) "and the five ministries " The Notice about Further Strengthening the Rural Poverty Monitoring Work " (the national unified [2012] 21), conducts the National Rural Poverty Monitoring Survey. The survey is in order to comprehensively, accurately and timely reflect the poverty situation, changing trends and poverty alleviation effect, objectively measure the gap between the income and basic public service and the national average level, grasp the macro economic background and social development in poverty areas, evaluate the role of macro development and special poverty alleviation, provide reference and basis for scientifically making poverty alleviation policy. National rural poverty monitoring mainly includes residents' income and expenditure in cash and in kind, household members and labour employment, household housing and consumer good durable, family business and production investment, community basic situation, the basic situation of social economy of the county (city),the implementation of poverty alleviation projects in the county, as well as the participation of villages and households in poverty alleviation, etc. The survey is made up of two parts, the income and expenditure and living conditions survey and the poverty monitoring supplementary survey.

The main data sources of the national rural poverty monitoring system is the survey of the National Rural Poverty Monitoring Survey and the household income and expenditure and living conditions survey (i.e., the integrated household survey) and the counties' (cities') social and economic statistics. National Rural Poverty Monitoring Survey and the rural poverty monitoring survey in provinces (districts, cities), including the poverty survey in cities and counties, the poverty monitoring survey of key poverty alleviation counties in the provinces, is responsible by the National Bureau of Statistics Survey Corps, in conjunction with the provincial (district, city) statistical bureau. The survey scope is 14 areas and key poverty alleviation counties in rural areas determined in "China's Rural Poverty Alleviation and Development Program (2011-2020)". With the approval of the National Bureau of Statistics and the provincial people's government, the key areas of poverty alleviation by local governments can also conduct the rural poverty monitoring survey according to this plan. The object of the survey is the counties to investigate as well as the draw administrative villages, rural residents and residents.

3. Sample Survey of Fixed Assets Investment in Rural Households

Carrying out according to the "rural household investment in fixed assets sample survey plan". The object of the investigation is the residents of the village. And the survey sites are household income and expenditure and living conditions survey sites.

Household investment data obtained from the household income and expenditure survey data, Village inquiry agency has the data of housing households. According to the reality of rural fixed assets survey, the housing buildings, machinery and equipment, equipment and other fixed assets value of the housing buildings, machinery and equipment are over 1000 yuan and over 2 years. Survey content includes: original value of fixed assets of farmers, Completion in fixed assets investment of farmers, farmers housing situation, and the sources of funds for farmers' investment in fixed assets, investment structure and investment direction. Survey personnel visit to the village directly, and obtain the basic data of the household survey from the household income and expenditure survey.

4. A Brief Description of the Sample Survey of the Service Industry

The sample survey of service industry under designated size is a national survey, which is carried out by the National Bureau of statistics within the country. The NBS Survey Offices and the city and county Survey Offices collect raw data and report according to reporting system of the sample survey of service industry under designated size of the National Bureau of statistics, in accordance with unified statistical range, calculation method, statistical caliber of national. The purpose of this study is to reflect the operating conditions and the operating environment of the enterprises under designated size in our country and provide a reference for the government's macroeconomic policies.

Investigation scope: the staff within 50 at the end of the year, and the service industry sample legal entity with a annual business income under 10000000 yuan. Including: transportation, storage and postal services, information transmission, software and information technology services, leasing and business services, scientific research and technical services, water conservancy, environment and public facilities management, education, health and social work; and property management, real estate intermediary services and other industries.

The staff within 50 at the end of the year, and the service industry sample legal entity with a annual business income under 5000000 yuan. Including: resident services, repairs and other services, culture, sports and entertainment.

Content: the content of the survey includes the basic situation of the legal entity of the service industry, the management status, the business environment, the difficulties and suggestions.

4-1 2014-2015年农户固定资产投资情况
FARMERS' INVESTMENT IN FIXED ASSETS(2014-2015)

单位：万元、万平方米 (10000 yuan，10000 square meters)

指　　标	Indicator	2014	2015
本年新增固定资产原值	**A New Increase in Original Value of Fixed Assets This Year**	**4247223**	**4312253**
本年固定资产投资完成额	**Investment in Fixed Assets This Year**	**4247223**	**4312253**
按投资来源分	**According to the Source of Investment**		
国内贷款	Domestic Loans	40476	11956
自筹资金	Self-raising Funds	3997531	4209207
其他资金	Other Funds	209216	91090
按投资构成分	**According to the composition of investment**		
建筑工程	Architectural Engineering	3419232	3732488
其中：水利	Water Conservancy	18708	25560
房屋	House	3334576	3678559
#住宅	Residential Buildings	3183292	3464790
安装工程	Installation engineering		
设备工器具购置	Purchase of Equipment and Instruments	392787	300402
其中：生产设备	Production Equipment	392787	300402
其它	Others	435204	279362
按投资方向分	**According to the Investment Direction**		
农业	Agriculture	722272	723301
采矿业	Mining		
制造业	Manufacturing	317	6498
电力、燃气及水的生产和供应业	Production and Distribution of Electricity, Gas and Water	1820	20474

4-1 续表 Continued

单位：万元、万平方米 (10000 yuan，10000 square meters)

指　　标	Indicator	2014	2015
建筑业	Construction	1574	11597
交通运输、仓储和邮政业	Transport, Storage and Post	254376	6823
信息传输、计算机服务和软件业	Information Transmission, Computer Services and Software		58744
批发和零售业	Wholesale and Retail Trades	55910	622
住宿和餐饮业	Hotels and Catering Services	11685	
房地产业	Real Estate	3185045	3468426
居民服务和其他服务业	Services to Households and Other Services	11472	13593
文化、体育和娱乐业	Culture, Sports and Entertainment		
租赁和商务服务业	Leasing and business services		2173
按具体投资项目分	**According to Specific Investment Projects**		
房屋	Buildings	3334576	3678559
#住宅	Residential Buildings	3183292	3464790
设备	Facility	392787	300402
水利	Water Conservancy	18708	25560
其它	Others	501152	307732
本年施工房屋面积	Construction Area of This Year	7961	5702
其中：住宅	Residential Buildings	7521	4916
其中：当年新开工	New Start	5908	
本年竣工房屋面积	Housing Area Completed This Year	6380	4721
其中：住宅	Residential Buildings	6080	4254
本年竣工房屋投资完成额	Investment of Completion of housing this year	3977846	4660186
其中：住宅	Residential Buildings	3523836	4253157

4-2　2014-2015年规模以下服务业企业主要经济指标
MAJOR INDICATORS FORSERVICES ENTERPRISES BELOW DESIGNATED SIZE(2014-2015)

单位：万元　　10000yuan

指　　标	Indicator//Item	2014	2015
规模以下服务业企业（推估数）	**Services Enterprises Below Designated Size**		
企业数(个)	Number of Enterprises(unit)	37993	48441
固定资产原价	Original Value of Fixed Assets	6836581	4455354
资产总计	Total Assets	23367284	15088222
负债合计	Total Liabilities	14693980	7863559
营业收入	Business Revenue	3401089	3941409
营业成本	Operating Costs	1885968	2206174
营业税金及附加	Operating Tax and Extra Charges	101777	104908
销售费用	Selling Expenses	309035	332847
管理费用	Management Expenses	846631	1071547
财务费用	Financing Expenses	71954	64166
营业利润	Operating Profit	-142	-42817
利润总额	Total Profits	19905	-50886
应付职工薪酬(本年贷方累计发生额)	Wages Payable to Employees	991934	1267556
应交增值税	Value Added Tax Payable	60444	50951
从业人员平均人数(人)	Average Number of Employed Persons	381890	443012

4-3 2000-2010年农村贫困标准及贫困状况
RURAL POVERTY(2000-2010)

年 份 Year	农村贫困标准(元/人) Rural Poverty Standard (yuan/person)		农村贫困人口(万人) Rural Poor Population (10000 persons)		农村贫困发生率(%) Rural Poverty Incidence	
	贫困标准 (当年价) Poverty Standard (current prices)	低收入标准 (当年价) Low Income Standard (current prices)	贫困和低收入人口 Poverty and Low Income Population	贫困人口 Poor Population	贫困和低收入人口比重 Proportion of Poverty and Low Income Population	贫困发生率 Poverty Incidence
2000	625	865	1022.1	337.5	29.63	9.78
2001	630	872	981.9	273.4	28.35	7.89
2002	627	869	887.6	304.0	25.43	8.71
2003	637	882	820.3	275.4	23.37	7.84
2004	668	924	777.7	262.3	21.98	7.41
2005	683	944	737.8	248.4	20.68	6.96
2006	693	958	670.8	228.4	18.67	6.36
2007	785	1067	597.0	196.5	16.50	5.43
2008	895	1196	555.0	184.5	15.25	5.07
2009	976	1196	540.0	160.2	14.71	4.36
2010	986	1274	325.0	148.8	8.76	4.01

说明：1. 2000-2010年贫困标准为国家统计局依据《中国农村扶贫开发规划纲要(2000-2010)》要求制定的全国统一标准。
2. 2000-2010年贫困标准为625元(2000年价格水平)，2001-2010年每年根据物价水平调整。
3. 2000-2010年的低收入贫困标准为865元(2000年价格水平)，2001-2010年每年根据物价水平调整。

Note: 1.The standard of rural poverty alleviation is presented by the National Bureau of statistics on the basis of "China's rural poverty alleviation and development program (2000 - 2010)"
2.In 2000-2010, the standard of rural poverty alleviation is 625 yuan(price level in 2000), and every single years in 2001-2010 it adjusts according to the price level.
3.In 2000-2010, the standard of low income rural poverty alleviation is 625 yuan(price level in 2000), and every single years in 2001-2010 it adjusts according to the price level.

4-4 2010-2015年农村扶贫新标准及贫困状况
RURALPOVERTY AND THE NEW STANDARD OF RURAL POVERTY ALLEVIATION (2010-2015)

年 份 Year	农村扶贫标准 (当年价，元/人) Rural Poverty Alleviation Standard (current price, yuan / person)	农村扶贫对象人口 (万人) Rural Population by Poverty Alleviation (10000 persons)	农村贫困发生率 (%) Rural Poverty Incidence (%)
2010	2300	1468	39.56
2011	2536	1014	27.11
2012	2625	804	21.58
2013	2736	661	17.74
2014	2800	574	15.49
2015	2855	471	12.71

说明：1. 本农村扶贫新标准为国家统计局依据《中国农村扶贫开发纲要(2011—2020年)》提出：“到2020年要稳定实现扶贫对象不愁吃、不愁穿，保障其义务教育、基本医疗和住房”的要求制定的全国统一标准。
2. 2010-2020年农村扶贫新标准为低于农民人均纯收入2300元(2000年价格水平)，2011-2020年每年根据物价水平调整。
3. 2011-2013年农村扶贫新标准的农民人均纯收入的当年价格水平分别为：2011年2536元，2012年2625元，2013年2736元。
4. 2014年农村扶贫新标准的农民人均纯收入对应农村常住居民人均可支配收入的当年价格水平为：2800元。

Note: 1.The new standard of rural poverty alleviation is presented by the National Bureau of statistics on the basis of "China's rural poverty alleviation and development program (2011 - 2020)" To achieve the alleviation people's not worring about food,clothing,compulsory education, Basic medical care and housing.'
2.The new standard for rural poverty alleviation in 2010-2020 is lower than the per capita net income of rural farmers in 2300 yuan (price level in 2000),and every single years in 2011-2020 it adjusts according to the price level.
3.In 2011-2013, Current price level of the per capita net income of rural farmers in the new poverty alleviation standard are: 2536 yuan in 2011,2625 yuan in 2012 and 2736 yuan in 2013.
4.In 2014,the current price level of the rural residents per capita disposable income is 2800 yuan.

4-5 2014-2015年分区域农村扶贫对象人口
RURAL POPULATION BY POVERTY ALLEVIATION BY REGIONS (2014-2015)

单位：人 (person)

区 域	Region	县数 The Number of Counties	2014	2015
全省合计	**Total**	**129**	**5740000**	**4710000**
扶贫开发重点县	**Key Counties for Poverty Alleviation**	**80**	**4940042**	**4072705**
#国定扶贫开发重点县	National Poverty Counties	73	4631138	3825945
#省定扶贫开发重点县	Provincial Poverty Counties	7	308904	246760
集中连片特殊困难地区	**Special Poverty Areas**	**93**	**5327142**	**4381437**
#国定集中连片特殊困难地区	National Special Poverty Area	85	5021109	4130062
①乌蒙山区	The Wumeng Mountain Area	17	2237288	1872433
②石漠化区	Rocky Desertification Area	12	659803	539160
③滇西边境山区	The border area in western Yunnan	61	2314280	1873393
④藏区	The Tibetan	3	115771	96451
边境县	**Border County**	**25**	**1012499**	**829407**
少数民族自治地方县	**Minority Autonomous County**	**78**	**2938421**	**2400473**
#少数民族直过区	Straight over the area of Ethnic Minorities	25	1063190	876972
边疆少数民族深度贫困区域	**Extremely Poverty Area of Minority Nationalities in the Border Areas**	**105**	**5580397**	**4584167**
#深度贫困县	Steep Poverty County	41	2887610	2388309
革命老区县	**The Old Revolutionary Base County**	**59**	**3308549**	**2729524**
县域经济县	**Economic County**	**47**	**1976005**	**1618435**
三江沿线	**Sanjiang along**	**48**	**2479821**	**2041338**

4-6 2014-2015年分区域农村扶贫对象人口净减少数量
NET REDUCTION IN THE NUMBER OF RURAL POVERTY ALLEVIATION POPULATION BY REGIONS (2014-2015)

单位：人 (person)

区 域	Region	县数 The Number of Counties	2014	2015
全省合计	**Total**	**129**	**870000**	**1030000**
扶贫开发重点县	**Key Counties for Poverty Alleviation**	**80**	**710256**	**867337**
#国定扶贫开发重点县	National Poverty Counties	73	651273	805193
#省定扶贫开发重点县	Provincial Poverty Counties	7	58983	62144
集中连片特殊困难地区	**Special Poverty Areas**	**93**	**779731**	**945705**
#国定集中连片特殊困难地区	National Special Poverty Area	85	723377	891047
①乌蒙山区	The Wumeng Mountain Area	17	291431	364855
②滇黔桂石漠化区	Rocky Desertification Area	12	107145	120643
③滇西边境山区	The border area in western Yunnan	61	363845	440887
④藏区	The Tibetan	3	17310	19320
边境县	**Border County**	**25**	**151135**	**183092**
少数民族自治地方县	**Minority Autonomous County**	**78**	**460717**	**537948**
#少数民族直过区	Straight over the area of Ethnic Minorities	25	145554	186218
边疆少数民族深度贫困区域	**Extremely Poverty Area of Minority Nationalities in the Border Areas**	**105**	**831650**	**996230**
#深度贫困县	Steep Poverty County	41	387434	499301
革命老区县	**The Old Revolutionary Base County**	**59**	**488507**	**579025**
县域经济县	**Economic County**	**47**	**301912**	**357570**
三江沿线	**Sanjiang along**	**48**	**353847**	**438483**

4-7 2014-2015年分区域农村贫困发生率
RURAL POVERTY INCIDENCE BY REGIONS(2014-2015)

单位：%

区 域	Region	县数 The Number of Counties	2014	2015
全省合计	**Total**	**129**	**15.49**	**12.71**
扶贫开发重点县	**Key Counties for Poverty Alleviation**	**80**	**19.61**	**16.16**
#国定扶贫开发重点县	National Poverty Counties	73	21.25	17.55
#省定扶贫开发重点县	Provincial Poverty Counties	7	9.09	7.26
集中连片特殊困难地区	**Special Poverty Areas**	**93**	**18.25**	**15.01**
#国定集中连片特殊困难地区	National Special Poverty Area	85	18.99	15.62
①乌蒙山区	The Wumeng Mountain Area	17	23.59	19.74
②石漠化区	Rocky Desertification Area	12	14.06	11.49
③滇西边境山区	The border area in western Yunnan	61	15.75	12.75
④藏区	The Tibetan	3	36.38	30.31
边境县	**Border County**	**25**	**18.50**	**15.16**
少数民族自治地方县	**Minority Autonomous County**	**78**	**15.58**	**12.74**
#少数民族直过区	Straight over the area of Ethnic Minorities	25	20.38	16.81
边疆少数民族深度贫困区域	**Extremely Poverty Area of Minority Nationalities in the Border Areas**	**105**	**17.31**	**14.22**
#深度贫困县	Steep Poverty County	41	22.83	18.88
革命老区县	**The Old Revolutionary Base County**	**59**	**16.21**	**13.37**
县域经济县	**Economic County**	**47**	**11.68**	**9.56**
三江沿线	**Sanjiang along**	**48**	**20.18**	**16.61**

4-8 2014-2015年分区域农村扶贫对象人口下降率
RURAL POVERTY REDUCTION RATE BY REGIONS(2014-2015)

单位：%

区域	Region	县数 The Number of Counties	2014	2015
全省合计	**Total**	**129**	**13.16**	**17.94**
扶贫开发重点县	**Key Counties for Poverty Alleviation**	**80**	**12.57**	**17.56**
#国定扶贫开发重点县	National Poverty Counties	73	12.33	17.39
#省定扶贫开发重点县	Provincial Poverty Counties	7	16.03	20.12
集中连片特殊困难地区	**Special Poverty Areas**	**93**	**12.77**	**17.75**
#国定集中连片特殊困难地区	National Special Poverty Area	85	12.59	17.75
①乌蒙山区	The Wumeng Mountain Area	17	11.52	16.31
②滇黔桂石漠化区	Rocky Desertification Area	12	13.97	18.29
③滇西边境山区	The border area in western Yunnan	61	13.59	19.05
④藏区	The Tibetan	3	13.01	16.69
边境县	**Border County**	**25**	**12.99**	**18.08**
少数民族自治地方县	**Minority Autonomous County**	**78**	**13.55**	**18.31**
#少数民族直过区	Straight over the area of Ethnic Minorities	25	12.04	17.52
边疆少数民族深度贫困区域	**Extremely Poverty Area of Minority Nationalities in the Border Areas**	**105**	**12.97**	**17.85**
#深度贫困县	Steep Poverty County	41	11.83	17.29
革命老区县	**The Old Revolutionary Base County**	**59**	**12.87**	**17.50**
县域经济县	**Economic County**	**47**	**13.25**	**18.10**
三江沿线	**Sanjiang along**	**48**	**12.49**	**17.68**

4-9 2014-2015年各州市县农村扶贫对象人口
RURAL POPULATION BY POVERTY ALLEVIATION BY STATES AND COUNTIES(2014-2015)

单位：人 (person)

地 区	Region	2014	2015
昆明市	**Kunming**	**212309**	**171447**
五华区	Wuhua		
盘龙区	Panlong	215	
官渡区	Guandu		
西山区	Xishan		
东川区	Dongchuan	82578	67939
呈贡区	Chenggong		
晋宁县	Jinning		
富民县	Fumin	1251	
宜良县	Yiliang	2496	1773
石林县	Shilin	1187	
嵩明县	Songming	4846	3704
禄劝县	Luquan	29398	24000
寻甸县	Xundian	90338	74031
安宁市	Anning		
曲靖市	**Qujing**	**799149**	**666391**
麒麟区	Unicorn region	7798	5953
马龙县	Malone	19561	15954
陆良县	Luliang	22625	18287
师宗县	Shizong	72142	58598
罗平县	Luoping	33550	26055
富源县	Fuyuan	85198	71723
会泽县	Huize	385127	329235
沾益县	Zhanyi	14225	11765
宣威市	Xuanwei	158923	128821

4-9 续表 1 Continued

单位：人 (person)

地 区	Region	2014	2015
玉溪市	**Yuxi**	**93162**	**73751**
红塔区	Hongta	5758	4427
江川县	Jiangchuan	10970	8790
澄江县	Chengjiang	5481	4342
通海县	Tonghai	3822	2793
华宁县	Huaning	10193	8034
易门县	Yimen	11864	9242
峨山县	Eshan	10725	8535
新平县	Xinping	16123	12953
元江县	Yuanjiang	18226	14635
保山市	**Baoshan**	**271136**	**213973**
隆阳区	Longyang	73116	56813
施甸县	Shidian	60666	48697
腾冲市	Tengchong	45430	36038
龙陵县	Longling	39064	31018
昌宁县	Changning	52860	41407
昭通市	**Zhaotong**	**1336745**	**1119488**
昭阳区	Zhaoyang	158805	132510
鲁甸县	Ludian	108264	92882
巧家县	Qiaojia	151557	130156
盐津县	Yanjin	80135	65977
大关县	Daguan	86892	73026
永善县	Yongshan	137637	116224
绥江县	Suijiang	40736	34232
镇雄县	Zhenxiong	345651	282480

4-9 续表 2 Continued

单位：人 (person)

地 区	Region	2014	2015
彝良县	Yiliang	170325	145168
威信县	Prestige	46219	38563
水富县	Shuifu	10524	8270
丽江市	**Lijiang**	**119937**	**95456**
古城区	Gucheng	1404	999
玉龙县	Yulong	12832	9885
永胜县	Yongsheng	48164	37647
华坪县	Huaping	13143	10407
宁蒗县	Ninglang	44394	36518
普洱市	**Pu'er**	**462619**	**382968**
思茅区	Simao	13427	11093
宁洱县	Ninger	11509	9394
墨江县	Mojiang	72966	60749
景东县	Jingdong	47127	38270
景谷县	Jinggu	43760	36445
镇沅县	Zhenyuan	27522	22216
江城县	Jiangcheng	29393	24127
孟连县	Menglian	24997	20739
澜沧县	Lancang	166727	139317
西盟县	Ximeng	25191	20618
临沧市	**Lincang**	**259433**	**201292**
临翔区	Linxiang	31634	25098
凤庆县	Fengqing	52729	40062
云 县	Yun County	31138	24192

4-9 续表 3 Continued

单位：人 (person)

地 区	Region	2014	2015
永德县	Yongde	36384	28215
镇康县	Zhenkang	27052	20918
双江县	Shuangjiang	21179	16365
耿马县	Gengma	27308	21175
沧源县	Cangyuan	32009	25267
楚雄州	**Chuxiong Prefecture**	**258217**	**209356**
楚雄市	Chuxiong	28455	23690
双柏县	Shuangbai	20194	15817
牟定县	Mouding	10888	9212
南华县	Nanhua	20661	16314
姚安县	Yaoan	20028	15869
大姚县	Dayao	28554	22666
永仁县	Yongren	18206	14565
元谋县	Yuanmou	15492	12564
武定县	Wuding	79505	65466
禄丰县	Lufeng	16234	13193
红河州	**Honghe**	**716494**	**589697**
个旧市	Gejiu	8163	6426
开远市	Kaiyuan	18022	14143
蒙自市	Mengzi	50511	40873
屏边县	Pingbian	62030	51540
建水县	Jianshui	47748	38583
石屏县	Shiping	28097	22653
弥勒市	Mile	35640	28972
泸西县	Luxi	40429	32908

4-9 续表 4 Continued

单位：人 (person)

地 区	Region	2014	2015
元阳县	Yuanyang	140333	117205
红河县	Honghe	99542	82371
金平县	Jinping	93191	77153
绿春县	Lvchun	82170	68200
河口县	Hekou	10618	8670
文山州	**Wenshan Prefecture**	**451652**	**370059**
文山市	Wenshan	37196	30664
砚山县	Yanshan	42069	33793
西畴县	Xichou	25469	20895
麻栗坡县	Malipo	55650	45408
马关县	Maguan	69594	57595
丘北县	Qiubei	49923	40323
广南县	Guangnan	110116	91519
富宁县	Funing	61635	49862
西双版纳州	**Xishuangbanna**	**49467**	**38504**
景洪市	Jinghong	9714	7545
勐海县	Menghai	20224	15264
勐腊县	Mengla	19529	15695
大理州	**Dali Prefecture**	**323126**	**254091**
大理市	Dali	12345	9229
漾濞县	Yangbi	12081	9496
祥云县	Xiangyun	26156	20272
宾川县	Binchuan	26578	19879

4-9 续表 5 Continued

单位：人 (person)

地　区	Region	2014	2015
弥渡县	Midu	55476	44319
南涧县	Nanjian	44511	34913
巍山县	Weishan	24687	19423
永平县	Yongping	19576	15524
云龙县	Yunlong	32097	25184
洱源县	Eryuan	18715	14971
剑川县	Jianchuan	24502	19534
鹤庆县	Heqing	26402	21347
德宏州	**Dehong**	**97488**	**78679**
瑞丽市	Ruili	9683	7730
芒　市	Mang City	13864	11059
梁河县	Lianghe	26436	21578
盈江县	Yingjiang	29143	23782
陇川县	Longchuan	18362	14530
怒江州	**Nujiang**	**173295**	**148397**
泸水县	Lushui	44305	38264
福贡县	Fugong	44324	38477
贡山县	Gongshan	13322	10956
兰坪县	Lanping	71344	60700
迪庆州	**Diqing**	**115771**	**96451**
香格里拉县	Shangri-La	38581	31705
德钦县	Deqin	19761	16192
维西县	Weixi	57429	48554

4-10 2014-2015年各州市县农村扶贫对象人口净减少数量
NET REDUCTION IN THE NUMBER OF RURAL POVERTY ALLEVIATION POPULATION BY STATES AND COUNTIES (2014-2015)

单位：人 (person)

地 区	Region	2014	2015
昆明市	**Kunming**	**60489**	**40862**
五华区	Wuhua	45	
盘龙区	Panlong		215
官渡区	Guandu	653	
西山区	Xishan	576	
东川区	Dongchuan	20831	14639
呈贡区	Chenggong	1653	
晋宁县	Jinning	1188	
富民县	Fumin	270	1251
宜良县	Yiliang	1060	723
石林县	Shilin	553	1187
嵩明县	Songming	977	1142
禄劝县	Luquan	6641	5398
寻甸县	Xundian	24445	16307
安宁市	Anning	1597	
曲靖市	**Qujing**	**102743**	**132758**
麒麟区	Qilin	1659	1845
马龙县	Malone	3470	3607
陆良县	Luliang	4469	4338
师宗县	Shizong	13564	13544
罗平县	Luoping	5813	7495
富源县	Fuyuan	10932	13475
会泽县	Huize	29873	55892
沾益县	Zhanyi	2318	2460
宣威市	Xuanwei	30645	30102

4-10 续表 1 Continued

单位：人 (person)

地 区	Region	2014	2015
玉溪市	**Yuxi**	**20256**	**19411**
红塔区	Hongta	1584	1331
江川县	Jiangchuan	2014	2180
澄江县	Chengjiang	1177	1139
通海县	Tonghai	1079	1029
华宁县	Huaning	2251	2159
易门县	Yimen	3079	2622
峨山县	Eshan	2344	2190
新平县	Xinping	3130	3170
元江县	Yuanjiang	3598	3591
保山市	**Baoshan**	**56518**	**57163**
隆阳区	Longyang	17081	16303
施甸县	Shidian	11597	11969
腾冲市	Tengchong	8554	9392
龙陵县	Longling	8040	8046
昌宁县	Changning	11246	11453
昭通市	**Zhaotong**	**156814**	**217257**
昭阳区	Zhaoyang	16844	26295
鲁甸县	Ludian	6129	15382
巧家县	Qiaojia	9245	21401
盐津县	Yanjin	11855	14158
大关县	Daguan	12419	13866
永善县	Yongshan	13705	21413
绥江县	Suijiang	5866	6504
镇雄县	Zhenxiong	53174	63171

4-10 续表 2 Continued

单位：人 (person)

地 区	Region	2014	2015
彝良县	Yiliang	19297	25157
威信县	Prestige	6183	7656
水富县	Shuifu	2097	2254
丽江市	**Lijiang**	**21017**	**24481**
古城区	Gucheng	459	405
玉龙县	Yulong	2487	2947
永胜县	Yongsheng	9739	10517
华坪县	Huaping	2481	2736
宁蒗县	Ninglang	5851	7876
普洱市	**Pu'er**	**53678**	**79651**
思茅区	Simao	2194	2334
宁洱县	Ninger	1428	2115
墨江县	Mojiang	7792	12217
景东县	Jingdong	5672	8857
景谷县	Jinggu	3062	7315
镇沅县	Zhenyuan	4472	5306
江城县	Jiangcheng	3573	5266
孟连县	Menglian	2591	4258
澜沧县	Lancang	20169	27410
西盟县	Ximeng	2725	4573
临沧市	**Lincang**	**53364**	**58141**
临翔区	Linxiang	5995	6536
凤庆县	Fengqing	13432	12667
云 县	Yun County	6362	6946

4-10 续表 3 Continued

单位：人 (person)

地 区	Region	2014	2015
永德县	Yongde	7176	8169
镇康县	Zhenkang	5336	6134
双江县	Shuangjiang	4413	4814
耿马县	Gengma	5455	6133
沧源县	Cangyuan	5195	6742
楚雄州	**Chuxiong Prefecture**	**42469**	**48861**
楚雄市	Chuxiong	3773	4765
双柏县	Shuangbai	3803	4377
牟定县	Mouding	324	1676
南华县	Nanhua	4137	4347
姚安县	Yaoan	3521	4159
大姚县	Dayao	5116	5888
永仁县	Yongren	3024	3641
元谋县	Yuanmou	2722	2928
武定县	Wuding	13347	14039
禄丰县	Lufeng	2702	3041
红河州	**Honghe**	**109513**	**126797**
个旧市	Gejiu	1946	1737
开远市	Kaiyuan	4181	3879
蒙自市	Mengzi	9868	9638
屏边县	Pingbian	9953	10490
建水县	Jianshui	9992	9165
石屏县	Shiping	4569	5444
弥勒市	Mile	7062	6668
泸西县	Luxi	8147	7521

4-10 续表 4 Continued

单位：人 (person)

地 区	Region	2014	2015
元阳县	Yuanyang	15413	23128
红河县	Honghe	12048	17171
金平县	Jinping	11385	16038
绿春县	Lvchun	13011	13970
河口县	Hekou	1938	1948
文山州	**Wenshan Prefecture**	**69668**	**81593**
文山市	Wenshan	5888	6532
砚山县	Yanshan	7949	8276
西畴县	Xichou	3573	4574
麻栗坡县	Malipo	8749	10242
马关县	Maguan	11670	11999
丘北县	Qiubei	8446	9600
广南县	Guangnan	13445	18597
富宁县	Funing	9948	11773
西双版纳州	**Xishuangbanna**	**11281**	**10963**
景洪市	Jinghong	2218	2169
勐海县	Menghai	5275	4960
勐腊县	Mengla	3788	3834
大理州	**Dali Prefecture**	**60880**	**69035**
大理市	Dali	3723	3116
漾濞县	Yangbi	2137	2585
祥云县	Xiangyun	5485	5884
宾川县	Binchuan	6919	6699

4-10 续表 5 Continued

单位：人 (person)

地 区	Region	2014	2015
弥渡县	Midu	9754	11157
南涧县	Nanjian	8164	9598
巍山县	Weishan	4518	5264
永平县	Yongping	2941	4052
云龙县	Yunlong	6231	6913
洱源县	Eryuan	3145	3744
剑川县	Jianchuan	4134	4968
鹤庆县	Heqing	3729	5055
德宏州	**Dehong**	**15621**	**18809**
瑞丽市	Ruili	2318	1953
芒 市	Mang City	2838	2805
梁河县	Lianghe	4227	4858
盈江县	Yingjiang	3074	5361
陇川县	Longchuan	3164	3832
怒江州	**Nujiang**	**18379**	**24898**
泸水县	Lushui	2937	6041
福贡县	Fugong	3564	5847
贡山县	Gongshan	3620	2366
兰坪县	Lanping	8258	10644
迪庆州	**Diqing**	**17310**	**19320**
香格里拉县	Shangri-La	6447	6876
德钦县	Deqin	3302	3569
维西县	Weixi	7561	8875

4-11 2014-2015年各州市县农村贫困发生率
RURAL POVERTY INCIDENCE BY STATES AND COUNTIES(2014-2015)

单位: % (%)

地 区	Region	2014	2015
昆明市	**Kunming**	**7.10**	**5.73**
五华区	Wuhua		
盘龙区	Panlong	0.21	
官渡区	Guandu		
西山区	Xishan		
东川区	Dongchuan	33.96	27.94
呈贡区	Chenggong		
晋宁县	Jinning		
富民县	Fumin	0.96	
宜良县	Yiliang	0.67	0.47
石林县	Shilin	0.57	
嵩明县	Songming	1.78	1.36
禄劝县	Luquan	6.78	5.54
寻甸县	Xundian	17.89	14.66
安宁市	Anning		
曲靖市	**Qujing**	**14.76**	**12.31**
麒麟区	Qilin	1.78	1.36
马龙县	Malone	11.26	9.18
陆良县	Luliang	3.90	3.15
师宗县	Shizong	17.73	14.40
罗平县	Luoping	6.15	4.78
富源县	Fuyuan	11.87	9.99
会泽县	Huize	44.52	38.06
沾益县	Zhanyi	4.17	3.45
宣威市	Xuanwei	11.81	9.57

4-11 续表 1 Continued

单位：%　　　　(%)

地 区	Region	2014	2015
玉溪市	**Yuxi**	**5.07**	**4.01**
红塔区	Hongta	1.94	1.49
江川县	Jiangchuan	4.32	3.47
澄江县	Chengjiang	3.71	2.94
通海县	Tonghai	1.53	1.12
华宁县	Huaning	5.45	4.29
易门县	Yimen	8.37	6.52
峨山县	Eshan	8.54	6.79
新平县	Xinping	6.40	5.14
元江县	Yuanjiang	9.93	7.98
保山市	**Baoshan**	**12.14**	**9.58**
隆阳区	Longyang	10.21	7.93
施甸县	Shidian	18.58	14.91
腾冲市	Tengchong	7.29	5.78
龙陵县	Longling	15.93	12.65
昌宁县	Changning	16.40	12.84
昭通市	**Zhaotong**	**25.71**	**21.53**
昭阳区	Zhaoyang	22.01	18.36
鲁甸县	Ludian	27.25	23.38
巧家县	Qiaojia	29.90	25.68
盐津县	Yanjin	22.48	18.51
大关县	Daguan	34.64	29.11
永善县	Yongshan	33.86	28.59
绥江县	Suijiang	36.03	30.28
镇雄县	Zhenxiong	24.06	19.67

4-11 续表 2 Continued

单位：% (%)

地 区	Region	2014	2015
彝良县	Yiliang	29.97	25.54
威信县	Prestige	12.37	10.32
水富县	Shuifu	15.59	12.25
丽江市	**Lijiang**	**11.68**	**9.30**
古城区	Gucheng	1.61	1.14
玉龙县	Yulong	6.24	4.81
永胜县	Yongsheng	13.05	10.20
华坪县	Huaping	10.41	8.24
宁蒗县	Ninglang	18.62	15.32
普洱市	**Pu'er**	**22.05**	**18.26**
思茅区	Simao	11.49	9.49
宁洱县	Ninger	7.26	5.93
墨江县	Mojiang	24.12	20.08
景东县	Jingdong	14.00	11.37
景谷县	Jinggu	15.57	12.97
镇沅县	Zhenyuan	13.89	11.21
江城县	Jiangcheng	28.84	23.68
孟连县	Menglian	20.91	17.34
澜沧县	Lancang	41.17	34.40
西盟县	Ximeng	32.57	26.66
临沧市	**Lincang**	**12.70**	**9.85**
临翔区	Linxiang	13.20	10.47
凤庆县	Fengqing	12.56	9.54
云 县	Yun County	7.94	6.17

4-11 续表 3 Continued

单位：% (%)

地 区	Region	2014	2015
永德县	Yongde	11.74	9.11
镇康县	Zhenkang	17.34	13.41
双江县	Shuangjiang	13.96	10.78
耿马县	Gengma	11.82	9.16
沧源县	Cangyuan	22.34	17.64
楚雄州	**Chuxiong Prefecture**	**12.25**	**9.93**
楚雄市	Chuxiong	9.24	7.69
双柏县	Shuangbai	15.23	11.93
牟定县	Mouding	5.78	4.89
南华县	Nanhua	11.16	8.81
姚安县	Yaoan	10.42	8.26
大姚县	Dayao	11.17	8.86
永仁县	Yongren	19.84	15.87
元谋县	Yuanmou	9.56	7.75
武定县	Wuding	32.64	26.88
禄丰县	Lufeng	4.65	3.78
红河州	**Honghe**	**19.71**	**16.22**
个旧市	Gejiu	4.39	3.46
开远市	Kaiyuan	9.96	7.82
蒙自市	Mengzi	17.54	14.19
屏边县	Pingbian	47.89	39.79
建水县	Jianshui	10.32	8.34
石屏县	Shiping	9.87	7.96
弥勒市	Mile	7.79	6.33
泸西县	Luxi	11.71	9.53

4-11 续表 4 Continued

单位：% (%)

地 区	Region	2014	2015
元阳县	Yuanyang	35.34	29.51
红河县	Honghe	33.15	27.43
金平县	Jinping	27.81	23.03
绿春县	Lvchun	37.47	31.10
河口县	Hekou	21.73	17.74
文山州	**Wenshan Prefecture**	**13.83**	**11.33**
文山市	Wenshan	9.93	8.18
砚山县	Yanshan	9.41	7.56
西畴县	Xichou	10.70	8.78
麻栗坡县	Malipo	21.53	17.57
马关县	Maguan	20.71	17.14
丘北县	Qiubei	11.00	8.88
广南县	Guangnan	14.33	11.91
富宁县	Funing	15.84	12.82
西双版纳州	**Xishuangbanna**	**7.45**	**5.80**
景洪市	Jinghong	3.96	3.07
勐海县	Menghai	7.47	5.63
勐腊县	Mengla	13.25	10.65
大理州	**Dali Prefecture**	**11.74**	**9.23**
大理市	Dali	4.40	3.29
漾濞县	Yangbi	16.57	13.02
祥云县	Xiangyun	5.80	4.50
宾川县	Binchuan	8.87	6.63

4-11 续表 5 Continued

单位：% (%)

地 区	Region	2014	2015
弥渡县	Midu	20.28	16.21
南涧县	Nanjian	25.77	20.21
巍山县	Weishan	9.04	7.11
永平县	Yongping	15.43	12.24
云龙县	Yunlong	18.13	14.23
洱源县	Eryuan	7.11	5.69
剑川县	Jianchuan	17.38	13.85
鹤庆县	Heqing	11.88	9.61
德宏州	**Dehong**	**9.62**	**7.76**
瑞丽市	Ruili	9.32	7.44
芒 市	Mang City	4.33	3.45
梁河县	Lianghe	16.72	13.65
盈江县	Yingjiang	10.96	8.95
陇川县	Longchuan	11.10	8.78
怒江州	**Nujiang**	**38.65**	**33.10**
泸水县	Lushui	31.20	26.94
福贡县	Fugong	48.33	41.96
贡山县	Gongshan	45.76	37.63
兰坪县	Lanping	38.46	32.72
迪庆州	**Diqing**	**36.38**	**30.31**
香格里拉县	Shangri-La	31.89	26.21
德钦县	Deqin	37.51	30.74
维西县	Weixi	39.72	33.58

4-12 2014-2015年各州市县农村扶贫对象人口下降率
DECLINE RATE OF RURAL POVERTY ALLEVIATION POPULATION BY STATES AND COUNTIES(2014-2015)

单位：%　　　　(%)

地 区	Region	2014	2015
昆明市	**Kunming**	**22.17**	**19.25**
五华区	Wuhua	100.00	
盘龙区	Panlong		100.00
官渡区	Guandu	100.00	
西山区	Xishan	100.00	
东川区	Dongchuan	20.14	17.73
呈贡区	Chenggong	100.00	
晋宁县	Jinning	100.00	
富民县	Fumin	17.75	100.00
宜良县	Yiliang	29.81	28.97
石林县	Shilin	31.78	100.00
嵩明县	Songming	16.78	23.57
禄劝县	Luquan	18.43	18.36
寻甸县	Xundian	21.30	18.05
安宁市	Anning	100.00	
曲靖市	**Qujing**	**11.39**	**16.61**
麒麟区	Qilin	17.54	23.66
马龙县	Malone	15.07	18.44
陆良县	Luliang	16.49	19.17
师宗县	Shizong	15.83	18.77
罗平县	Luoping	14.77	22.34
富源县	Fuyuan	11.37	15.82
会泽县	Huize	7.20	14.51
沾益县	Zhanyi	14.01	17.29
宣威市	Xuanwei	16.17	18.94

4-12 续表 1 Continued

单位：%　　　　(%)

地　区	Region	2014	2015
玉溪市	**Yuxi**	**17.86**	**20.84**
红塔区	Hongta	21.57	23.12
江川县	Jiangchuan	15.51	19.87
澄江县	Chengjiang	17.68	20.78
通海县	Tonghai	22.02	26.92
华宁县	Huaning	18.09	21.18
易门县	Yimen	20.60	22.10
峨山县	Eshan	17.94	20.42
新平县	Xinping	16.26	19.66
元江县	Yuanjiang	16.49	19.70
保山市	**Baoshan**	**17.25**	**21.08**
隆阳区	Longyang	18.94	22.30
施甸县	Shidian	16.05	19.73
腾冲市	Tengchong	15.85	20.67
龙陵县	Longling	17.07	20.60
昌宁县	Changning	17.54	21.67
昭通市	**Zhaotong**	**10.50**	**16.25**
昭阳区	Zhaoyang	9.59	16.56
鲁甸县	Ludian	5.36	14.21
巧家县	Qiaojia	5.75	14.12
盐津县	Yanjin	12.89	17.67
大关县	Daguan	12.51	15.96
永善县	Yongshan	9.06	15.56
绥江县	Suijiang	12.59	15.97
镇雄县	Zhenxiong	13.33	18.28

4-12 续表 2 Continued

单位：% (%)

地　区	Region	2014	2015
彝良县	Yiliang	10.18	14.77
威信县	Prestige	11.80	16.56
水富县	Shuifu	16.62	21.42
丽江市	**Lijiang**	**14.91**	**20.41**
古城区	Gucheng	24.64	28.85
玉龙县	Yulong	16.23	22.97
永胜县	Yongsheng	16.82	21.84
华坪县	Huaping	15.88	20.82
宁蒗县	Ninglang	11.64	17.74
普洱市	**Pu'er**	**10.40**	**17.22**
思茅区	Simao	14.05	17.38
宁洱县	Ninger	11.04	18.38
墨江县	Mojiang	9.65	16.74
景东县	Jingdong	10.74	18.79
景谷县	Jinggu	6.54	16.72
镇沅县	Zhenyuan	13.98	19.28
江城县	Jiangcheng	10.84	17.92
孟连县	Menglian	9.39	17.03
澜沧县	Lancang	10.79	16.44
西盟县	Ximeng	9.76	18.15
临沧市	**Lincang**	**17.06**	**22.41**
临翔区	Linxiang	15.93	20.66
凤庆县	Fengqing	20.30	24.02
云　县	Yun County	16.97	22.31

4-12 续表 3 Continued

单位：%　　(%)

地 区	Region	2014	2015
永德县	Yongde	16.47	22.45
镇康县	Zhenkang	16.48	22.67
双江县	Shuangjiang	17.24	22.73
耿马县	Gengma	16.65	22.46
沧源县	Cangyuan	13.96	21.06
楚雄州	**Chuxiong Prefecture**	**14.12**	**18.92**
楚雄市	Chuxiong	11.71	16.75
双柏县	Shuangbai	15.85	21.67
牟定县	Mouding	2.89	15.39
南华县	Nanhua	16.68	21.04
姚安县	Yaoan	14.95	20.77
大姚县	Dayao	15.19	20.62
永仁县	Yongren	14.24	20.00
元谋县	Yuanmou	14.94	18.90
武定县	Wuding	14.37	17.66
禄丰县	Lufeng	14.27	18.73
红河州	**Honghe**	**13.26**	**17.70**
个旧市	Gejiu	19.25	21.28
开远市	Kaiyuan	18.83	21.52
蒙自市	Mengzi	16.34	19.08
屏边县	Pingbian	13.83	16.91
建水县	Jianshui	17.31	19.19
石屏县	Shiping	13.99	19.38
弥勒市	Mile	16.54	18.71
泸西县	Luxi	16.77	18.60

4-12 续表 4 Continued

单位：%　　(%)

地　区	Region	2014	2015
元阳县	Yuanyang	9.90	16.48
红河县	Honghe	10.80	17.25
金平县	Jinping	10.89	17.21
绿春县	Lvchun	13.67	17.00
河口县	Hekou	15.43	18.35
文山州	**Wenshan Prefecture**	**13.36**	**18.07**
文山市	Wenshan	13.67	17.56
砚山县	Yanshan	15.89	19.67
西畴县	Xichou	12.30	17.96
麻栗坡县	Malipo	13.59	18.40
马关县	Maguan	14.36	17.24
丘北县	Qiubei	14.47	19.23
广南县	Guangnan	10.88	16.89
富宁县	Funing	13.90	19.10
西双版纳州	**Xishuangbanna**	**18.57**	**22.16**
景洪市	Jinghong	18.59	22.33
勐海县	Menghai	20.69	24.53
勐腊县	Mengla	16.25	19.63
大理州	**Dali Prefecture**	**15.85**	**21.36**
大理市	Dali	23.17	25.24
漾濞县	Yangbi	15.03	21.40
祥云县	Xiangyun	17.34	22.50
宾川县	Binchuan	20.66	25.21

4-12 续表 5 Continued

单位：% (%)

地 区	Region	2014	2015
弥渡县	Midu	14.95	20.11
南涧县	Nanjian	15.50	21.56
巍山县	Weishan	15.47	21.32
永平县	Yongping	13.06	20.70
云龙县	Yunlong	16.26	21.54
洱源县	Eryuan	14.39	20.01
剑川县	Jianchuan	14.44	20.28
鹤庆县	Heqing	12.38	19.15
德宏州	**Dehong**	**13.81**	**19.29**
瑞丽市	Ruili	19.32	20.17
芒 市	Mang City	16.99	20.23
梁河县	Lianghe	13.79	18.38
盈江县	Yingjiang	9.54	18.40
陇川县	Longchuan	14.70	20.87
怒江州	**Nujiang**	**9.59**	**14.37**
泸水县	Lushui	6.22	13.64
福贡县	Fugong	7.44	13.19
贡山县	Gongshan	21.37	17.76
兰坪县	Lanping	10.37	14.92
迪庆州	**Diqing**	**13.01**	**16.69**
香格里拉县	Shangri-La	14.32	17.82
德钦县	Deqin	14.32	18.06
维西县	Weixi	11.63	15.45

主要统计指标解释

农村扶贫标准 又称农村贫困线。指在一定的时间、空间和社会发展阶段的条件下，维持人们的基本生存所必需消费的物品和服务的最低费用。以农民人均纯收入表述。从国家统计局农村贫困及扶贫标准的制定历程看：1990年时利用"食物份额法"确定我国农村贫困线为300元。1995年以来利用世行"马丁法"测算农村贫困线，2000年测定农村贫困线为625元（2000年价）（按购买力平价折算相当于75美分一天）。2000年，根据国家扶贫规划（2001-2010）需要制定了低收入人口标准，低收入人口标准为865元（2000年价）（按购买力平价折算相当于一美元一天）。2010年，按照新阶段国家扶贫规划（2011-2020）"不愁吃，不愁穿，享受基本的住房、医疗和教育"高标准扶贫目标，在低收入人口标准的基础上，增加了温饱质量和非食物标准，确定新阶段农村扶持对象标准为2300元（2010年价）。

农村贫困人口规模 也称农村贫困人口数量。是反映一个地区贫困规模状况的重要指标，也是安排扶贫项目资金的关键因素指标。农村贫困人口规模数据测算，是通过国家农村贫困监测住户及人口调查数据，首先测算出当年农村贫困发生率，再用农村贫困发生率乘以乡村人口得来。

农村贫困发生率 也称农村贫困人口比重指数。指农村贫困人口占乡村人口的百分比。是反映一个地区的贫困状况的广度指标，是贫困测量的核心指标。2010年以前，按照国家统计局农民人纯收入低于865元（2000年不变价）的贫困标准，云南农村贫困发生率从2000年的29.6%，逐年显著下降至2010年的8.8%。2011年以后，按照国家统计局新阶段农村扶贫对象的农民人均纯收入低于2300元（2010年价）的新标准，云南农村贫困发生率从2011年的27.1%逐年显著下降至2014年的15.5%。

农村扶贫对象人口下降率 指当年农村扶贫对象净减少人口除以上年末农村扶贫对象人口存量的比率。是反映一个地区的减贫及贫困缓解程度的重要指标。

扶贫开发重点县 是扶贫开发工作重点县的简称。是部分实施经济扶持的县级行政区特定称谓。云南省扶贫开发重点县共80个县（区、市），包括：一是国定扶贫开发重点县共73个县（区、市），是国务院扶贫开发领导小组办公室根据《中国农村扶贫开发纲要(2001-2010年)》要求，2001年将云南省扶贫开发任务重、贫困人口相对集中的73个县（区、市），通过严格的资格认定，确定为国家级扶贫开发工作重点县。二是省定扶贫开发重点县共7个县（区、市），是云南省扶贫开发领导小组办公室根据《云南农村扶贫开发纲要(2001-2010年)》要求，2001年将云南省扶贫开发任务重、贫困人口相对集中，但尚未达到国家级扶贫开发工作重点县标准的7个县（区、市），通过严格的省级资格认定，确定为省级扶贫开发工作重点县，这些县在云南省内享受与国家级扶贫开发工作重点县同样的扶持待遇。

集中连片特殊困难地区 简称集中连片特困地区或片区。是新阶段部分实施经济扶持的县级行政区特定称谓。2011年，国务院授权发布《中国农村扶贫开发纲要（2011—2020年）》明确指出：国家将全国14个集中连片特困地区作为扶贫攻坚主战场。云南省集中连片特困地区，包括乌蒙山区、滇桂黔石漠化区、滇西边境山区和云南藏区四大片区，共91个县（区、市）。包括两部分：一是国定集中连片特困地区县，共85个县（区、市）。二是省定集中连片特困地区县共6个县（区、市），是云南省扶贫开发领导小组办公室根据《云南农村扶贫开发纲要(2011-2020年)》要求，2011年将云南省扶贫开发任务重、贫困人口相对集中或处于国家级集中连片特困地区范围的古城区、腾冲县、思茅区、楚雄市、文山市、大理市等6个县（区、市），作为嵌入县或天窗县，纳入集中连片特困地区。这些县在云南省内享受与国家级集中连片特困地区同样的扶持待遇。

乌蒙山区：指国家集中连片特困地区的乌蒙山区涉及云南省的15个县（区、市），分别是：寻甸县、禄劝县、会泽县、宣威市、昭阳区、大关县、鲁甸县、巧家县、绥江县、盐津县、彝良县、永善县、威信县、镇雄县、武定县。

滇西边境山区：指集中连片特困地区的滇西边境山区 61 个县。涵盖保山市、丽江市、普洱市、临沧市、楚雄彝族自治州、红河哈尼族彝族自治州、西双版纳傣族自治州、大理白族自治州、德宏傣族景颇族自治州和怒江傈僳族自治州等 10 个市州的56个国定集中连片特困地区县（区、市），和列为省定集中连片特困地区县的5个（区、市）。56个国定集中连片特困地区县（区、市）分别是：隆阳区、施甸县、龙陵县、昌宁县、玉龙县、永胜县、宁蒗县、宁洱县、墨江县、景东县、景谷县、镇沅县、江城县、孟连县、澜沧县、西盟县、临翔区、凤庆县、云县、永德县、镇康县、双江县、耿马县、沧源县、双柏县、牟定县、南华县、大姚县、姚安县、永仁县、泸水县、福贡县、贡山县、兰坪县、勐海县、勐腊县、漾濞县、祥云县、宾川县、弥渡县、南涧县、巍山县、永平县、云龙县、洱源县、剑川县、鹤庆县、芒市、梁河县、盈江县、陇川县、石屏县、元阳县、红河县、金平县、绿春县。5个省定集中连片特困地区县（区、市）分别是：腾冲县、古城区、思茅区、楚雄市、大理市。

石漠化区：指国家集中连片特困地区的滇黔桂石漠化区涉及云南省的 11 个县（区、市），和列为省定集中连片特困地区的文山市，共12个县(区、市）。分别是泸西县、屏边县、西畴县、富宁县、广南县、麻栗坡、马关县、丘北县、砚山县、师宗县、罗平县和文山市。

云南藏区：指国家集中连片特困地区的四省藏区中涉及云南的迪庆藏族自治州的3个县，发别是：香格里拉县、德钦县、维西县。

Explanatory Notes on Main Statistical Indicators

Rural Poverty Alleviation Standard also known as rural poverty line. The lowest cost of goods and services that are essential for the maintenance of the basic existence of people in the condition of a certain period of time, space and social environment. Take per capita net income of farmers for example. According to the development of the rural poverty and poverty alleviation standards of the National Bureau of Statistics: In 1990, "food share method" determined that the rural poverty line is 300 yuan. Since 1995, the NBS use "Martin act" of the world bank to measure the rural poverty line, and in 2000, the poverty line is 625 yuan (price in 2000) (equivalent to 75 cents a day at purchasing power parity). In 2000, According to the national poverty alleviation program (2001-2010), a low income population standard is formulated. low-income population standards is 865 yuan (price in 2000) (equivalent to a dollar a day at purchasing power parity)). 2010, according to "China's rural poverty alleviation and development program (2011 - 2020)" 'To achieve the alleviation people's not worrying about food, clothing, compulsory education, Basic medical care and housing.' On the basis of low income population standards, increase the quality of food and non food standards, determine the new phase of rural support object standard is 2300 yuan (2010 price).

The Scale of the Rural Poverty Alleviation is also called the number of rural poor. It is an important indicator of the scale of a region's poverty, but also a key factor in the arrangement of the project funds. The scale of the rural poor population is estimated through the National Rural Poverty Monitoring households and population survey data, where, the rural poverty rate of the year multiplied by the rural population.

The Incidence Rate of Rural Poverty is also called the proportion of poor rural population. Refers to the percentage of rural poor people in rural areas. It is a key indicator of poverty measurement, which reflects the poverty of a region. Before 2010, according to the poverty standard of the National Bureau of Statistics' farmers' income is less than 865 yuan (2000 constant price), the incidence of poverty in rural areas in Yunnan from 29.6% in 2000, has been significantly reduced to 8.8% in 2010. 2011, according to the National Bureau of Statistics' new phase of rural poverty reduction target, and the new standard of farmers per capita net income below 2300 yuan (2010 price), Yunnan rural poverty rate fell from 27.1% in 2011 to 15.5% in 2014.

Rural Poverty Reduction Rate refers to the proportion of the rural poverty reduction target population in the current year divided by population of rural poverty alleviation in the end of preceding year. It is an important indicator of poverty alleviation in a region.

Key Counties for Poverty Alleviation is short for counties poverty alleviation and development. Key counties for poverty alleviation in Yunnan Province is 80(counties, autonomous regions and municipalities). Including: The national poverty counties, in a total of 73 counties (districts, cities). The State Council Leading Group Office of Poverty Alleviation determined 73 counties (autonomous regions and municipalities) according to the requirements of the "China rural poverty alleviation and development program (2001-2010)"; The state-level key poverty alleviation counties, in a total of 7 counties (districts, cities). Yunnan poverty alleviation and development of the leading group office determined according to Yunnan rural poverty alleviation and development program (2001-2010), and the 7 counties share the same support with the national level special poverty areas in Yunnan province.

Special Poverty Areas is the specific title of the county administrative region with economic support in new stage. In 2011, the authorization of the State Council issued "China rural poverty alleviation and development program (2011-2020)" clearly pointed out: make 14 special poverty areas as the main battlefield of the poverty alleviation. There are four special poverty areas in Yunnan Province including Wumeng Mountain Area, Yunnan, Guangxi, Guizhou Desertification Areas, Border Area in Western Yunnan and Yunnan Tibetan Area, in a total of 91 counties (autonomous regions and municipalities). Includes two parts: one is the national special poverty areas, a total of 85 counties(city, district). Second, provincial special poverty areas a total of 6 counties (autonomous regions and municipalities), which is determined by Yunnan poverty alleviation and development of the leading group office according to the requirements of the "Yunnan rural poverty alleviation and development program (2011-2020)". In 2011 put the Gucheng District, Tengchong County, Simao District, Chuxiong City, Wenshan City, Dali City, etc. six counties (autonomous regions and municipalities) into the special poverty areas, and the 6 counties share the same support with the national level special poverty areas in Yunnan province.

Wumeng Mountain Area refers to the special poverty areas of Wumeng Mountain area and 15 counties(autonomous regions and municipalities) in Yunnan Province, respectively is: Xundian County, Luquan County, Huize County, Xuanwei City, Zhaoyang District, county, Ludian County, Qiaojia county, Suijiang County, Yanjin County, Yiliang County, permanent good county, Wilson County, Zhenxiong County, Wuding county.

Yunnan, Guangxi, Guizhou Desertification Areas Covering 61 counties in 10 regions municipalities: Baoshan, Lijiang, Puer, Lincang, Chuxiong Yi Autonomous Prefecture, Honghe Hani and Yi Autonomous Prefecture, Xishuangbanna Dai Autonomous Prefecture, Dali Bai Autonomous Prefecture, Dehong Dai Jingpo Autonomous Prefecture and Nujiang Lisu Lisu Autonomous Prefecture. 56 national special poverty areas: Longyang District, Shidian County, Longling County, Chang Ning County, ERON County, Yongsheng County, Ninglang County, Ninger County, Mojiang County, Jingdong County, Zhenyuan County, Jinggu County, Jiangcheng County, Lancang County, Ximeng County, Meng Lianxian, Linxiang District, Fengqing County, Yongde County, Zhenkang County, county, county, Gengma Shuangjiang County, Cangyuan County, Shuangbai County, Mouding County, Dayao County, South County, Yao Anxian, Yongren County, Lushui County, Fugong County, Lanping County, Gongshan County, Menghai County, Mengla County, Yangbi County, Lincang City, Andrew Binchuan County, Midu County, Nanjian County, Weishan County, Yongping County, Yunlong County, Eryuan County, Heqing County, Jianchuan County, Lianghe County, Yingjiang County, Mangshi, Longchuan County, Shiping County, Yuanyang County, Honghe County, Jinping County, Lvchun county. 5 provincial special poverty areas: Tengchong County, Gucheng District, Simao District, Chuxiong City, Dali city.

Rocky Desertification Area refers to the countries concentrated destitute areas of Yunnan, Guizhou and Guangxi rocky desertification areas involved in Yunnan province 11 counties (autonomous regions and municipalities), and provincial special poverty areas of Wenshan City, a total of 12 counties (districts, cities). Luxi County, Pingbian County, Xichou County, Funing County, Guangnan County, Malipo and Maguan County, Qiubei County, Yanshan County, Shizong County, Luoping County and Wenshan City, respectively.

Yunnan Tibetan Area Shangri-La County, Deqin County, Weixi county.

五 附　录

Chapter 5

Appendix

附录1-1 2015年全国及各地区居民人均可支配收入收入
PER-CAPITA DISPOSABLE INDICES BY PROVINCES (2015)

单位：元 (yuan)

地 区	Region	全体居民 All Households	城镇常住居民 Urban Household	农村常住居民 Rural Household
全 国	**Total**	**21966**	**31195**	**11422**
北 京	Beijing	48458	52859	20569
天 津	Tianjin	31291	34101	18482
河 北	Hebei	18118	26152	11051
山 西	Shanxi	17854	25828	9454
内蒙古	Inner Mongolia	22310	30594	10776
辽 宁	Liaoning	24576	31126	12057
吉 林	Jilin	18684	24901	11326
黑龙江	Heilongjiang	18593	24203	11095
上 海	Shanghai	49867	52962	23205
江 苏	Jiangsu	29539	37173	16257
浙 江	Zhejiang	35537	43714	21125
安 徽	Anhui	18363	26936	10821
福 建	Fujian	25404	33275	13793
江 西	Jiangxi	18437	26500	11139
山 东	Shandong	22703	31545	12930
河 南	Henan	17125	25576	10853
湖 北	Hubei	20026	27051	11844
湖 南	Hunan	19317	28838	10993
广 东	Guangdong	27859	34757	13360
广 西	Guangxi	16873	26416	9467
海 南	Hainan	18979	26356	10858
重 庆	Chongqing	20110	27239	10505
四 川	Sichuan	17221	26205	10247
贵 州	Guizhou	13697	24580	7387
云 南	**Yunnan**	**15223**	**26373**	**8242**
西 藏	Tibet	12254	25457	8244
陕 西	Shaanxi	17395	26420	8689
甘 肃	Gansu	13467	23767	6936
青 海	Qinghai	15813	24542	7933
宁 夏	Ningxia	17329	25186	9119
新 疆	Xinjiang	16859	26275	9425

附录1-2　2011-2015年全国及各地区居民消费价格指数
CONSUMER PRICE INDICES BY PROVINCES (2011-2015)

(上年价格=100)　　(preceding year=100)

地　区	Region	2011	2012	2013	2014	2015
全　国	**Total**	**105.4**	**102.6**	**102.6**	**102.0**	**101.4**
北　京	Beijing	105.6	103.3	103.3	101.6	101.8
天　津	Tianjin	104.9	102.7	103.1	101.9	101.7
河　北	Hebei	105.7	102.6	103.0	101.7	100.9
山　西	Shanxi	105.2	102.5	103.1	101.7	100.6
内蒙古	Inner Mongolia	105.6	103.1	103.2	101.6	101.1
辽　宁	Liaoning	105.2	102.8	102.4	101.7	101.4
吉　林	Jilin	105.2	102.5	102.9	102.0	101.7
黑龙江	Heilongjiang	105.8	103.2	102.2	101.5	101.1
上　海	Shanghai	105.2	102.8	102.3	102.7	102.4
江　苏	Jiangsu	105.3	102.6	102.3	102.2	101.7
浙　江	Zhejiang	105.4	102.2	102.3	102.1	101.4
安　徽	Anhui	105.6	102.3	102.4	101.6	101.3
福　建	Fujian	105.3	102.4	102.5	102.0	101.7
江　西	Jiangxi	105.2	102.7	102.5	102.3	101.5
山　东	Shandong	105.0	102.1	102.2	101.9	101.2
河　南	Henan	105.6	102.5	102.9	101.9	101.3
湖　北	Hubei	105.8	102.9	102.8	102.0	101.5
湖　南	Hunan	105.5	102.0	102.5	101.9	101.4
广　东	Guangdong	105.3	102.8	102.5	102.3	101.5
广　西	Guangxi	105.9	103.2	102.2	102.1	101.5
海　南	Hainan	106.1	103.2	102.8	102.4	101.0
重　庆	Chongqing	105.3	102.6	102.7	101.8	101.3
四　川	Sichuan	105.3	102.5	102.8	101.6	101.5
贵　州	Guizhou	105.1	102.7	102.5	102.4	101.8
云　南	**Yunnan**	**104.9**	**102.7**	**103.1**	**102.4**	**101.9**
西　藏	Tibet	105.0	103.5	103.6	102.9	102.0
陕　西	Shaanxi	105.7	102.8	103.0	101.6	101.0
甘　肃	Gansu	105.9	102.7	103.2	102.1	101.6
青　海	Qinghai	106.1	103.1	103.9	102.8	102.6
宁　夏	Ningxia	106.3	102.0	103.4	101.9	101.1
新　疆	Xinjiang	105.9	103.8	103.9	102.1	100.6

附录1-3 2011-2015年全国及各地区商品零售价格指数
RETAIL PRICE INDICES BY PROVINCES (2011-2015)

(上年价格=100) (preceding year=100)

地 区	Region	2011	2012	2013	2014	2015
全 国	**Total**	**104.9**	**102.0**	**101.4**	**101.0**	**100.1**
北 京	Beijing	103.2	100.6	99.8	99.1	98.5
天 津	Tianjin	104.7	103.0	101.7	100.9	100.3
河 北	Hebei	105.0	102.2	102.2	101.0	100.2
山 西	Shanxi	104.9	101.8	101.8	100.6	99.3
内蒙古	Inner Mongolia	104.9	102.5	102.6	100.7	100.5
辽 宁	Liaoning	105.0	102.2	101.6	101.0	100.5
吉 林	Jilin	104.9	101.7	101.6	101.2	99.8
黑龙江	Heilongjiang	104.5	102.2	101.1	100.8	100.1
上 海	Shanghai	104.1	101.2	100.2	100.9	101.1
江 苏	Jiangsu	104.6	102.1	101.4	101.6	100.6
浙 江	Zhejiang	105.5	101.9	101.0	100.9	99.9
安 徽	Anhui	105.3	102.1	101.3	100.4	99.7
福 建	Fujian	104.8	101.8	101.1	101.1	99.9
江 西	Jiangxi	104.8	102.1	101.5	101.2	100.5
山 东	Shandong	104.7	101.6	101.4	101.0	100.2
河 南	Henan	105.7	102.3	101.9	101.0	99.8
湖 北	Hubei	105.6	102.6	101.8	100.9	100.5
湖 南	Hunan	105.5	101.7	101.7	101.2	99.9
广 东	Guangdong	105.1	102.2	101.0	101.4	99.6
广 西	Guangxi	106.0	102.3	101.2	101.4	100.1
海 南	Hainan	105.4	102.7	101.5	101.2	99.8
重 庆	Chongqing	104.7	101.6	101.8	100.9	100.2
四 川	Sichuan	104.6	101.6	101.7	100.6	100.2
贵 州	Guizhou	105.5	102.0	101.5	101.2	100.1
云 南	**Yunnan**	**105.1**	**102.4**	**102.6**	**101.6**	**100.8**
西 藏	Tibet	103.7	102.9	103.0	102.2	101.4
陕 西	Shaanxi	104.8	102.3	101.8	100.7	99.8
甘 肃	Gansu	105.4	102.6	102.6	101.7	101.0
青 海	Qinghai	105.4	102.1	102.7	101.5	101.0
宁 夏	Ningxia	105.3	101.0	102.4	100.9	100.1
新 疆	Xinjiang	105.1	103.3	103.3	101.7	99.6

附录1-4 2011-2015年全国及各地区工业生产者出厂价格指数
INDUSTRIAL PRODUCER PRICE INDICES BY PROVINCES (2011-2015)

(上年价格=100) (preceding year=100)

地 区	Region	2011	2012	2013	2014	2015
全 国	**Total**	**106.0**	**98.3**	**98.1**	**98.1**	**94.8**
北 京	Beijing	102.3	98.4	97.4	99.1	96.9
天 津	Tianjin	103.8	97.0	97.0	96.3	90.3
河 北	Hebei	107.7	94.7	96.6	95.2	89.1
山 西	Shanxi	107.5	94.5	90.7	91.4	87.7
内蒙古	Inner Mongolia	107.8	100.2	97.0	97.3	94.0
辽 宁	Liaoning	106.5	99.9	99.0	98.2	93.9
吉 林	Jilin	105.4	99.1	98.7	99.1	95.3
黑龙江	Heilongjiang	112.0	100.0	98.0	97.1	86.0
上 海	Shanghai	102.9	98.4	98.2	98.9	96.1
江 苏	Jiangsu	106.2	97.1	98.0	98.3	95.3
浙 江	Zhejiang	105.0	97.3	98.2	98.8	96.4
安 徽	Anhui	108.3	98.3	98.2	97.4	93.9
福 建	Fujian	103.9	98.7	98.4	98.6	97.0
江 西	Jiangxi	111.3	96.5	98.5	97.8	93.7
山 东	Shandong	106.0	98.4	98.4	98.4	95.2
河 南	Henan	107.2	99.4	98.5	98.1	95.4
湖 北	Hubei	106.6	100.3	99.2	98.4	96.7
湖 南	Hunan	108.5	99.1	98.5	98.4	96.3
广 东	Guangdong	103.7	99.5	98.8	98.9	96.8
广 西	Guangxi	108.5	97.8	98.2	98.4	97.0
海 南	Hainan	108.8	100.8	99.5	97.6	89.8
重 庆	Chongqing	103.8	99.9	98.0	98.3	97.2
四 川	Sichuan	107.3	98.6	98.7	98.7	96.4
贵 州	Guizhou	105.4	101.0	97.4	98.3	96.1
云 南	**Yunnan**	**104.7**	**97.9**	**97.5**	**97.8**	**94.9**
西 藏	Tibet	104.3	99.7	99.8	99.0	93.2
陕 西	Shaanxi	107.2	100.7	97.3	97.1	90.8
甘 肃	Gansu	111.0	96.8	96.9	96.7	87.0
青 海	Qinghai	107.4	96.9	97.0	96.1	93.1
宁 夏	Ningxia	109.5	97.4	96.0	96.3	93.7
新 疆	Xinjiang	114.8	96.9	96.5	96.2	82.4

附录1-5　2011-2015年全国及各地区工业生产者购进价格指数
PURCHASING PRICE INDICES FOR INDUSTRIAL PRODUCER BY PROVINCES (2011-2015)

(上年价格=100)　　(preceding year=100)

地 区	Region	2011	2012	2013	2014	2015
全 国	**Total**	**109.1**	**98.2**	**98.0**	**97.8**	**93.9**
北 京	Beijing	108.4	98.7	97.8	98.8	93.7
天 津	Tianjin	109.7	97.1	97.4	97.1	92.4
河 北	Hebei	110.9	96.2	97.6	95.6	90.3
山 西	Shanxi	108.1	98.1	95.5	96.2	93.1
内蒙古	Inner Mongolia	106.1	102.0	99.3	98.4	95.9
辽 宁	Liaoning	108.3	99.0	98.5	98.0	93.5
吉 林	Jilin	106.1	99.3	99.4	99.2	96.6
黑龙江	Heilongjiang	111.1	98.8	98.7	97.6	88.2
上 海	Shanghai	107.5	94.7	96.5	95.9	90.6
江 苏	Jiangsu	108.9	95.8	97.1	97.0	92.1
浙 江	Zhejiang	108.3	96.7	97.7	98.2	94.5
安 徽	Anhui	110.8	98.2	96.9	97.2	93.5
福 建	Fujian	108.0	97.7	98.4	98.3	96.1
江 西	Jiangxi	112.4	98.3	98.4	98.4	93.6
山 东	Shandong	109.2	99.2	98.4	98.2	95.0
河 南	Henan	110.1	99.2	99.3	98.4	95.4
湖 北	Hubei	111.5	98.9	98.2	97.8	92.8
湖 南	Hunan	110.8	100.1	98.4	97.9	94.5
广 东	Guangdong	107.3	99.5	98.2	98.8	95.3
广 西	Guangxi	110.0	99.2	98.9	98.2	95.7
海 南	Hainan	115.3	99.6	97.0	99.0	88.5
重 庆	Chongqing	105.7	99.5	97.6	98.1	97.1
四 川	Sichuan	112.6	100.0	99.2	98.7	96.7
贵 州	Guizhou	115.0	102.3	96.4	98.6	97.5
云 南	**Yunnan**	**108.0**	**99.3**	**98.8**	**99.0**	**96.9**
陕 西	Shaanxi	109.6	100.0	99.3	98.5	95.2
甘 肃	Gansu	115.1	98.7	97.8	97.6	87.0
青 海	Qinghai	107.0	98.6	98.8	97.6	97.7
宁 夏	Ningxia	112.8	99.5	97.0	97.0	92.1
新 疆	Xinjiang	117.8	97.9	97.8	97.5	84.3

附录1-6 2011-2015年全国及各地区固定资产投资价格指数
PRICE INDICES OF FIXED ASSET INVESTMENT BY PROVINCES(2011-2015)

(上年价格=100) (preceding year=100)

地 区	Region	2011	2012	2013	2014	2015
全 国	**Total**	**106.6**	**101.1**	**100.3**	**97.8**	**98.2**
北 京	Beijing	105.7	101.3	99.9	98.8	97.6
天 津	Tianjin	105.7	100.0	99.5	97.1	99.9
河 北	Hebei	105.5	100.3	99.9	95.6	98.0
山 西	Shanxi	105.5	101.2	100.5	96.2	98.2
内蒙古	Inner Mongolia	106.3	101.6	99.6	98.4	98.0
辽 宁	Liaoning	106.6	101.0	100.0	98.0	97.9
吉 林	Jilin	105.6	100.4	100.0	99.2	97.6
黑龙江	Heilongjiang	107.5	100.8	100.1	97.6	99.0
上 海	Shanghai	106.5	99.4	100.2	95.9	97.0
江 苏	Jiangsu	106.8	98.6	100.5	97.0	96.2
浙 江	Zhejiang	107.5	99.2	100.0	98.2	97.4
安 徽	Anhui	108.1	101.0	100.2	97.2	96.9
福 建	Fujian	106.2	100.3	100.1	98.3	98.3
江 西	Jiangxi	108.4	101.0	100.4	98.4	96.8
山 东	Shandong	106.8	100.8	100.4	98.2	97.7
河 南	Henan	107.4	101.0	99.9	98.4	97.6
湖 北	Hubei	107.3	101.8	100.5	97.8	99.4
湖 南	Hunan	107.2	101.7	101.3	97.9	100.4
广 东	Guangdong	105.5	101.5	101.4	98.8	99.0
广 西	Guangxi	106.2	100.6	100.1	98.2	98.8
海 南	Hainan	106.4	102.0	99.3	99.0	99.4
重 庆	Chongqing	105.9	101.8	100.5	98.1	98.2
四 川	Sichuan	105.2	101.0	100.4	98.7	97.9
贵 州	Guizhou	105.4	101.5	100.9	98.6	98.4
云 南	**Yunnan**	**104.6**	**101.0**	**101.1**	**99.0**	**99.1**
陕 西	Shaanxi	105.9	102.6	102.0	98.5	98.8
甘 肃	Gansu	104.7	102.1	100.4	97.6	97.7
青 海	Qinghai	106.5	102.2	101.5	97.6	98.2
宁 夏	Ningxia	107.5	101.5	99.8	97.0	97.5
新 疆	Xinjiang	107.1	100.6	100.5	97.5	98.3

附录1-7 2011-2015年全国及各地区农业生产资料价格指数
PRICE INDICES OF CAPITAL GOODS IN THE AGRICULTURAL SECTOR BY PROVINCES (2011-2015)

(上年价格=100) (preceding year=100)

地 区	Region	2011	2012	2013	2014	2015
全 国	**Total**	**111.3**	**105.6**	**101.4**	**99.1**	**100.4**
河 北	Hebei	112.6	108.2	101.1	99.1	99.8
山 西	Shanxi	109.4	105.4	102.5	99.2	99.6
内蒙古	Inner Mongolia	106.3	104.9	103.5	99.9	98.7
辽 宁	Liaoning	112.8	106.9	99.9	98.9	99.5
吉 林	Jilin	111.4	106.8	100.8	95.1	100.2
黑龙江	Heilongjiang	110.2	107.8	104.1	100.3	101.3
江 苏	Jiangsu	112.6	104.6	102.4	100.2	99.6
浙 江	Zhejiang	110.8	104.2	102.8	99.8	100.9
安 徽	Anhui	114.3	105.3	100.9	99.8	101.6
福 建	Fujian	111.8	103.3	99.5	99.3	101.4
江 西	Jiangxi	111.2	106.6	102.4	99.6	101.4
山 东	Shandong	111.1	105.9	101.2	99.5	99.3
河 南	Henan	111.1	105.4	101.3	97.9	100.3
湖 北	Hubei	113.5	107.2	103.1	97.9	100.4
湖 南	Hunan	110.9	104.7	102.3	100.2	104.1
广 东	Guangdong	109.6	104.0	99.7	99.9	101.2
广 西	Guangxi	112.2	103.9	99.9	98.9	100.9
海 南	Hainan	115.6	10.3	101.0	105.3	101.6
四 川	Sichuan	112.4	104.7	101.5	98.8	101.5
贵 州	Guizhou	111.1	100.7	99.0	99.0	103.1
云 南	**Yunnan**	**108.3**	**104.6**	**100.1**	**98.4**	**101.1**
西 藏	Tibet	102.6	101.6	101.8	100.9	99.7
陕 西	Shaanxi	110.3	105.4	102.6	100.9	100.6
甘 肃	Gansu	107.6	105.2	102.1	99.0	98.6
青 海	Qinghai	112.4	108.7	104.3	99.8	100.8
宁 夏	Ningxia	114.0	107.6	101.6	96.9	98.7
新 疆	Xinjiang	106.6	106.2	102.6	97.7	98.6

附录1-8 全国及各地区居民消费价格分类指数(2015年)
CONSUMER PRICE INDICES BY CATEGORY AND PROVINCES (2015)

(上年价格=100) (preceding year=100)

地 区	Region	总指数 Total Index	食品 Food	烟酒及用品 Tobacco and liquor	衣着 Clothes	家庭设备用品及维修服务 Household Facilities, Articles and Services	医疗保健和个人用品 Health Care and Personal Articles	交通和通信 Transport and Communi-cations	娱乐教育文化用品及服务 Recreation, Education and Culture Articles and Services	居住 Housing
全 国	**Total**	**101.4**	**102.3**	**102.1**	**102.7**	**101.0**	**102.0**	**98.3**	**101.4**	**100.7**
北 京	Beijing	101.8	101.6	102.0	103.6	99.9	100.2	102.8	100.8	102.6
天 津	Tianjin	101.7	101.7	101.9	103.0	101.0	99.8	97.4	104.2	102.6
河 北	Hebei	100.9	100.8	101.7	103.1	101.0	102.7	98.3	101.1	99.9
山 西	Shanxi	100.6	100.4	102.6	102.2	100.1	101.8	97.3	101.7	100.2
内蒙古	Inner Mongolia	101.1	101.4	103.7	102.8	100.9	102.3	98.0	101.4	99.7
辽 宁	Liaoning	101.4	102.5	103.0	102.0	100.5	101.5	99.0	101.1	100.3
吉 林	Jilin	101.7	102.0	103.1	103.2	100.4	103.0	98.9	100.4	101.5
黑龙江	Heilongjiang	101.1	101.1	102.1	101.6	100.8	102.7	99.0	101.3	100.7
上 海	Shanghai	102.4	102.9	104.2	107.8	102.9	99.3	97.6	100.3	104.6
江 苏	Jiangsu	101.7	103.0	101.9	103.0	102.8	101.6	97.3	101.8	100.9
浙 江	Zhejiang	101.4	103.3	103.3	101.8	100.9	102.7	96.0	101.4	100.8
安 徽	Anhui	101.3	102.3	101.9	101.4	100.7	104.1	98.1	101.4	99.6
福 建	Fujian	101.7	102.3	102.3	102.9	100.8	104.5	98.3	101.2	101.3
江 西	Jiangxi	101.5	103.3	103.0	103.2	101.0	101.4	98.8	101.1	98.5
山 东	Shandong	101.2	101.2	101.8	103.5	101.7	101.6	98.4	101.9	100.8
河 南	Henan	101.3	101.8	101.1	102.3	100.5	102.4	97.9	102.1	101.0
湖 北	Hubei	101.5	102.2	102.6	102.7	100.6	101.7	100.2	101.3	100.6
湖 南	Hunan	101.4	103.0	102.4	102.2	100.9	101.9	98.1	101.4	99.2
广 东	Guangdong	101.5	103.5	101.7	102.3	100.9	101.8	97.9	101.4	100.0
广 西	Guangxi	101.5	102.6	101.3	105.0	100.8	101.8	98.5	101.3	99.6
海 南	Hainan	101.0	102.9	101.8	103.7	100.6	103.2	96.0	102.8	97.7
重 庆	Chongqing	101.3	101.8	99.1	102.8	100.0	102.6	98.0	101.2	101.2
四 川	Sichuan	101.5	102.9	100.1	101.4	100.4	102.1	99.3	101.1	100.5
贵 州	Guizhou	101.8	102.6	103.2	100.8	101.3	100.7	100.6	103.4	100.6
云 南	**Yunnan**	**101.9**	**103.4**	**103.9**	**102.0**	**101.0**	**102.5**	**98.3**	**101.1**	**100.6**
西 藏	Tibet	102.0	103.1	103.6	102.4	101.5	101.4	98.5	101.4	100.7
陕 西	Shaanxi	101.0	100.9	102.4	102.3	99.8	102.0	99.7	101.5	100.2
甘 肃	Gansu	101.6	101.7	103.1	103.1	101.6	101.6	98.6	100.6	101.9
青 海	Qinghai	102.6	102.5	101.4	105.1	101.4	102.3	100.4	103.1	103.2
宁 夏	Ningxia	101.1	100.4	102.6	102.8	101.4	101.0	98.6	105.7	100.3
新 疆	Xinjiang	100.6	99.2	102.0	103.4	100.6	101.5	99.3	100.9	102.0

附录1-9 全国及各地区商品零售价格分类指数(2015年)
RETAIL PRICE INDICES BY CATEGORY AND PROVINCES(2015)

(上年价格=100) (preceding year=100)

地 区	Region	总指数 General Index	食品 Food	饮料烟酒 Beverages, Tobacco and Liquor	服装鞋帽 Garments, Shoes and Hats	纺织品 Textiles	家用电器及音像器材 Household Appliances, Music and Video Equipment	文化办公用品 Cultural and Office Appliances	日用品 Articles for Daily Use	体育娱乐用品 Sports and Recreation Articles
全 国	**Total**	**100.1**	**102.2**	**101.9**	**102.8**	**100.6**	**98.9**	**99.6**	**100.6**	**100.6**
北 京	Beijing	98.5	101.6	102.2	103.6	97.3	96.2	98.3	99.1	99.8
天 津	Tianjin	100.3	101.7	102.0	103.0	104.5	96.5	97.2	99.9	102.7
河 北	Hebei	100.2	100.8	101.2	103.1	101.9	99.9	100.1	100.5	100.5
山 西	Shanxi	99.3	100.2	102.6	102.3	100.3	98.3	99.2	99.8	100.2
内蒙古	Inner Mongolia	100.5	100.8	102.9	103.3	100.6	99.4	100.7	101.9	101.1
辽 宁	Liaoning	100.5	102.6	102.1	101.9	100.4	99.5	100.3	100.3	100.5
吉 林	Jilin	99.8	101.7	101.9	103.0	100.1	99.3	99.6	100.4	100.3
黑龙江	Heilongjiang	100.1	101.0	101.1	101.0	100.7	98.2	102.0	100.9	100.3
上 海	Shanghai	101.1	102.8	103.9	107.9	104.1	99.3	99.2	101.5	99.4
江 苏	Jiangsu	100.6	102.9	102.3	103.0	102.3	101.4	100.7	101.3	100.6
浙 江	Zhejiang	99.9	103.3	102.5	101.9	99.7	98.7	100.0	100.6	100.1
安 徽	Anhui	99.7	102.5	101.6	101.4	99.9	98.8	99.1	100.1	100.8
福 建	Fujian	99.9	101.9	101.7	103.5	99.1	98.2	99.1	99.9	99.8
江 西	Jiangxi	100.5	103.4	102.1	103.1	102.2	98.5	99.8	100.3	100.3
山 东	Shandong	100.2	101.1	101.5	103.4	100.6	101.3	99.9	100.7	101.0
河 南	Henan	99.8	101.5	101.0	102.3	101.0	98.9	99.0	100.4	100.6
湖 北	Hubei	100.5	102.3	102.1	102.4	101.0	97.9	99.9	100.5	100.2
湖 南	Hunan	99.9	102.9	101.7	102.0	101.6	98.9	99.8	100.5	100.9
广 东	Guangdong	99.6	103.3	101.8	102.4	98.6	97.3	98.5	100.6	100.7
广 西	Guangxi	100.1	102.4	101.4	104.6	101.6	98.6	99.6	100.0	100.7
海 南	Hainan	99.8	103.1	102.0	103.6	99.9	100.0	101.1	99.9	98.5
重 庆	Chongqing	100.2	101.4	99.6	102.9	100.0	97.8	100.1	101.2	100.0
四 川	Sichuan	100.2	102.9	100.2	101.2	99.8	98.1	98.8	100.1	101.3
贵 州	Guizhou	100.1	102.6	102.5	100.7	99.2	97.8	98.8	101.5	99.7
云 南	**Yunnan**	**100.8**	**103.1**	**102.3**	**102.2**	**101.6**	**99.1**	**99.5**	**101.5**	**100.9**
西 藏	Tibet	101.4	103.4	103.0	100.5	100.8	100.0	100.5	101.1	100.6
陕 西	Shaanxi	99.8	100.8	102.4	102.8	99.5	96.5	101.8	100.8	101.4
甘 肃	Gansu	101.0	101.6	102.2	103.0	100.2	99.6	100.1	101.6	100.8
青 海	Qinghai	101.0	102.8	101.6	105.1	101.6	99.5	99.6	101.0	100.9
宁 夏	Ningxia	100.1	100.6	101.1	103.1	102.7	101.4	98.9	100.5	99.8
新 疆	Xinjiang	99.6	99.3	102.2	102.9	99.5	99.3	98.0	100.3	100.0

附录1-9 续表 Continued

(上年价格=100) (preceding year=100)

地 区	Region	交通、通信用品 Transport and Communication Appliances	家具 Furniture	化妆品 Cosmetics	金银珠宝 Gold, Silver and Jewelry	中西药品及医疗保健用品 Traditional Chinese and Western Medicines and Health Care Articles	书报杂志及电子出版物 Books, Newspapers, Magazines and Electronic Publications	燃料 Fuels	建筑材料及五金电料 Building Materials and Hardware
全 国	**Total**	**98.3**	**101.1**	**100.6**	**93.3**	**102.4**	**102.6**	**87.7**	**99.1**
北 京	Beijing	96.1	101.7	99.9	91.6	101.6	102.6	85.7	99.3
天 津	Tianjin	97.7	101.1	99.7	87.6	101.9	101.9	90.0	99.4
河 北	Hebei	98.7	101.3	100.9	93.3	104.8	103.0	89.4	99.2
山 西	Shanxi	98.0	100.9	100.1	94.8	102.6	103.5	88.7	96.8
内蒙古	Inner Mongolia	99.3	101.7	100.1	98.2	101.1	100.6	90.9	100.0
辽 宁	Liaoning	99.3	99.8	101.4	93.9	102.2	102.1	89.2	98.7
吉 林	Jilin	100.0	100.4	101.7	92.6	104.6	101.8	88.9	99.5
黑龙江	Heilongjiang	99.5	106.5	100.0	93.1	104.1	101.5	88.9	102.0
上 海	Shanghai	97.8	101.8	100.1	95.2	100.6	101.7	91.2	99.6
江 苏	Jiangsu	99.6	101.9	102.1	92.8	100.5	104.0	87.8	99.6
浙 江	Zhejiang	98.1	100.9	99.6	93.1	103.1	104.3	85.4	98.9
安 徽	Anhui	97.5	100.4	100.4	91.2	101.5	101.5	86.6	97.5
福 建	Fujian	99.6	101.5	101.0	96.5	100.8	102.0	86.5	98.3
江 西	Jiangxi	98.3	100.6	100.6	94.2	101.3	101.0	87.5	97.7
山 东	Shandong	99.5	101.6	100.9	94.2	101.6	103.0	89.4	99.1
河 南	Henan	95.5	100.7	100.4	93.6	103.8	102.1	87.8	99.5
湖 北	Hubei	97.6	99.9	100.0	92.5	103.3	101.4	89.9	99.7
湖 南	Hunan	99.0	100.5	100.3	96.3	102.4	101.6	83.5	99.8
广 东	Guangdong	97.5	101.6	100.7	92.1	102.1	103.6	84.2	99.0
广 西	Guangxi	98.4	100.7	100.6	92.8	102.9	100.1	85.3	97.8
海 南	Hainan	96.0	98.5	100.2	91.1	106.7	101.6	83.8	95.1
重 庆	Chongqing	96.4	101.4	100.2	95.4	105.5	103.0	93.4	99.5
四 川	Sichuan	97.9	100.2	100.3	93.6	102.1	105.8	91.1	97.2
贵 州	Guizhou	98.4	101.3	99.6	91.8	100.7	101.5	93.1	98.5
云 南	**Yunnan**	**99.3**	**100.2**	**101.2**	**94.5**	**103.6**	**101.8**	**90.0**	**99.3**
西 藏	Tibet	99.8	101.3	99.8	98.6	104.0	100.7	93.5	102.3
陕 西	Shaanxi	96.8	99.4	100.9	89.4	103.1	101.9	92.6	98.1
甘 肃	Gansu	99.2	100.7	101.6	92.7	102.4	100.9	95.8	100.0
青 海	Qinghai	97.1	101.2	100.4	94.8	102.6	104.2	89.7	99.3
宁 夏	Ningxia	98.7	100.2	100.9	94.1	100.3	108.4	91.4	97.9
新 疆	Xinjiang	99.7	101.5	100.4	95.6	102.4	102.3	91.8	100.1

附录1-10 全国及各地区工业生产者出厂价格指数(2015年)
INDUSTRIAL PRODUCER PRICE INDICES BY PROVIONCES(2015)

(上年价格=100) (preceding year=100)

地区	Region	工业生产者出厂价格指数 Industrial Producer Price Index	生产资料 Means of Production	采掘业原材料工业 Raw Materials of Mining Industry	加工工业 Processing Industry	生活资料 Consumer Goods	食品类 Food	衣着类 Clothing	一般日用品 Articles for Daily Use	耐用消费品 Durable Consumer Goods
全国	**Total**	**94.8**	**93.3**	**80.3**	**95.7**	**99.7**	**100.0**	**100.7**	**99.3**	**99.2**
北京	Beijing	96.9	96.1	88.5	96.8	99.9	101.8	100.1	100.0	97.9
天津	Tianjin	90.3	88.3	63.6	93.8	97.9	97.5	101.5	100.6	96.6
河北	Hebei	89.1	97.4	71.2	88.9	99.2	98.8	97.7	99.8	101.3
山西	Shanxi	87.7	97.2	82.2	90.9	99.3	98.6	99.8	101.1	99.7
内蒙古	Inner Mongolia	94.0	93.0	90.0	93.3	98.8	98.8	97.5	100.0	99.4
辽宁	Liaoning	93.9	92.9	88.2	95.7	98.9	99.3	97.7	97.9	99.3
吉林	Jilin	95.3	92.5	78.9	96.0	99.2	100.5	100.8	100.1	98.0
黑龙江	Heilongjiang	86.0	82.8	60.2	97.1	98.8	98.6	96.9	99.4	100.1
上海	Shanghai	96.1	95.1	85.2	97.4	99.3	99.3	100.0	98.7	99.6
江苏	Jiangsu	95.3	94.4	80.8	95.6	99.6	99.1	100.6	99.3	99.5
浙江	Zhejiang	96.4	95.2	94.2	96.5	99.6	99.4	100.5	98.8	99.6
安徽	Anhui	93.9	91.7	81.1	93.1	100.2	99.9	101.4	100.0	100.3
福建	Fujian	97.0	95.0	89.6	96.6	100.5	100.3	100.7	99.7	101.4
江西	Jiangxi	93.7	91.9	91.2	92.9	100.3	101.3	100.9	99.0	98.9
山东	Shandong	95.2	93.8	78.5	96.6	99.7	100.0	100.3	99.3	99.0
河南	Henan	95.4	93.9	82.1	96.7	100.4	100.4	100.8	100.1	100.0
湖北	Hubei	96.7	95.2	84.5	97.2	100.5	100.4	100.5	100.4	100.9
湖南	Hunan	96.3	95.2	91.8	96.4	100.4	100.8	100.2	99.4	99.8
广东	Guangdong	96.8	95.1	72.0	97.1	99.8	100.1	101.8	99.2	99.3
广西	Guangxi	97.0	95.5	97.9	94.8	101.3	101.9	102.6	100.4	100.0
海南	Hainan	89.8	86.2	70.7	93.3	100.2	101.1	100.0	97.0	101.5
重庆	Chongqing	97.2	96.6	93.0	97.0	98.8	100.6	100.4	99.2	97.5
四川	Sichuan	96.4	95.3	90.3	95.7	99.8	100.2	103.5	98.0	98.1
贵州	Guizhou	96.1	94.8	96.4	94.2	100.9	101.3	100.5	103.8	94.2
云南	**Yunnan**	**94.9**	**92.8**	**90.6**	**94.1**	**100.5**	**100.7**	**100.4**	**98.5**	**98.2**
西藏	Tibet	93.2	91.4	90.2	90.6	96.4	95.9	98.0	103.2	123.2
陕西	Shaanxi	90.8	89.1	79.0	97.5	100.3	101.4	97.2	101.1	96.7
甘肃	Gansu	87.0	85.6	69.3	88.1	100.2	100.2	90.5	100.2	99.9
青海	Qinghai	93.1	92.5	82.4	95.0	100.5	100.8	101.9	99.2	100.0
宁夏	Ningxia	93.7	93.4	92.2	95.9	98.2	97.9	95.1	99.4	100.3
新疆	Xinjiang	82.4	80.9	65.2	93.8	98.6	98.4	99.5	99.3	100.0

附录1-11 全国及各地区固定资产投资价格指数(2015年)
PRICE INDICES OF FIXED ASSET INVESTMENT BY PROVIONCES(2015)

(上年价格=100) (preceding year=100)

地 区	Region	固定资产投资价格指数 Price Index for Investment in Fixed Assets	设备、工器具购置 Purchase of Equipment and Instruments	建筑安装工程 Construction and Installation	其他费用 Other Expenses
全 国	**Total**	**98.2**	**99.3**	**97.3**	**100.7**
北 京	Beijing	97.6	99.5	94.4	100.5
天 津	Tianjin	99.9	99.3	99.6	101.2
河 北	Hebei	98.0	99.3	97.1	100.4
山 西	Shanxi	98.2	99.3	97.7	99.3
内蒙古	Inner Mongolia	98.0	99.3	97.3	100.6
辽 宁	Liaoning	97.9	99.3	97.0	101.1
吉 林	Jilin	97.6	99.3	96.3	100.1
黑龙江	Heilongjiang	99.0	99.2	98.7	101.9
上 海	Shanghai	97.0	99.8	94.9	100.6
江 苏	Jiangsu	96.2	99.5	93.4	101.8
浙 江	Zhejiang	97.4	99.2	95.4	100.9
安 徽	Anhui	96.9	99.3	95.5	100.8
福 建	Fujian	98.3	99.5	97.6	100.1
江 西	Jiangxi	96.8	99.2	95.4	101.1
山 东	Shandong	97.7	99.2	96.6	100.9
河 南	Henan	97.6	99.0	96.5	100.5
湖 北	Hubei	99.4	99.5	99.1	101.5
湖 南	Hunan	100.4	99.9	100.3	101.7
广 东	Guangdong	99.0	99.4	98.4	101.1
广 西	Guangxi	98.8	99.8	98.0	100.4
海 南	Hainan	99.4	99.3	99.2	100.3
重 庆	Chongqing	98.2	99.4	97.5	100.8
四 川	Sichuan	97.9	99.7	96.4	100.2
贵 州	Guizhou	98.4	99.5	98.1	99.4
云 南	**Yunnan**	**99.1**	**98.8**	**98.7**	**101.0**
陕 西	Shaanxi	98.8	99.1	98.4	100.7
甘 肃	Gansu	97.7	97.9	97.5	99.6
青 海	Qinghai	98.2	99.5	97.7	100.9
宁 夏	Ningxia	97.5	99.1	96.9	100.1
新 疆	Xinjiang	98.3	99.1	97.6	102.6

附录1-12 全国及各地区农业生产资料价格分类指数(2015年)
PRICE INDICES OF CAPITAL GOODS IN THE AGRICULTURAL SECTOR BY CATEGORY AND PROVINCES (2015)

(上年价格=100) (preceding year=100)

地 区	Region	总指数 General Index	农用手工工具 Farm Handtools	饲料 Forages	产品畜 Commodity Animals	半机械化农具 Semi-mechanized Farm Tools	机械化农具 Mechanized Farm Machinery
全 国	**Total**	**100.4**	**101.5**	**98.1**	**108.3**	**100.1**	**99.8**
河 北	Hebei	99.8	100.0	99.3	104.4	100.0	100.4
山 西	Shanxi	99.6	100.6	98.7	105.9	99.7	98.7
内蒙古	Inner Mongolia	98.7	100.0	100.6	97.3	100.9	99.5
辽 宁	Liaoning	99.5	100.3	99.7	106.5	99.2	99.0
吉 林	Jilin	100.2	99.6	105.1	114.5	99.9	100.2
黑龙江	Heilongjiang	101.3	102.3	101.2	106.9	98.9	100.1
江 苏	Jiangsu	99.6	100.6	97.0	107.2	100.6	98.8
浙 江	Zhejiang	100.9	100.6	97.6	118.6	99.9	99.9
安 徽	Anhui	101.6	102.3	97.4	117.2	99.2	99.9
福 建	Fujian	101.4	101.8	100.2	109.8	100.7	100.1
江 西	Jiangxi	101.4	103.1	99.7	116.1	100.0	103.7
山 东	Shandong	99.3	102.1	94.6	99.4	100.1	100.7
河 南	Henan	100.3	102.1	96.1	112.3	101.6	99.3
湖 北	Hubei	100.4	102.0	97.3	110.1	100.3	99.6
湖 南	Hunan	104.1	107.9	101.6	111.5	101.7	97.3
广 东	Guangdong	101.2	101.5	99.0	112.0	99.8	99.5
广 西	Guangxi	100.9	101.4	96.3	110.4	99.6	99.7
海 南	Hainan	101.6	100.3	102.0	102.1	100.9	96.5
四 川	Sichuan	101.5	101.4	98.8	110.1	99.7	99.8
贵 州	Guizhou	103.1	101.2	98.1	116.7	101.3	100.0
云 南	**Yunnan**	**101.1**	**101.6**	**101.0**	**106.1**	**100.5**	**99.8**
西 藏	Tibet	99.7	100.8	100.0	100.3	100.0	**100.0**
陕 西	Shaanxi	100.6	101.2	97.2	113.4	100.0	98.8
甘 肃	Gansu	98.6	101.7	100.8	94.8	100.0	100.0
青 海	Qinghai	100.8	103.7	95.9	103.9	101.0	103.0
宁 夏	Ningxia	98.7	100.0	95.4	104.6	97.2	99.9
新 疆	Xinjiang	98.6	102.2	99.3	95.5	99.8	99.9

附录1-12 续表 Continued

(上年价格=100) (preceding year=100)

地 区	Region	化学肥料 Fertilizers	农药及农药械 Pesticide and Its Appliances	农用机油 Oil for Farm Machinery	其他农业生产资料 Other Means of Agricultural Production	农业生产服务 Service for Agricultural Production
全 国	**Total**	**100.6**	**100.5**	**87.3**	**100.8**	**102.2**
河 北	Hebei	101.4	99.6	86.4	99.1	100.5
山 西	Shanxi	99.5	99.9	88.9	100.1	101.1
内蒙古	Inner Mongolia	98.2	99.7	87.5	100.7	101.3
辽 宁	Liaoning	99.4	100.8	84.9	100.4	101.3
吉 林	Jilin	100.8	99.7	82.2	96.2	102.7
黑龙江	Heilongjiang	103.5	100.7	86.7	101.3	98.7
江 苏	Jiangsu	99.3	99.3	88.2	101.5	101.7
浙 江	Zhejiang	99.7	100.9	89.4	100.8	104.1
安 徽	Anhui	100.6	100.5	91.0	101.1	104.5
福 建	Fujian	100.4	99.4	89.7	100.7	104.1
江 西	Jiangxi	98.8	100.8	90.2	100.3	102.5
山 东	Shandong	101.7	100.6	84.2	101.3	100.8
河 南	Henan	101.7	100.5	83.8	101.4	104.8
湖 北	Hubei	99.0	100.7	89.5	100.5	101.8
湖 南	Hunan	104.6	101.1	87.8	101.8	106.3
广 东	Guangdong	102.0	101.0	88.3	102.6	102.8
广 西	Guangxi	102.2	100.3	89.3	100.6	104.1
海 南	Hainan	101.1	101.6	88.0	100.0	114.3
四 川	Sichuan	99.6	100.9	88.8	102.7	101.9
贵 州	Guizhou	100.1	101.8	87.9	102.7	101.8
云 南	**Yunnan**	**99.1**	**101.4**	**93.5**	**100.8**	**111.6**
西 藏	Tibet	99.9	100.0	93.9	100.4	104.0
陕 西	Shaanxi	101.4	101.8	90.4	101.6	102.1
甘 肃	Gansu	97.7	101.0	87.7	100.7	104.8
青 海	Qinghai	**98.6**	**103.3**	**87.9**	**106.8**	**111.8**
宁 夏	Ningxia	98.9	101.0	84.0	104.3	100.5
新 疆	Xinjiang	96.4	100.0	92.2	100.0	103.8